新时代法学文库

河南省教育系统 2021 年度教育法治专项课题研究项目"高校法律风险防控体系建设研究"（2021–JYFZZXKT–053）

2023 年度河南省高校人文社会科学研究一般项目"新时代高校全面从严治党纵深发展实践进路研究"（2023–ZZJH–382）

高校法治工作理论与实践

曲沛　马雪　王彦辉　李旭明　编著

郑州大学出版社

图书在版编目(CIP)数据

高校法治工作理论与实践／曲沛等编著. — 郑州：郑州大学出版社，2022. 8
(2024.6 重印)
ISBN 978-7-5645-8871-7

Ⅰ. ①高… Ⅱ. ①曲… Ⅲ. ①社会主义法制 - 法制教育 - 研究 -
高等学校 Ⅳ. ①G641. 5

中国版本图书馆 CIP 数据核字(2022)第 113870 号

高校法治工作理论与实践
GAOXIAO FAZHI GONGZUO LILUN YU SHIJIAN

策划编辑	王卫疆	封面设计	曾耀东
责任编辑	胥丽光　康静芳	版式设计	苏永生
责任校对	吴　静	责任监制	李瑞卿

出版发行	郑州大学出版社	地　　址	郑州市大学路 40 号(450052)
出版人	孙保营	网　　址	http://www.zzup.cn
经　销	全国新华书店	发行电话	0371-66966070
印　刷	永清县晔盛亚胶印有限公司		
开　本	710 mm×1 010 mm　1 / 16		
印　张	15	字　　数	313 千字
版　次	2022 年 8 月第 1 版	印　　次	2024 年 6 月第 2 次印刷

书　号	ISBN 978-7-5645-8871-7	定　价	78.00 元

作者简介

　　曲沛,女,汉族,生于 1982 年 4 月,河南南阳人,硕士研究生,毕业于中南财经政法大学,现为安阳师范学院法学院讲师,研究方向为行政法学、经济法学。长期承担《行政法与行政诉讼法》《保险法》等课程教学工作,公开发表学术论文多篇,参编出版教材《法学概论》(郑州大学出版社),主持完成河南省政府决策研究课题、河南省社科联课题等厅级以上项目 10 余项,参与国家社科基金项目、最高人民法院调研课题、教育部人文社科项目、河南省哲学社会科学规划项目、河南省软科学研究计划项目、河南省政府决策研究课题等省部级以上项目 9 项。

　　马雪,女,汉族,生于 1985 年 2 月,河南安阳人,硕士研究生,毕业于中南财经政法大学,现为安阳师范学院法学院讲师,担任安阳市地方立法研究中心研究员,研究方向为宪法学、行政法学。长期承担《宪法学》《习近平法治思想概论》等课程教学工作,参编出版教材《法学概论》(郑州大学出版社),主持完成河南省、安阳市等地厅级项目 9 项并多次获优秀调研成果一等奖,参与多部地方性法规的起草、修订及立法后评估工作。

　　王彦辉,男,汉族,生于 1980 年 2 月,河南漯河人,硕士研究生,毕业于河南大学法学院,现为安阳师范学院法学院讲师,担任河南省法学会环保法研究会理事、安阳仲裁委员会知识产权仲裁中心专家,研究方向为党内法规学、经济法学。长期承担《知识产权法》《合同法》等课程教学工作,公开发表学术论文 10 余篇,主持完成河南省政府决策研究课题、河南省社科联调研课题、河南省教育系统廉政专项课题等厅级以上项目 10 余项,参与国家社科基金项目、最高人民法院调研课题、河南省哲学社会科学规划项目等省部级以上科研项目 7 项。

　　李旭明,男,汉族,生于 1983 年 7 月,河南滑县人,硕士研究生,毕业于郑州大学法学院,现为安阳师范学院法学院讲师,研究方向为宪法学、法学理论。长期承担《习近平法治思想概论》《思想道德修养与法律基础》《物权法》等课程教学工作,主持、参与完成河南省哲学社会科学规划项目、河南省社科联调研课题、安阳市社科规划项目等厅级以上科研项目 10 余项。

内容提要

　　本书按照提升法治素养、防控法律风险、维护师生权益、健全保障体系、借鉴典型经验的研究逻辑，从高校法治教育、高校法律风险防控、高校师生权益救济、高校法治工作保障、高校法治工作实践等五个方面，对高校法治工作理论与实践进行系统研究。坚持问题导向，注重综合施策，突出制度机制建设在高校法治工作中的重要作用，重点探讨了构建高校法治教育体系、健全高校法律风险防控机制和师生权益救济机制、完善高校法治工作保障体系的理论基础和实践路径，并对当前地方教育行政机关的制度实践和高校推进法治工作的典型经验进行梳理归纳，以期为提升高校法治工作水平提供决策参考和有益借鉴。

　　本书可作为高校师生开展法治工作研究的参考用书，也可供高等教育管理者在实务工作中参阅。

■ 前　　言

法治是国家治理体系和治理能力的重要依托,在法治轨道上推进国家治理体系和治理能力现代化是大势所趋、历史必然和时代要求。习近平总书记指出,推进全面依法治国是国家治理的一场深刻变革,必须以科学理论为指导,加强理论思维,不断从理论和实践的结合上取得新成果,总结好、运用好党关于新时代加强法治建设的思想理论成果,更好指导全面依法治国各项工作。当前,在习近平法治思想深入人心、全面依法治国基本方略深入推进、中国特色社会主义法治体系不断完善的背景下,面对新时代高校改革发展稳定的新形势新任务新情况,如何充分发挥法治在高校深化改革、推动发展、化解矛盾、维护稳定、应对风险中的重要作用,保障高校各项事业高质量发展,是需要持续深入研究探索的重要课题。

开展高校法治工作理论与实践研究,既可以在丰富法治理论内涵的基础上提升法治工作的实效,又可以在推进法治实践探索中拓展法治理论的深度,从而实现法治理论与法治实践相辅相成、交融共进,更好地为高校贯彻习近平法治思想,落实全面依法治国基本方略、提升治理体系和治理能力现代化水平,夯实理论基础、凝练实践经验、提供决策参考。鉴于上述考虑,本书按照提升法治素养、防控法律风险、维护师生权益、健全保障体系、借鉴典型经验的研究思路,重点从高校法治教育、高校法律风险防控、高校师生权益救济、高校法治工作保障、高校法治工作实践等五个方面,对高校法治工作理论与实践进行系统研究。在研究过程中,坚持问题导向,注重综合施策,突出制度机制建设,着力探讨构建高校法治教育体系、健全高校法律风险防控和师生权益救济机制、完善高校法治工作保障体系的理论基础和实践路径,并对当前教育行政机关新的制度实践和高校法治工作典型经验进行梳理归纳,以期达到交流互鉴的研究目的。

　　本书部分内容是作者承担的河南省教育系统2021年度教育法治专项课题研究项目"高校法律风险防控体系建设研究"(2021-JYFZZXKT-053)、河南省教育系统2021年度廉政专题研究项目"河南省高校营造风清气正良好政治生态存在的突出问题和精准治理对策研究"(2021-LZYB20)、2023年度河南省高校人文社会科学研究一般项目"新时代高校全面从严治党纵深发展实践进路研究"(2023-ZZJH-382)、河南省政府决策研究课题"河南省高等学校廉政风险防控机制建设研究"(2011B016)、河南省哲学社会科学规划项目"公民守法内生动力机制研究"(2017BFX001)的研究成果,本书出版得到以上科研项目经费的资助。本书在写作、出版中得到我校法学教授宋汉林、刘振红、杨海生等专家领导的指导帮助和大力支持,在此表示衷心感谢!

　　在全面依法治国的时代背景下,积极开展高校法治工作理论和实践研究,为法治中国建设做出应有贡献,是我们高校领导干部和法学教师理应担当的使命和责任。在本书的研究当中,我们虽然结合多年来的高校管理实践和科研积淀,围绕高校法治工作的重点任务、关键问题进行了理论分析和实践探讨,提出了一些观点和举措,力求在前人研究基础上进一步丰富理论成果、开拓实践路径,但是囿于水平有限,本书难免存在不足之处,敬请读者批评指正。

编者

2022年5月6日

目　录

绪　论

法治是人类文明进步的重要标志,是治国理政的基本方式。党的十八大以来,以习近平同志为核心的党中央从坚持和发展中国特色社会主义全局出发,从实现国家治理体系和治理能力现代化的战略高度定位法治、布局法治、厉行法治,明确提出全面依法治国基本方略,并将其纳入"四个全面"战略布局协调推进,推动中国特色社会主义法治建设发生历史性变革、取得历史性成就,为全面建设社会主义现代化国家提供了有力法治保障。党的十九大做出优先发展教育事业、加快教育现代化、建设教育强国的重大部署。党的十九届五中全会开启了全面建设社会主义现代化国家的新征程,高等教育进入更加注重内涵发展的新阶段。新时代我国高等教育迎来新的发展机遇,但是随着高等教育改革不断推进,高校也面临着愈加复杂的内外部环境,如何充分发挥法治在高校深化改革、推动发展、化解矛盾、维护稳定、应对风险中的重要作用,保障高校各项事业高质量发展是需要引起高度重视、不断研究探索的重要课题。据此,本书将结合党和政府的有关会议、文件精神,系统阐释开展高校法治工作理论与实践研究的时代背景、重要意义,并对前期相关研究文献进行梳理分析,进而提出本书的研究思路和研究方法。

第一节　研究背景与意义

全面建设社会主义现代化强国,必须坚定不移走中国特色社会主义法治道路,在法治轨道上推进国家治理体系和治理能力现代化,为实现中华民族伟大复兴的中国梦提供坚实法治保障。高校深入推进依法治校、全面加强法治工作是贯彻习近平法治思想、落实全面依法治国基本方略、建设中国特色社会主义法治体系的必然要求,也是破解高校改革发展稳定的突出问题、推进高校治理体系和治理能力现代化、实现高等教育高质量发展的内在要求。本节将从宏观、中观、微观三个维度,分析开展高校法治工作理论与实践研究的时代背景与现实意义。

一、宏观维度：落实全面依法治国基本方略的需要

当今世界正面临百年未有之大变局，我国社会也在发生深刻变革，利益关系日益复杂，利益诉求日益多样，社会矛盾日益凸显，人民的政治参与意识、民主法治意识、权利义务意识、公平公正意识普遍增强，对法治的期待越来越强烈，法治发挥作用的空间越来越广阔。党的十八届四中全会审议通过《中共中央关于全面推进依法治国若干重大问题的决定》，明确全面推进依法治国的总目标是建设中国特色社会主义法治体系、建设社会主义法治国家，全面推进依法治国要健全完备的法律规范体系、高效的法治实施体系、严密的法治监督体系、有力的法治保障体系、完善的党内法规体系。党的十九届四中全会做出《中共中央关于坚持和完善中国特色社会主义制度、推进国家治理体系和治理能力现代化若干重大问题的决定》，提出建设中国特色社会主义法治体系、建设社会主义法治国家是坚持和发展中国特色社会主义的内在要求，强调必须坚定不移走中国特色社会主义法治道路，全面推进依法治国，坚持依法治国、依法执政、依法行政的共同推进，坚持法治国家、法治政府、法治社会的一体建设。党的十九届五中全会站在党和国家事业发展的全局高度，擘画了我国进入新发展阶段的宏伟发展蓝图，发出了夺取全面建设社会主义现代化国家新胜利的动员令。党的十九届五中全会闭幕不到 20 天的时间，党的历史上首次召开中央全面依法治国工作会议，将习近平法治思想确定为全面依法治国的指导思想，对当前和今后一个时期推进全面依法治国必须抓好的 11 个方面重点任务（"十一个坚持"）做出部署。中央全面依法治国工作会议强调要坚定不移走中国特色社会主义法治道路，在法治轨道上推进国家治理体系和治理能力现代化，为全面建设社会主义现代化国家、实现中华民族伟大复兴的中国梦提供有力法治保障。2020 年以来，党中央先后出台《法治社会建设实施纲要（2020—2025 年）》《法治中国建设规划（2020—2025 年）》《法治政府建设实施纲要（2021—2025 年）》，全面系统推进法治国家、法治政府、法治社会建设不断向纵深发展。

党的十九届六中全会通过的《中共中央关于党的百年奋斗重大成就和历史经验的决议》贯通历史、现实和未来，全面深刻总结建党百年重大成就和历史经验，充分肯定党的十八大以来在全面依法治国上取得的历史性、开创性成就，将"明确全面推进依法治国总目标是建设中国特色社会主义法治体系、建设社会主义法治国家"作为习近平新时代中国特色社会主义思想"十个明确"重大创新成果，强调"法治兴则国家兴，法治衰则国家乱；全面依法治国是中国特色社会主义的本质要求和重要保障，是国家治理的一场深刻革命"，进一步凸显了法治在坚持和发展中国特色社会主义、实现国家治理体系和治理能力现代化进程中的战略地位和重要作用。以史为鉴，才能开创未来。习近平总书记强调，法治是国家治理体系和治理能力的重要依托。只有全面依法治国才能有效保障国家治理体系的系统

性、规范性、协调性,才能最大限度凝聚社会共识。在统筹推进伟大斗争、伟大工程、伟大事业、伟大梦想的实践中,在全面建设社会主义现代化国家新征程上,我们要更加重视法治、厉行法治,更好发挥法治固根本、稳预期、利长远的重要作用,坚持依法应对重大挑战、抵御重大风险、克服重大阻力、解决重大矛盾。当前,我国正处在实现中华民族伟大复兴的关键时期,必须始终以习近平法治思想为指引,坚定不移走中国特色社会主义法治道路,坚持不懈推进全面依法治国,坚持在法治轨道上推进国家治理体系和治理能力现代化,为全面建设社会主义现代化强国提供坚强有力的法治保障。

二、中观维度:建设教育法治体系的需要

习近平总书记深刻指出,教育是国之大计、党之大计。教育是民族振兴、社会进步的重要基石,是功在当代、利在千秋的德政工程,对提高人民综合素质、促进人的全面发展、增强中华民族创新创造活力、实现中华民族伟大复兴具有决定性意义。新中国成立以来,中华民族迎来了从站起来、富起来到强起来的伟大飞跃,我国教育事业在党的领导下也发生了翻天覆地的变化,取得了举世瞩目的成就,建成了世界最大规模的教育体系,保障了亿万人民群众受教育的权利,极大提高了全民族素质,有力推动了经济社会发展,在此过程中,教育在党执政兴国中的战略地位逐步确立,教育的基础性、先导性、全局性作用更加凸显。

党的十八大以来,以习近平同志为核心的党中央高度重视教育工作,围绕培养什么人、怎样培养人、为谁培养人这一根本问题提出一系列富有创见的新理念新思想新观点,系统回答了一系列方向性、全局性、战略性重大问题,为教育事业发展提供了根本遵循。党的十九大从新时代坚持和发展中国特色社会主义的战略高度,做出了优先发展教育事业、加快教育现代化、建设教育强国的重大部署。在新时代背景下,世界形势面临政治多极化、经济全球化、社会信息化、文化多样化深入发展,全球治理体系和国际秩序变革加速推进,科技进步日新月异,教育国际化成为时代潮流等众多挑战。人民群众对多元化、个性化、高质量的教育需求更加强烈,广大师生对更广泛、更深入参与学校治理的需求日益凸显。习近平总书记在全国教育大会上强调,新时代新形势,改革开放和社会主义现代化建设、促进人的全面发展和社会全面进步对教育和学习提出了新的更高的要求。我们要抓住机遇、超前布局,以更高远的历史站位、更宽广的国际视野、更深邃的战略眼光,对加快推进教育现代化、建设教育强国做出总体部署和战略设计,坚持把优先发展教育事业作为推动党和国家各项事业发展的重要先手棋,不断使教育同党和国家事业发展要求相适应、同人民群众期待相契合、同我国综合国力和国际地位相匹配。中共中央、国务院印发《中国教育现代化2035》《加快推进教育现代化实施方案(2018—2022年)》,将教育摆在实现社会主义现代化的突出重要位置。党的十九届五中全

会提出到 2035 年基本实现社会主义现代化的远景目标,其中明确提出"基本实现国家治理体系和治理能力现代化,人民平等参与、平等发展权利得到充分保障,基本建成法治国家、法治政府、法治社会;建成文化强国、教育强国、人才强国、体育强国、健康中国,国民素质和社会文明程度达到新高度,国家文化软实力显著增强"。

回顾我国教育事业七十多年的发展历程,教育法治建设与教育事业发展始终相伴相随,在立法上实现了从"有章可循"到"有法可依";在执法上实现了从"教育法制"到"教育法治";在普法上实现了从"单一化"到"系统化",中国特色社会主义教育法律法规体系基本形成,教育依法治理能力和水平不断提升,法治教育体系逐步完善,为加快推进教育现代化、建设教育强国、办好人民满意教育提供了重要保障。特别是党的十八大以来,我国教育立法快速推进,《中华人民共和国教育法》《中华人民共和国高等教育法》《中华人民共和国民办教育促进法》等一揽子法律法规修订完成,已经形成以 8 部教育法律为统领、包括 16 部教育法规和一批部门规章、地方性教育法规规章在内的比较完备的教育法律体系,基本实现了教育事业各个领域有法可依,使教育优先发展战略进一步落实,教育基本方针政策和重要制度更加明确,广大人民群众受教育权得到更好保障。我国教育依法治理逐步从以立法为主导的"教育法制"走向立法、执法并重的"教育法治"新阶段,教育行政执法体系不断优化,2019 年教育部发布《关于加强教育行政执法工作的意见》,明确各地教育部门加快建立健全权责清晰、权威高效的教育管理体制和政府统筹、部门合作、上下联动的执法工作机制;深化教育领域"放管服"改革,累计取消 15 项教育行政审批,加强省级政府教育统筹,扩大高校在学科专业设置、编制及岗位管理、职称评审等方面的自主权。我国法治宣传教育的内容从"十法一条例"的法制教育逐步拓展为以法律常识、法治理念、法治原则等为核心的系统化法治教育,教育途径从单一走向多元。2016 年教育部出台《青少年法治教育大纲》《全国教育系统开展法治宣传教育的第七个五年规划(2016—2020 年)》,推进法治教育纳入国民教育体系,明确从基础教育到高等教育各学段的法治教育目标、任务、内容和要求,法治教育内容的系统化、科学化水平不断提高,法治教育保障水平得到系统提升。围绕实现教育现代化、建成教育强国、办好人民满意的教育目标,习近平总书记在全国教育大会上系统提出依法治教、依法办学、依法治校的重要要求,为教育法治化指明了发展方向和实践路径。2035 年是我国基本实现社会主义现代化的重要时间节点,加快推进教育现代化建设、确保如期建成教育强国、努力办好人民满意的教育,必须坚持走教育法治化道路,切实以法治思维和法治方式引领、推动和保障教育事业改革发展不断取得新成效。

三、微观维度:提升高校依法治校水平的需要

我国高等教育从 20 世纪 90 年代末开始进入快速发展轨道,从大众化阶段过

渡到普及化阶段,为各个行业输送了大批高素质人才,有力支撑了国家经济社会建设。2019 年全国教育事业发展统计公报显示,2019 年我国新增劳动力 50.9% 接受过高等教育,高等教育在学总规模超过 4000 万人,毛入学率达 51.6%,超过国际公认的 50% 门槛,高等教育规模位居世界第一位。随着我国高等教育普及化,高等教育已经从规模扩张进入到更加注重质量的内涵式发展阶段。但是,经过规模扩张后的"每一所高等学校都从原先的小舢板、小轮船变成了现在的巨型航空母舰",如何引领这艘"航空母舰"行稳致远,要求高校切实提高治理能力和治理水平。同时,党和政府安排部署的加快"双一流"建设、推进教育评价改革、实现内涵式发展、高质量发展等改革发展新任务,也对高校治理体系和治理能力现代化提出了新要求。

随着高等教育改革深入推进,高校办学自主权逐步落实,高校内部治理法治化、制度化、规范化的要求更为凸显,广大师生对民主、法治、公平、正义的诉求日益增长,参与学校治理和保障自身权益的愿望更加强烈。特别是近年来随着"特别权力关系理论"遭到扬弃、"法律法规授权组织"被广为接受,高校办学、管理活动越来越多被纳入司法审查范畴,涉及高校的各类行政复议、诉讼案件逐年增加。司法介入不仅改变了高校的管理生态,也深刻形塑了新的治校思维,奉行法治、厉行法治的呼声越来越高。高校所处内外环境愈加复杂,也使其治理难度越来越大,以前可能仅仅是处理学校的内部关系,现在要面对更多的外部关系、法律问题甚至是司法诉讼,过去许多简单、高效的行政管理方式,显然已经不能适应新形势下的管理需求,甚至会给高校带来不利影响,引发负面舆情。客观来讲,历经多年法治的洗礼和熏陶,当前我国高校管理多了份法治理性,少了些肆意专断,依法治校逐渐成为管理共识,不仅高等教育法律法规规章立法迅猛,高校内部的建章立制也在快速发展,高校依法管理、依规办事的氛围越来越浓,从形式上来看,实现高校治理法治化似乎指日可待。但是,我们在调研中也发现,部分高校建章立制的快速推进并未真正带来法治水平的同步提升,实践中一些高校运用法治思维和法治方式深化改革、推动发展、化解矛盾、维护稳定、应对风险的能力仍有不足,违法决策、任性管理、侵权塞责等问题依然存在,高校涉法涉诉案例时现报端。这也让我们清醒地认识到,高校法治水平仍有较大差距,依法治校还任重道远。如何通过高校法治秩序的建构与完善,有效甄别与规避法律风险、依法维护师生权益,对高校的治理体系和治理能力提出了新的考验和挑战。从另外一个角度来讲,高校内外环境的深刻变化,也"倒逼"高校从法治的视角重新审视内部治理体系,包括办学治校理念、机制、制度、管理等方面的不足,通过进一步健全高校章程和制度体系,规范办学治校行为,规制权力肆意滥用,防范和处置法律风险,维护师生合法权益,提升内部治理法治化水平,从而推进高校治理体系和治理能力现代化。

为深入贯彻习近平法治思想,落实全面依法治国基本方略,全面推进依法治教、依法办学、依法治校,切实加强高校法治工作,推动高校提升治理体系和治理能力现代化水平,教育部2020年7月28日出台《关于进一步加强高等学校法治工作的意见》,2020年11月首次专题召开全国高校法治工作会议,第一次专门针对高校法治工作做出全面安排部署,并于2021年3月29日印发《高等学校法治工作测评指标》。教育部关于加强高校法治工作的一系列部署要求,充分体现了高校法治工作在推进教育现代化、建设教育强国进程中的重要作用,充分彰显了新时代加强高校法治工作的重要性、必要性、紧迫性。高校法治工作作为学校内部治理体系的重要方面,既具有把握方向、顶层设计的引领性作用,也具有支撑保障、化解矛盾的基础性功能。可以说,高校法治工作水平直观反映着高校治理体系和治理能力现代化水平,也直接影响着高校事业高质量发展的成效。新的形势与任务要求高校应当更加重视改革发展过程与结果的公平正义,更加注重提高运用法治思维和法治方式深化改革、推动发展、化解矛盾、维护稳定的能力。高校承担着人才培养、科学研究、服务社会、文化传承创新和国际交流合作五大职能,肩负着立德树人根本任务,营造规范有序的办学环境,激发办学活力,凝聚发展合力,保障高校改革发展稳定大局,必须进一步加强和改进高校法治工作。

综上所述,在习近平法治思想逐渐深入人心、全面依法治国基本方略深入推进、中国特色社会主义法治体系不断完善的背景下,面对新时代高校改革发展稳定的新形势新任务新情况,如何推动习近平法治思想在高校走深走心走实、全面依法治国基本方略在高校落实落细落地,从而为高校破解改革发展稳定突出问题、提升治理体系和治理能力现代化水平、推动高等教育事业高质量发展提供有力法治保障,是需要持续探索研究的重要课题。开展高校法治工作理论与实践研究,既可以在丰富法治理论内涵的基础上提升法治工作的实效,又可以在推进法治实践探索中拓展法治理论的深度,从而实现法治理论与法治实践相辅相成、交融共进,更好地为高校进一步贯彻习近平法治思想、落实全面依法治国基本方略、完善中国特色社会主义法治体系夯实基础理论支撑、提供实践经验借鉴和科学决策参考。

第二节　研究现状与述评

党的十八大以来,随着全面依法治国基本方略深入推进,中国特色社会主义法治建设进程不断加快,关于法治理论和实践的研究得到众多专家学者、实务工作者的高度关注,积累了丰富研究成果。基于对高校法治工作理论与实践的研究需要,本书围绕习近平法治思想、高校治理法治化、高校依法治校、高校法治教育等主题,对前期相关研究成果进行收集梳理、综合分析,以期为后续研究提供理论支撑和实践借鉴。

一、关于习近平法治思想的相关研究

习近平法治思想是习近平新时代中国特色社会主义思想的重要组成部分,深刻回答了为什么要全面依法治国、怎样全面依法治国这个重大时代课题,深刻回答了中国特色社会主义法治建设一系列重大理论和实践问题,是全面依法治国、推进社会主义法治建设的根本遵循和行动指南。开展高校法治工作理论与实践研究,必须坚持以习近平法治思想为指导,学习贯彻习近平总书记关于依法治国的重要论述讲话和指示批示精神,吸收转化当前学界关于习近平法治思想的丰硕研究成果。当前,学界关于习近平法治思想的研究主要集中于以下三个方面:

(一)习近平法治思想的重大意义和价值

在关于习近平法治思想的研究成果中,江必新教授的著述颇丰。他在习近平法治思想对法治基本价值理念的传承与发展研究中提出,习近平法治思想对法治的基本价值、理念进行了本土化诠释、时代化丰富和理论性创新,其立足我国国情民意和新时代历史方位,对人民民主、宪法法律至上、公平正义、人权保障、权力监督、法律平等等法治基本价值话语做出的深层思考与理论凝练,传承发展了我们党长期以来形成的法治价值理念,揭露了西方法治价值理论的缺陷和偏颇,体现了法治价值普遍性与特殊性的统一。他在习近平法治思想与法治中国建设的研究中认为,习近平法治思想以法治中国建设为目标指向,为法治中国建设提供了理论和实践根据,强调了法治中国建设的必要性、重要性及紧迫性。习近平法治思想描绘了法治中国的基本形态,强调要坚持党的领导、以人民为中心、坚持中国特色社会主义法治道路、保障和促进社会公平正义、保障权利和制约权力、推进国家治理现代化、服从和服务于党和国家大局、依法治国与以德治国相结合。习近平法治思想指明了法治中国建设的基本方向,提出了法治中国建设的首要任务、理论指导、总抓手、推进方略、关键环节、重点任务等具体路径,设计了建设法治中国的具体推进步骤。

周叶中、闫纪钢从理论、实践、战略三个维度论述了习近平法治思想的原创性贡献。他们认为,在理论方面,习近平法治思想清晰阐释了党的领导、中国特色社会主义法治道路、中国特色社会主义法治体系,以及以德治国、依规治党与全面依法治国之间的深刻关系;在实践方面,在习近平法治思想指引下,党领导全面依法治国的保障体系进一步健全,党依据宪法法律治国理政达到新水平,国家治理各领域全面纳入法治轨道,全面依法治国"关键少数"的法治淬炼与作用发挥程度明显提升;在战略方面,习近平法治思想生动擘画了全面依法治国在新征程上护航高质量发展、推进国家治理现代化、推动全球治理体系变革的宏伟蓝图。王东认为,"基础前提论""价值目标论""战略系统论""核心保障论""改革动力论""宪法权威论""党法关系论"是习近平法治思想的"四梁八柱",具有鲜明的中国特色、聚焦体系建设、紧抓制度构建和强烈的问题导向等特点。上述专家学者的研究,站位高远、视野开阔,可以使我们从宏观维度和不同视角较为系统的学习理解习近平法治思想的重大意义、深远影响、理论与实践价值。

（二）习近平法治思想的内在逻辑和特征

当前,一些学者的研究成果由浅入深,重在从习近平法治思想的内在逻辑和精神特质等方面进行深入研究。汪习根认为,习近平法治思想坚持以人民为中心的发展理念,把实现人民美好生活向往作为根本价值,强调要不断提高尊重和保障人权水平,而美好生活权利是随着新时代社会主要矛盾变化应运而生的,蕴含着独特的历史逻辑、理论逻辑和实践逻辑。李葳提出,习近平法治思想作为一个有着紧密逻辑的科学体系,其内在逻辑主要体现在三个方面:一是,从本质性、制度性、价值性、变革性四个方面定位法治,深刻阐明新时代全面依法治国的重要地位和战略方位;二是,统筹谋划全面依法治国的政治方向、发展蓝图、发展动力、发展路径,并就这些方面布局法治;三是,将厉行法治作为治本之策,战略推进新时代全面依法治国的系统部署和工作任务。吴传毅围绕习近平法治思想的政治意蕴、核心内容、重大关系开展研究。他认为,习近平法治思想的政治意蕴主要体现于旗帜鲜明地宣示走中国特色社会主义法治道路、积极回应人民日益增长的美好生活需要、为中华民族伟大复兴提供法治保障等三个方面。习近平法治思想的核心内容主要包括政治保证、根本遵循、道路选择、基本原则、目标导向、总的抓手、推进举措、重点任务、内在要求、人才保障、关键环节等 11 个方面,学习贯彻习近平法治思想必须正确处理政治与法治的关系、依法治国与以德治国的关系、改革与法治的关系、依法治国与依规治党的关系、国内法治与涉外法治的关系。刘方遒、邓联荣认为,习近平法治思想具有鲜明的中国特色与时代特征,其主要特点表现为系统科学地阐述了党与法的关系、立足治理来建设法治体系、统筹推进党的建设与国家法治建设。这三个主要特点之间具有紧密的内在联系,即党的执政能力和领导力建设与国家法治建设因具有共同的目的即达成国家的善治而能够实现有机统一,治理理念作为达成善治所必需的理念起着连接党的建设与国家法治建设的作用,党运用法治思想和法治体系加强执政能力和领导力建设的根本目的在于通过善治的达成来巩固和加强党的领导。以上研究成果,既亮点纷呈,又可同根溯源,使我们在深刻领悟习近平法治思想的历史逻辑、理论逻辑、实践逻辑的同时,可以深刻理解其政治性、战略性、人民性、系统性、实践性等时代特质,准确把握政治与法治、依法治国与以德治国、改革与法治、依法治国与依规治党等重大关系。毫无疑问,这些研究对于学习贯彻习近平法治思想在理论与实践两个方面都具有重要的指导意义。

（三）习近平法治思想的重要论断和阐释

习近平法治思想博大精深、内涵丰富、论述深刻,其中一些重要论断来源于习近平总书记治国理政的丰富实践,是指导当前工作、推动事业发展的根本遵循。许多学者聚焦这些重要论断深入研究,对其核心要义进行系统阐释。江必新、黄明慧认为,习近平法治思想对新发展阶段全面依法治国做出重大部署,强调提高国家制度竞争力,以"中国之制"支撑"中国之治"。他们提出,在中国特色制度逻辑框架内,应从坚持党的集中统一领导与尊重人民群众的首创精神的统一,坚持问题导向、目标导向和结果导向的统一,坚持制度建设的规律性与民主性的统一,坚持类型化与协调性的辩证统一,坚持制度的评估机制与自我调节机制的统一,坚持制度的稳定性与创新性的统一等方面建设高质量制度体系。沈国明认为,"重大改革于法有据"是习近平法治思想的核心要义之一。"重大改革于法有据"具有鲜明的时代性,中国特色社会主义法律体系的形成,经济转型发展和扩大开放的现实需要,以及全社会法治意识的增强,使"重大改革于法有据"具备了实施的多种条件,但是在实践中仍需妥善处理法律稳定性与实践变动性、法律的滞后性与超前立法需求、守法与敢闯敢干等矛盾。黄文艺、李奕认为,习近平法治思想在科学回答为什么要建设法治社会、建设什么样的法治社会、如何建设法治社会等重大问题基础上,形成了内涵丰富、论述深刻的法治社会建设理论。其中,在目标设计上,坚持以法治、平安、公正、和谐、活力、文明为目标导向和价值取向;在治理体制上,健全党委领导、政府负责、社会协同、基层治理、公众参与等体制;在制度规则上,构建法律规范体系和社会规范体系相互协调、相得益彰的社会治理规范体系;在纠纷解决上,健全民间性、行政性、诉讼性纠纷解决机制相互衔接、各尽其能的纠纷解决体系;在权利保障上,健全公众参与公共决策、人权行政保障、人权司法保障、公共法律服务等机制;在守法激励上,建立健全各种引导群众遇事找法、办事循法的制度机制;在普法教育上,坚持把习近平法治思想宣传教育放在首位,加强宪法宣传教育、完善普法教育体系、建设社会主义法治文化。周佑勇认为,习近平法治思想始终坚持以人民为中心的根本立场,贯穿着良法善治、公平正义的根本观点,以及辩证统一的法治系统论方法。深入理解习近平法治思想,必须牢牢把握贯穿其中的人民立场及其展现出的人民法治观和科学方法论,深刻感悟凝结其中的人民思想光辉。陈柏峰认为,习近平法治思想是中国特色社会主义法治实践的科学总结,"坚持党对全面依法治国的领导"的理论阐述构成了其中"党的领导"理论。在政治方向和法治道路上必须旗帜鲜明坚持党对全面依法治国的领导,而推进党的领导制度化、法治化需要健全党领导全面依法治国的体制和机制。把党的领导贯彻到全面依法治国全过程和各方面,必须坚持党领导立法、保证执法、支持司法、带头守法。正确处理党的政策和国家法律的关系,是坚持党的领导需要面对的重大问题。胡玉鸿则将研究焦点定格于习近平法治思想中对权力运行制约和监督的重要论断。他从权力本质的人民性、权力作用的两面性以及权力运行的现实性出发,提出必须通过严密的法律规范和严格的体制机制来进行权力的制约和监督,保证权力真正为人民所有、为人民所用。在具体路径上,强调要进一步完善法律以规范权力运作,建立以权力制约权力的机制,并通过监督机构的高效运作和拓展公民的政治权利范围加大对权力运行的监督力度。上述研究侧重点各不相同,能够聚焦习近平法治思想的某一重要论断开展深入研究阐释,大大增进了研究的深度和系统性,使我们由面到点、由表及里更加清晰地掌握习近平法治思想的精神实质和核心要义,同时一些研究提出的思路和构想也为法治理论的丰富发展、法治实践的持续探索提供了可行、有效的方向指引。

二、关于高校依法治校的相关研究

2003 年教育部印发了《关于大力加强依法治校工作的通知》,2012 年教育部颁布了《全面推进依法治校实施纲要》,要求各级各类学校全面落实依法治国要求,大力推进依法治校,加快建设现代学校制度。自此以来,依法治校工作开展已有近二十年的时间。在此期间,学界关于依法治校的研究持续不断,积淀了较多研究成果,这些研究成果促进了依法治校的深入实施,为高校改革发展提供了有力的支撑和保障。对前期相关研究进行梳理,研究成果主要集中于以下四个方面。

（一）高校依法治校实践路径

学界普遍认识到,依法治校是全面依法治国基本方略在高等教育领域的具体要求,是提高高校治理法治化现代化水平的客观需要,是实现教育现代化的重要保障。在分析论证高校依法治校面临的现实问题方面,陈传林认为,在全面推进依法治国背景下,高校依法治校的现实障碍是依法治校的法治思想意识淡薄和依法管理法律法规权威缺失,依法治校的教育法律法规不健全和校内规章制度体系不完善,依法治校的规章制度执行力度不强和有法不依现象依然存在,依法治校的法治正当程序保障缺乏和权利救济机制尚未建立。许博、洪丽燕认为,在依法治校实践中存在着教职工法治意识不强、学生管理程序、人事聘用流程、合同管理有待规范等问题。在探索推进依法治校实践方面,高山以治理理论为研究视角,从治理结构、治理工具、治理能力三个层面构建了依法治校实施路径。他认为,在治理结构方面,高校应当处理好政治权力与行政权力、行政权力与学术权力、教师权力与学生权力、学校权力与学院权力的关系;在治理工具方面,高校应当健全以章程为核心的法治体系,科学设置依法治校机构,健全民主管理和监督机制、追责问责机制;在治理能力方面,高校应当加强法治理论教育和实践教育,培育校园法治文化。陈传林提出,高校依法治校必须正确认识与妥善处理依法治校与党委领导、依法治校与综合改革以及依法治校与以德治校的关系。他认为,依法治校与党委领导关系是核心,决定着高校依法治校的政治方向问题;依法治校与综合改革关系是关键,决定着高校依法治校的发展动力问题;依法治校与以德治校关系是基础,决定着高校依法治校的精神支撑问题。姚荣认为,大学治理为何选择程序法治与大学治理何以走向程序法治,是大学治理法治化亟待回应的两项基本议题。大学治理法治化选择程序正义进路的动因包括大学治理的公法属性与大学的公法地位、学术自治的特殊性、新型法律纠纷的复杂性以及高等教育领域人权保障的诉求等。大学治理法治化之所以能够走向程序正义进路,得益于法定程序条款的增加与行政程序立法的特殊适用、政府监管对师生程序性权利的普遍关注、司法审查介入大学自治的程序审查及高等教育领域行业规范的程序规制。大学治理法治化的程序正义进路,需要学术自我规制的"程序化"变革,更好地保障师生的合法权益,增进大学裁量决定的实质合法性与正当性。

(二)高校治理法治化

梳理近年来相关研究成果,学界普遍认为,法治是国家治理体系和治理能力的重要依托,走法治化道路是高校治理体系和治理能力现代化的时代之需、改革之需和发展之需。申素平、周航认为,受新公共管理运动与新行政法的影响,英、美、德、法、日五国高等教育法治发展趋势呈现出明显的功能主义趋向,"治理实效"成为法治衡量的重要标准,但是五国法治传统与整体法秩序构成对功能主义的体系性控制,使得高校师生权利义务实现总体平衡并获得实质性保障。他们据此提出,我国在推进高等教育治理法治化进程中,既要构建"治理的法",突出教育法律规范与制度的效能,又要坚持"法的治理",从体系思维与权利本位出发,为高校师生权益提供体系化的法治秩序保障。段斌斌认为,形式法治与实质法治作为近代社会两种主流的法治观,是深入理解依法治校的理论之匙。形式法治看重治校规则的形式要件,突出依法而治,强调治校秩序;实质法治注重治校规则的实质价值,奉行良法善治,重视权益保障。他在研究中提出,目前治校规则的充盈并未带来高校法治水平的同步提升,其根源在于高校仍然践行形式法治的依法治校。迈向实质法治的依法治校,应着重提升学校规章制度立法质量,建构权利本位文化,施加程序权责约束,把好用人监督机制,促使高校成为良法善治的先锋和楷模。郭忠浩从《民法典》视域对公立高校法治现代化进行研究。他认为,公立高校法治现代化应当在国家立法供给和高校依法自治两个维度,就高校民事主体地位的相关法律问题、高校章程法律效力缺失和自治功能不足、公立高校法人财产权内涵构建、法人治理的私法自治性质、对学生管理和惩戒的相关法律问题等要素展开研究。曹灿、秦国民认为,目前高校治理法治化建设还存在治理规则体系不完善、治理主体权责界定不清晰、高校独立法人地位未彰显、治理法治氛围有待形成等问题,高校治理法治化需要协调发力、综合施策,政府和高校要完善治理制度体系、健全内部治理机制、尊重治理主体独立法人资格、营造高校治理法治化文化氛围,共同推进高校治理法治化。汪华、孙霄兵对改革开放以来我国高等学校的法治建设及其时代发展进行研究。他们认为,高等教育发展进入新时代,社会快速发展、高等教育领域深刻变革,一流大学建设和"放管服"改革深入推进给高校依法治理带来新的挑战,应当完善高等教育法律法规章体系,进一步落实高校办学自主权,加大高校依法治理力度,重视高校师生权益保护,将高校治理法治化推进到新的阶段。

（三）高校规章制度建设

以章程为统领的高校规章制度建设是完善现代大学制度体系的基石，是推进依法治校的重要保障。长期以来，学界对高校规章制度建设持续开展研究，为高校建立健全现代大学制度体系提供了理论支撑和实践经验。范珂从依法治校视域对大学章程建设问题进行研究，在阐述依法治校的基本内涵、章程建设的主要内容、依法治校与章程建设关系的基础上，对大学章程建设中存在的章程制定主体单一、制定程序不完善、章程内容设置不精细、章程难以通过司法适用强化实施效力等问题及其成因进行分析，提出完善大学章程的制定主体与程序、精细化设置大学章程的文本内容、加强大学章程"软法"的实施效力、探索大学章程融入司法适用途径等对策建议。秦立春、邓志基于对湖南省部分高校校内制度的分析，认为当前高校治理仍存在党政衔接不畅、学术自治失范、章程地位落空、权利保障不力等问题。高校校内制度的规范化不仅在静态层面需加强权力控制和强化权利保障，还需在动态层面体现法治思维和民主逻辑。重构校内制度应在组织法上体现配权合理、在权利法上体现权利保障、在程序法上体现程序正义，方能在高校自主管理全环节实现依法治理，规范性文件在高校管理工作中发挥着重要作用。近年来部分学者在研究中也关注到高校规范性文件建设中的问题。杨伟、赵伟提出，当前我国高校规范性文件制定和实施过程中普遍存在文件制定主体多元、制定程序不规范、"立法"标准不高、内容不科学和不具有可操作性等问题，应加大高校法治建设考核权重、出台规范性文件监管指导性意见和契合校情的管理办法等促进规范性文件法治化建设。张显伟认为，高校规范性文件是高校行使公共权力的重要依据，是现代大学治理的制度载体。高校规范性文件只有契合法治化诉求，才可以为依法治校奠定规则基础，才可能促进高校治理体系和治理能力现代化。高校规范性文件法治化必须满足形式法治、程序法治和实质法治等三方面的要求。形式法治在名称、形式、签署、格式、遣词造句、结构等技术性角度对高校规范性文件进行规范，程序法治在程序阶段及基本正当性程序制度贯彻方面对高校规范性文件进行规范，实质法治在内容方面对高校规范性文件进行规范。邹鹏认为，在建章立制的基础上，依法治校可以使其更加立体和鲜活。依法治校的"法"包含国家法律和校内规范两类，通过对两类"法"的解释可以助推依法治校。解释实践在依法治校过程中主要通过文义解释、体系解释、目的解释和其他解释方式得以展现，使各类法治资源得到实质性的应用，让静态的"法"和大学治理充分衔接，服务依法治校。以上研究，对于依法治校视角下推进高校规章制度建设提供了有益参考，有力促进了高校制度体系的完善和依法治校的扎实推进。

（四）高校法务工作

新时代教育法治建设对高校法务工作提出了更高要求。近年来，围绕高校法务工作特别是法务机构、法律顾问的研究逐渐增多。马志忠、瓦永乾针对高校法务工作实践中存在的法律意识不强、管理机构不健全、职责划分不明晰、部门之间协同性不够、工作程序不规范、动态管理缺失、激励惩戒机制不完善等问题进行分析。他们认为,高校法务工作应当坚持问题导向,注重制度建设,从健全机构、明确职责,构建法务工作网络;明确客体、规范程序,强化合法性审查;严格审签、动态管理,预防合同法律风险;协调联动、多措并举,规范知识产权保护;权责一致、流程管理,合力应对仲裁及诉讼案件等方面解决问题,从根本上提高依法治校的水平。甘容通、刘海斌的研究关注点在于高校法务工作制度。他们认为,优化法务工作制度是全面推进依法治教、依法办学、依法治校的重要手段。高校应通过完善法律事务工作机构设置、明确法律事务工作机构职能、完善规范性文件与重大决策的合法性审查、健全合同管理制度等措施优化法务工作制度,以法治思维法治方式推动和保障学校的改革与发展。宁晓林、冯俊波着重对新时代法律事务办公室的作用进行研究。他们认为,法律事务办公室在依法治校中的作用主要体现在对学校规章制度进行合法性审查,完善高校内部规章制度体系;为学校重大决策提供咨询、重大活动提供商询、重大问题提供法律意见;负责学校重要合同的合法性审查、督促有关合同的履行;推进民主法治建设,完善民主管理与监督机制;健全校内纠纷解决机制;坚持"程序正当、证据充分、依据明确、定性准确、处分恰当"的原则规范学生违纪处理过程等方面。孟黎通过对47所国内"双一流"高校法律事务机构设置和运行情况进行网上调研,发现高校法律事务运行缺乏系统设计、法律事务机构人员结构有待优化、法律事务机构作用"滞后"、面向师生的法律援助体系尚未建立等问题,并从建立符合高校自身发展特点的法律事务机构设置模式、优化机构人员队伍、完善相关制度的保障制度、建立多元主体的法律事务保障体系等方面提出了对策建议。谢阳薇、章晶晶基于33所一流大学建设高校法治机构运行现状的调查,系统分析了高校法治机构存在的组织定位不清晰、人员队伍配备不足、机构设置不合理等现实问题,以及组织目标出现偏差、行政效率降低、法治机构力量有所弱化和职责泛化等潜在风险。她们认为,高校应进一步完善法治机构顶层设计、加强人员队伍配备、完善保障机制。周一在对高校法律顾问制度的研究中提出,当前高校虽然普遍建立了法律顾问制度,但是实践中部分高校并不清楚如何通过法律顾问实现依法治校,导致盲目选聘法律顾问、法律顾问服务内容不明确、开展法律顾问工作不规范等问题频繁发生,应当理顺并明确高校法律顾问的职责范围,依法确立高校法律工作机构与法律顾问之间的关系,从高校与律师双视角出发,从重大事项决策合法性审查、高校规章及规范性文件制定、重大突发性群体性事件处理等角度,为高校提供具有可操作性的法律顾问实操指引。以上研究让我们看到,法务工作在依法治校、依法管理中的重要作用已经逐渐得到许多高校的重视,但是上述研究成果提出的突出问题也反映出当前高校法务工作还亟待加强,学界提出的对策建议具有较强的针对性,特别是实证研究为提升高校法务工作水平提供了实践借鉴。

三、关于高校法治工作的相关研究

中国特色社会主义进入新时代,高等教育到了更加注重内涵发展的新阶段。随着高等教育改革深入推进,高校治理体系和治理能力面临新的考验和挑战,2020年7月教育部印发了《关于进一步加强高等学校法治工作的意见》,第一次针对高校法治工作专门发文、第一次在文件中明确高校法治工作的概念,着力纠正把法治工作定位为打官司、审合同等具体法律事务的片面认识,强调把法治作为高校治理的基本理念和基本方式,把法治工作融入高校工作全过程和各环节。新形势下,如何加强和改进高校法治工作成为一项重要课题。自此以来,学界以高校法治工作为主题开展相关研究,目前研究成果主要集中于以下三个方面。

（一）高校法治工作体系

当前,部分学者从宏观、整体上对高校法治工作进行研究,着力对如何完善高校法治工作体系提出系统性的实践路径和策略构想。汪再奇、吕凌燕认为,法治是高校从"治理"到"善治"进程中的重要推动力量,也是高校谋求组织变革、提升管理服务效率的重要手段。高校法治工作的实现路径应明确规避化解风险、优化运行机制、营造法治文化三级目标,强化全局思维、卓越思维、法治思维三种思维,理清组织链、制度链、流程链三组"链条",用法律规范办学行为、用政策引领改革方向、用制度提升管理水平,健全风险防控、运行保障、宣传教育三个体系。窦贤琨认为,以法治思维指导提升高校法治工作体系化,增强高校依法治校能力,依法维护学校权益,依法规避法律风险是高校面临的重要课题。高校法治工作体系化的内涵应包括党委领导下的校长负责制,大学章程及规章制度体系,师生权益保护救济服务机制,完善的法律风险防控体系和法治教育。运用法治思维指导高校法治工作体系化确立的关键是法治意识的牢固树立,法治工作队伍的健全,决策和制度合法性审查机制的确立,评价考核机制的完善和坚持以师生为中心的法治工作理念。刘鹏从《民法典》的颁布实施角度对高校法治工作进行探讨。他认为,当前我国高校法治工作虽然已经取得一定成绩,但是依然存在法治工作重视程度不够、权利保护意识不强、风险管控规范质量不高和《民法典》学习不深等问题,特别是《民法典》新增条款对高校法治工作在人格尊严保护、个人信息保护、科研伦理底线、职务代理责任风险和法治思维等方面提出了新的要求。高校法治工作应以深学《民法典》增强法治意识为起点,不断转变思维方式,建立健全师生人格权保护机制、不断强化科研伦理底线规范、全面规范合同管理制度,推动高校治理体系和治理能力现代化。

（二）高校法律风险防控

随着高校管理活动越来越多纳入司法审查范畴,高校涉法涉诉案件明显增加,如何有效规避法律风险、依法维护学校权益成为高校面临的重要课题。近年来,部分学者围绕高校法律风险防控工作从不同角度开展理论研究和实践探索。翟翌、范奇结合《关于进一步加强高等学校法治工作的意见》(以下简称《意见》),对新时代高校行政法治的逻辑基础、风险构造及应对机制进行研究。他们认为,教育部《意见》从5个重点建制和10个关键内容层面描绘了新时代高校法治工作蓝图,高校行政法治建设作为高校法治工作的核心,其逻辑基础是以落实办学自主权为起点、实现高校良规善治和公平正义、完成社会主义国家高校的5大使命,风险构造主要表现为主体权限充足性、行为目的正当性、满足程序正义及无漏洞救济,可从落实办学自主权的"放"与"接"、建立及完善预审与决策机制、提升正当程序适用实效、衔接主观诉讼救济制度等方面健全体制机制,提高高校防范化解法治风险的能力。姚荣通过分析高校人事与学生管理纠纷的案件,特别是对部分高校败诉典型案件的分析发现,原告被告双方争议的焦点主要在于:服务期约定和违约金数额的设定与教师择业自由之间的冲突、认定事实是否清楚以及证据是否确凿、校纪校规的合法性与高校适用法律是否正确、高校管理行为的程序正当及其合比例性等,高校应通过外部驱动机制与内部治理机制之间的协同合作与优势互补,建立健全高校自主办学法律风险的防范机制,提升高校依法自主办学能力,促进高校办学自主权的法治化运行。王忠政提出,如何准确识别、正确评估法律风险和系统防范法律隐患已经成为我国高校亟待解决的问题,而对于高校法律风险防控大数据分析还是一个空白点。基于对近3年司法诉讼案件大数据的分析,他认为高校风险点集中在劳动争议、人事争议类、合同类、知识产权类、侵权责任类及行政诉讼与刑事诉讼领域,应采取完善高校组织建设、改进高校制度建设、加强高校文化建设、落实高校法律风险操作流程来构建高校法律风险防控体系。范江波系统研究了个人信息的定义与内涵以及我国个人信息保护的法律体系,对个人信息保护数据治理的常见问题以及刑事、民事、行政法律责任进行深入分析。他认为,随着信息技术的高速发展,个人信息的社会价值与市场价值日益显现,在利益驱动下如果没有有效的法律规制,作为重要社会资源的个人信息会出现误用、滥用的情况。学校作为师生个人信息集中地,应从把好数据源头治理关、发挥数据的经济价值和决策价值两个方面完善治理对策。

(三)高校师生权益保障救济

随着社会主义民主法治深入发展、高等教育改革深入推进,高校内部治理法治化、制度化、规范化的要求更为凸显,广大师生对民主、法治、公平、正义的诉求日益增长。由此带来了高校管理体制机制的转变和师生利益纠纷的不断增加,而学界对此的研究也在不断深化。施彦军认为,当前高校管理体制由"传统管理体制"向"现代管理体制"转变,大学生民主参与高校管理成为特殊而重要的管理方式。尽管教育法律法规以及高校规章制度均提出大学生拥有民主参与高校管理权,但是从实践来看,还存在参与制度、参与途径、参与回应、参与主体等多维困境。突破这些困境,必须建立健全民主参与制度、不断拓展民主参与途径、建立健全民主参与的高校回应机制、大力培养民主参与意识和能力。张继红、蒋冰晶认为,高校学生参与权的切实保障是大学善治的内在要求。学生参与高校治理的法治路径包括完善学生参与的相关立法和高校章程,充分保障学生的参与主体地位;厘定学生参与的范围和边界,确保学生参与的广度和深度;健全学生参与的程序制度、完善学生参与权的救济途径,为学生参与权的实现提供程序和救济保障。周敏、郝翰认为,公开公正原则、正当程序原则等行政法基本原则已被高校学生管理体系所适用。在《普通高等学校学生管理规定》实施背景下,应在正确界定高校行政公权力与自主管理权的基础上,重新确立高校行政法律地位,从行政法基本原则、法律体系、正当程序等角度对高校学生管理相关问题加以解读,寻求高校学生管理中学术自治与学生权益保护平衡化的基点。晋涛提出,高校惩戒权需回应法治理念、教育达成、权益保护的诉求。他认为,高校惩戒权的实体法治包括惩戒权实施的法定化、专业化、适度化,无视《普通高等学校学生管理规定》或者进行随意解释以及处罚失衡的高校惩戒不具有正当性。高校惩戒权的实施必须遵守法定程序,保障惩戒的透明性,正视受惩戒人的主体性。《普通高等学校学生管理规定》虽然规定了高校惩戒权实施的基本程序,但欠缺听证程序、回避程序。在程序法治中应充分保障受惩戒人的参与权,受惩戒人对高校行使惩戒权行为不服的有权提起行政诉讼,高校是行政诉讼的适格被告。张航认为,高校强制退学处理是高校强制性解除学生在学法律关系的行为,其法律属性属于国家行政行为,在具体行政行为类型上属于对未形式化的授益行政行为之撤销或废止。他提出,鉴于强制退学处理对学生的身份权和受教育权等基本权利形成过度限制甚至剥夺,强制退学制度在形式合法性上必须遵循法律保留原则、规范明确性原则和正当程序原则,在实质合理性上应当符合比例原则、不当联结禁止原则和信赖保护原则。基于制度合法性与合理性审查的结论,退学依据应当部分遵循相对性法律保留原则来分配权限,退学事由应当分为政治标准、纪律标准、学术标准,退学程序应当构建公开程序、听证程序和期间程序制度体系,权利救济应当完善校内申诉、行政复议、司法诉讼、行政赔偿等体系化救济理路。黎庆兴、李德显认为,高校教师聘任制在现代大学制度中具有重要的价值诉求。目前地方高校教师聘任制面临制度因利益主体合力抵制而流于形式化、合同因法律性质不明确而缺乏可预测性、考核评价因行政主导而趋于功利化、主体及程序因存在瑕疵而影响合法性等困境,应从法治化视角对教师聘任制进行全方位重构,立法上完善相关法律法规体系,执法上强化高校依法行政要求,司法上畅通当事人权利救济渠道,守法上塑造利益主体法治精神。郑宁采通过对113份涉及高校教师管理纠纷裁判文书的研究发现,高校教师管理纠纷中行政案件数量不多,主要以民事案由的面貌出现,案由主要涉及支付工资、社保待遇争议、解除聘任合同争议、职称评定争议等,并据此从法治角度提出厘清人事争议及劳动争议的法律标准、依法认定教师深造期间高校所支付的工资福利性质、依法明确服务期内教师申请离职的条件、建立高校教师管理纠纷多元解决机制等应对措施。上述研究成果不乏真知灼见,特别是针对学生管理方面的问题与对策研究较为丰富,为依法加强学生管理工作提供了有益借鉴,但是从研究成果数量和质量来看,关于高校教师合法权益保障的研究还有待进一步加强。

四、关于高校法治宣传教育的相关研究

高校肩负为党育人、为国育才使命,承担着培养堪当民族复兴重任时代新人的重要任务。深入开展法治宣传教育,是高校落实立德树人根本任务、培育德智体美劳全面发展人才的必然要求,也是加强高校法治工作、推进依法治校的内在要求。长期以来,学界和实务工作者对高校法治宣传教育相关工作开展了不懈探索和理论研究,本书对此加以梳理,可分为以下四个方面。

(一)高校法治文化建设

社会主义法治文化是中国特色社会主义文化的重要组成部分,是社会主义法治国家建设的重要支撑。高校法治宣传教育的目标之一就是要在校园营造浓厚的法治文化氛围,发挥法治文化以文化人的育人目的。从现有研究成果来看,近年来关于高校法治文化建设的理论与实践研究并未引起充分重视,目前高水平研究成果不多,且多集中于现实问题与改进对策的研究上。马晓妹认为,高校法治文化建设是高等教育全面、健康、可持续发展的必然要求,也是推进法治国家建设的重要保障。我国现阶段高校法治文化建设应从完善机制、转变理念、重构课堂等方面探索有效路径。尹欢、谷松岭提出,高校法治文化建设具有五重向度,包括夯实理论基础培育大学生强烈的法治观念,打破传统模式创新大学生接受教育的多维途径,营造法治氛围使法治建设积极融入校园文化,德治法治双管齐下深化校园法治文化建设,提供机制保障让高校师生有法可依。杨龙奉、孔凡霞认为,高校法治文化是法治认知、法治制度、法治教育、法治信仰、法治行动等要素构成的文化体系。当前高校法治文化建设存在认知内涵狭隘化与人治化误区、制度短板与机制不畅叠加、教育结构性与功能性失衡交错、信仰内生乏力与外部冲击交织、个人自律不严与学校治理失范并存等现实困境,应从培育民主文化、程序文化、规则文化、尚法文化、信仰文化着手进行优化。林文雄提出,我国高校法治文化具有"社会整体性"与"校园区域性"双重属性,而"社会整体性"的功能指向主要是社会主义法治文化的传播,其培育的着力点在于法治文化的认同;"校园区域性"的功能指向主要是高校的治理,其培育的着力点在于法治文化的建构。"社会整体性"与"校园区域性"的高校法治文化之间虽然存在差异与冲突,但仍能实现良性互动。

(二)大学生法治教育

长期以来,学界和高校实务工作者围绕大学生法治教育、大学生法治素养培育

从不同视域开展了大量研究探索,研究普遍认为加强大学生法治教育是弘扬社会主义核心价值观、培养新时代中国特色社会主义事业建设者和接班人、建设社会主义法治国家的现实需要。廖欢对国外高校大学生法治教育体系与模式进行探讨。他认为,美、日、英高校法治教育具有很强的政治功能,其形式和途径多样化,在教育形式上,注重利用现代信息网络技术开发各类新媒体平台、开展大量实践活动和环境熏陶教育,在教育途径上,家庭和学校、社区和大众传媒成为重要教育途径,在教育过程中注重发挥学生主体作用,并利用新媒体平台实现"渗透式""隐蔽式"等间接教育。王小光认为,高校开展法治教育应以习近平法治思想为指导,正确处理好法治教育和思政教育、理论教学和实践教学的关系,并逐步实现法治教育课程的独立设置,科学设计教学内容,创新教学形式和方法。林苗认为,当前大学生不同程度存在缺乏法律实践运用能力、法律意识淡薄、法律思想学习主动性差等问题,高校应以习近平法治思想为指引,健全领导机制、加大工作力度,以法治思维和法治方式引领、推动、保障学校法治教育,不断提升高校法治教育水平,提升大学生法治素养。林凯、周晨认为在高校思想政治教育中融入法治教育在教育理念、教育方式、教育内容上存在误区,应当通过理论教育与实践教育相结合的方式,以法制教育为基础、法理教育为重点、法治思想教育为核心,建立一套科学完整的法治教育体系。姚建龙、朱奕颖认为,基于国民教育的层次性、学生权利义务的差异性以及高校教育考核的包容性等客观原因,应当突出大学生法治教育在教育对象、教育内容、教育方法等方面的特殊性,通过教育部门、高校、教师队伍等多个主体共同努力,推动大学生法治教育由知识传授到法治信仰培育、从教师说教到师生对话、从守法教育到公民教育的转型。栾绍兴认为,大学生法治人格培育是新时代大学生法治教育的核心任务和崭新议题。我国高校法治人格培育当前面临"主体客体化""手段目的化""现代传统化"的现实困境。高校回应大学生法治人格培育的范式转型要求,突破法治人格培育的现实困境,必须正确把握法治教育的时代化、生活化、数字化方向,助力大学生健全法治人格的生成。司文超认为大学生法治素养培育具有基础性与先导性、知识性与实践性、统一性与差异性、历史性与时代性等特征,以及维护正当权益、促进德法兼修、保障全面发展、推动法治建设等功能,可从提高法律课堂教学质量、强化法治社会实践教育、建强网络法治教育阵地、繁荣高校校园法治文化、完善法治工作队伍保障等方面探索实践途径。王芸等以昆明医科大学为例,对新媒体时代高校学生法治宣传教育机制进行探讨,从打造新媒体宣传教育平台,构建新媒体时代高校学生法治宣传教育体系,协同发展传统媒体与新媒体互相融合的法治宣传思想工作格局,合理配置法治宣传教育资源,创建良好校园法治宣传教育文化环境等方面提出对策。上述研究成果拓展了关于大学生法治教育的研究视野,为进一步深化相关研究提供了理论视角和实践路径。

(三)高校教师法治素养培育

通过文献搜集发现,以高校教师法治教育为主题的研究成果很少,而且主要在高校教师法治素养提升、法治思维培养方面。滕金聪认为,法治素养是指一个人掌握基本法律知识、形成法治思维方式、坚定法治信仰、养成尊法用法习惯的能力。法治素养是公民整体素质的重要组成部分,是建设法治中国的基础。在全面推进依法治国的背景下,高校党员教师兼具党员和教师的双重身份,其言行对非党员教师和大学生群体具有重要的引领示范作用,党员教师的法治素养关乎高校管理和教学工作的法治化水平,影响依法治校、依法执教目标的实现,所以提升高校党员教师的法治素养是大力弘扬社会主义法治精神,切实提升教育治理体系和治理能力现代化水平的必然选择。该研究从传统文化因素、学校制度因素、教师个人因素三个方面探讨了新时代高校党员教师法治素养的现状及原因,提出了构建高校尚法用法的校园文化、创新党员法治素养提升制度、高校党员教师自觉学法用法等策略。牧人认为,随着法治中国建设的推进,学校成为法治建设的一个重要基点,法治素养从学生阶段开始培养的重要性越来越明显,思政课是学习法律知识、增强法制观念的土壤,作为课堂的引导者,教师本人的法治素养需要达到标准,法治教育必须增大力度,如何完善教师的法律素养培训环节,是每个思政教育工作者都应该思考的问题。艾贤明、郑国认为,法治思维是以法律规范为基准的理性思维方式,培养高校教师法治思维是掌握意识形态工作领导权的必然要求,也是落实立德树人根本任务的内在要求。面对互联网带来的机遇和挑战,高校只有通过加强教师日常法治教育、引导教师树立法治信仰、完善"依法治校"顶层设计,才能有效提升高校教师法治思维,进而营造"风清气正"的网络空间、构建和谐的育人氛围、培育优良师德师风。王天佑认为,高校教师是推行依法治校的实践主体,其法治意识的强弱直接关乎教师本人以及大学生法治观念的进步。加强对高校教师法治思维的培养,必须凡事基于规则,杜绝暗箱操作,自觉接受社会监督。

(四)高校干部法治思维培育

高校干部队伍是推进高校依法治校的骨干力量,高校干部的法治思维、法治能力影响着高校依法治校进程和法治工作水平,提升高校干部队伍法治思维培育水平是高校推进依法治校的基础性工作。徐刚认为,党的十八大以来,运用法治思维深化改革、推动发展、化解矛盾、维护稳定已经成为新时代对领导干部的新要求,但高校领导干部仍然存在权力思维、情理式思维和政法思维等诸多逆法治思维,培育高校领导干部的法治思维尤为迫切。高校领导干部法治思维的培育路径应树立以规则为中心的思维、程序正义的思维、限制权力保障权利的思维、公平正义的思维,坚持形式法治思维为主实质法治思维为辅的原则。苑野认为,"法治思维"的多层次性决定了在应然视阈下的高校领导法治思维应当兼具观念层面、意志层面以及价值层面的多重内涵。但是当下高校领导法治思维存在缺失,且法治环境的欠缺、权力监督机制的不健全以及高校领导自身法治思维养成的主动性不强等因素阻碍了高校领导法治思维回归应然状态。高校领导法治思维养成不仅需要高校领导自我学习与自我感悟,也需要完善高校领导干部的教育培训机制以及健全法治导向的监督奖惩机制,营造一个充满法制文化的高校氛围。

综上所述,通过梳理习近平法治思想、高校依法治校、高校法治工作、高校法治宣传教育等前期研究成果,我们可以发现,法治作为一个理论与实践问题,近年来得到了学界的持续关注,特别是随着习近平法治思想的形成与发展、全面依法治国基本方略的提出与实施,包括高校在内的各行业各领域的法治建设都在不断研究探索。现有研究文献坚持正确政治方向,突出强化问题导向,坚持学术研究与实务探索相结合,在着力推动中国特色社会主义法治理论创新发展的同时,紧密结合当前法治实践中的突出问题探求治理之策,显示出了众多学者和实务工作者对我国法治建设的学术关注、理论自觉和使命担当。

具体来看,前期相关研究的成效与不足主要体现在以下三个方面:一是,关于习近平法治思想的研究在逐步深入,既有宏观理论研究,也要关于某一方面重要论述的研究,这些研究成果比较系统地阐述了习近平法治思想的发展历程、深远影响、时代价值和逻辑内涵,以及蕴含其中的马克思主义立场观点和方法论,具有很强的理论性、学术性和实践性,为我们开展高校法治理论与实践研究提供了丰厚的理论支撑,但是这些前期研究成果与高校依法治校结合还不够紧密,将习近平法治思想融入当前高校法治工作的研究还比较少。二是,关于高校依法治校和高校法治宣传教育的研究由来已久,积累了大量研究成果,比如高校治理法治化、高校章程和制度建设、大学生法治教育等方面的丰富文献资源,可以为后续研究提供理论基础和实践经验。我们从这些研究成果中也可以明显看出,这些方面的研究逐渐朝精细化的方向发展,更多的学者开始关注更为具体的问题。学者们紧跟社会的发展、政策的变迁、高校内外环境的变化,敏锐地发现新时代新形势下的新问题,并有针对性地提出了改进工作的对策建议。但是,我们也发现,高校依法治校、法治教育方面的研究在论文数量不断增加的同时,研究成果也出现了重复性观点多、"千篇一面"的现象,许多研究提出的问题、制定的措施相似或有较多重复,还有一些研究对问题的探讨浅尝辄止、不够深入,提出的具体措施系统性、创新程度不够。因此,后续研究需要不断深化细化,在已有的研究成果基础上充实相关的理论与方法。三是,由于教育部提出"高校法治工作"的概念时间还不长,当前以"高校法治工作"为主题开展的研究数量还比较少,高质量的研究成果不多。虽然部分学者结合教育部制度文件和会议部署从宏观层面对高校法治工作开展研究,从理论拓展上阐释了高校法治工作的时代要求和价值意蕴,从实践路径上提出了加强和改进高校法治工作的思路构想,有利于提高思想认识、拓宽研究视野,具有一定的参考和借鉴意义,但是这些研究有些还不够深入系统,特别是针对当前高校法治工作中存在的问题调查论证不足,有些研究提出的对策建议浮于表面、不够具体,实操性不够强。比如,关于高校法律风险防控、高校师生权益保障救济的研究,前期研究内容涉及面不够广泛,主要集中于高校人事纠纷和学生管理问题,研究的广度、深度和系统性都还有较大差距。

第三节　研究思路与方法

综合考虑政策导向、研究趋势、高校实际等因素,本节在理清研究思路、明确研究内容、选用研究方法基础上,坚持理论探讨与实践探索相贯通、文献研究与实证研究相结合,力求实现研究目的达到预期效果。

一、研究思路

通过分析研究背景和研究现状,结合当前高校法治工作面临的政策要求、治理需求、师生诉求等内外环境的新形势新变化,本书认为加强高校法治工作理论与实践研究,应重点从以下几个方面思考问题、理清思路,进而探求新进展、实现新突破。

第一,要思考如何用习近平法治思想指导高校治理体系和治理能力现代化建设?如何把全面依法治国基本方略落实到高校依法治校实践当中?特别是如何把习近平总书记关于全面依法治国的重要论述、"十一个坚持"的重要要求与高校法治工作实际紧密结合,探索进一步推动高校学习贯彻习近平法治思想往深里走、往心里走、往实里走的实践路径。

第二,要思考党和政府对高等教育的时代要求是什么,对高校法治工作的政策导向是什么,当前高校法治工作面临的突出问题有哪些、重点问题是什么、根源在何处、改进策略应从哪些方面入手,高校法治工作应如何服务、推动、保障高校改革发展稳定大局?

基于上述思考,笔者提出本书的研究思路是:按照提升法治素养、防控法律风险、维护师生权益、健全保障体系、借鉴典型经验的研究逻辑,从高校法治教育、法律风险防控、师生权益救济、法治工作保障、法治工作实践等五个方面开展理论与实践研究,强化问题导向,注重综合施策,突出制度建设在高校法治工作中的指引、教育、预测、评价、强制作用,深入系统探讨拓展高校法治教育实践路径、健全高校法律风险防控和师生权益救济制度机制、完善高校法治工作保障体系的具体措施,并从政府和高校两个主体入手,拓宽研究视野,扩大研究成果,梳理分析高校法治工作配套政策和实践探索最新进展、典型经验,为地方教育行政机关和高校进一步完善相关政策、加强法治工作提供决策参考和有益借鉴。

二、研究内容

根据上述研究思路,本书将研究的内容分为五个部分:

　　第一部分为高校法治教育体系研究。法治教育在高校法治工作中具有基础性地位和作用。本部分研究首先对法治教育的内涵、意义与目标进行概述,重点探讨法治教育与法制教育、普法教育、法学教育等相近概念的区别和联系,阐释我国法治教育从"法制教育"到"法治教育"的重大转变,阐述高校法治教育在社会主义法治建设等方面的重大意义以及高校法治教育的目标。在此基础上,对如何把握高校法治教育的政治方向、价值方向进行研究,重点阐释如何以习近平法治思想为指导明确高校法治教育的原则、目标、路径、载体、内容,如何将法治教育与社会主义核心价值观教育有机融合,充分发挥习近平法治思想的定向导航作用和社会主义核心价值观的价值导向功能,并结合高校实际,从以宪法教育为核心达成高校法治教育多维目标、以全员协同育人凝聚高校法治教育合力、以全新教育理念拓展高校法治教育路径三个方面,重点对高校宪法教育、高校法治教育工作者素养提升、高校法治教育理念和路径拓展进行深入探讨。

　　第二部分为高校法律风险防控机制研究。法律风险防控事关高校改革发展稳定,是当前高校法治工作亟须加强的薄弱之处,也是高校在法治轨道上提升治理体系和治理能力现代化水平的重要任务。本部分研究首先论述高校法律风险防控基本理论,对法律风险、高校法律风险进行界定,分析高校法律风险的显著特征,并借鉴企业法律风险防控最新理论成果,对全面风险管理理论下的高校法律风险防控机制及其优势进行研究。在此基础上,结合教育部《关于进一步加强高等学校法治工作的意见》提出的建立健全法律风险防控机制要求,针对总法律顾问制度、保险制度、第三方调解制度、合同管理制度开展专题深入研究。在高校总法律顾问制度方面,回顾总结总法律顾问制度在我国的发展历程,分析总法律顾问制度的积极作用以及高校建立总法律顾问制度的重大现实意义,提出建立健全高校总法律顾问制度的建议。在保险制度方面,重点围绕如何充分发挥保险所具有的转移风险和分担风险重要作用,针对当前高校保险制度尚不能适应高校法治工作新要求的现状,提出优化保险结构、完善高校财物和人员保险制度的对策。在第三方调解制度方面,注重发挥第三方调解在解决纠纷、预防和化解法律风险中的独特作用,从构建组织架构、明确调解范围、规范调解程序、完善调解运行机制等方面提出建立健全第三方调解制度的思路。在合同管理制度方面,结合高校合同纠纷涉诉司法案例,针对近年来高校合同纠纷呈现出的新情况新特点,着力探讨完善高校合同管理制度的具体措施。

　　第三部分为高校师生权益救济机制研究。推进全面依法治国,根本目的是依法保障人民权益。高校师生权益救济事关师生切身利益,是高校依法治校的必然要求,是建设和谐校园的重要保障,也是坚持以人民为中心法治理念的重要体现。本部分研究首先总结改革开放以来高校师生权益保护的发展历程,厘清高校师生权益保护现状,在此基础上探析我国高校的法律地位、高校与师生的法律关系,为建立健全高校师生权益救济制度提供理论支撑,重点围绕和解、申诉、行政复议、仲裁、司法救济等高校师生权益救济重要途径，从理论和实践两个方面开展专题研究，力求提出切实可行的完善上述制度机制的对策建议。其中，对和解如何运用于师生之间的民事权益纠纷，提高校园民主程度和权益救济的效率进行探讨；对以高校师生为主体的申诉制度进行论述，分析高校申诉制度存在的不足，提出完善教师申诉机构设置的总体要求与具体建议；对行政复议的规则程序进行梳理，分析论证扩大高校教师行政复议范围、增强复议机构和人员独立性等举措的可行性；对现有仲裁法律制度进行分析，对充分发挥仲裁权利救济功能的实践路径进行积极探索；从行政诉讼、民事诉讼两个方面分析师生权益司法救济的内容和现实问题，探讨完善师生权益司法救济的思路和策略。

第四部分为高校法治工作保障体系研究。法治建设是一项系统工程，具有整体性、系统性和协调性的特点。推进高校法治工作保障体系建设，其目的是为高校依法治校把握正确发展方向、完善领导体制机制、营造良好生态环境。习近平法治思想将"坚持党对全面依法治国的领导"摆在"十一个坚持"之首，既充分彰显了党的领导在推进全面依法治国中的根本保证作用，也极大丰富了新时代加强党的领导的内涵意蕴。新形势下加强高校法治工作，必须以更高的政治站位、更为宽广的治理视野来谋划推进，切实通过加强党对高校工作的全面领导、营造风清气正的良好政治生态、防范化解权力运行廉政风险，为高校法治工作高质量发展提供有力保障和有利环境。本部分研究重点围绕高校完善党委领导下的校长负责制的实践路径、高校营造风清气正的良好政治生态的现实困境及治理对策、高校廉政风险防控机制建设等三个方面对高校法治工作保障体系进行系统研究。

第五部分为高校法治工作实践经验借鉴。他山之石，可以攻玉。2020年7月教育部出台《关于进一步加强高等学校法治工作的意见》以来，各地各高校根据党中央全面依法治国战略部署和教育部文件要求，结合本地本高校实际，在健全高校法治工作配套制度和推进高校法治工作实践方面进行了积极探索，取得了一系列新进展新成效。这些地方教育行政机关和高校的制度实践和有效做法，在全国教育系统显然具有重要的参考借鉴意义。因此，本部分研究着重从部分地方教育行政机关的制度实践和高校法治工作典型经验入手，对其系统梳理、分析归纳，择其扼要以飨读者，以期为教育行政机关推进高校法治建设向纵深发展，为高校提升治理体系和治理能力现代化水平，提供决策参考和有益借鉴。

三、研究方法

基于本研究兼顾理论性与实践性的特点，将综合采用学科交叉研究法、文献研究法、实证研究法、比较研究法进行深入考察研究。

（一）学科交叉研究法

高校法治工作涉及范围广泛，是一项综合性的系统工程，对其理论与实践问题开展全面研究,显然仅靠单一学科知识是远远不够的。因此,本研究将综合运用法学、政治学、管理学、教育学、社会学等学科理论,在借鉴上述学科研究方法和研究成果的基础上,通过学科交叉融合对高校法治工作的理论与实践相关问题进行多视角、深层次的分析论证和深入探讨,为新观点新思想的阐释、新机制新体系的构建奠定坚实的学科理论基础。

（二）文献研究法

为更加深入地对高校法治工作理论与实践进行研究,本研究将对与高校法治工作相关的理论研究成果、法律法规规章制度、党内法规制度、党和政府政策文件、领导讲话、地方行政机关和高校经验总结等文献资料进行全面收集整理,为开展研究工作提供理论支撑和政策支持。通过深入系统的文献梳理分析,着力发现现有研究尚未涉及的研究空档、薄弱环节以及现有政策文件的缺失、法律法规制度的规制不足,在借鉴、吸收相关或相近理论与实践成果的基础上,进一步凝练本研究要突破的理论难题和要解决的现实问题,努力形成有理论深度和实践价值的研究成果。

（三）实证研究法

实证研究具有鲜明的直接经验特征,开展实证研究可从大量经验事实中归纳总结出具有普世意义的结论或规律,提出可借鉴、可转化、可推广的原则、模式和方法。本研究将采用调研考察、深度访谈、案例分析等方式,对高校法治教育、法律风险防控、师生权益救济、法治工作保障体系建设的现状,以及存在的问题和成因进行实证研究,注重用事实数据说话、用真实案例分析、用实践经验论证,通过考察其历史沿革、制度变迁、环境变化等因素,剖析其问题表象下的深层次原因,从而为探讨加强和改进高校法治工作的对策提供翔实依据,也可为相关部门咨政建言、科学决策提供可靠支撑。

（四）比较研究法

比较研究法是对物与物之间和人与人之间的相似性或相异程度进行研究、判断的方法。首先,在纵向比较研究方面,分析不断发展变化的客观事物时,应将其发展的不同历史阶段加以联系和比较,弄清楚事物在发生、发展过程中的"来龙去脉",才能揭示其实质和发展趋势。比如,在高校师生权益保护救济研究中,将对我国高校师生权益保护救济的进程进行梳理,以求准确把握高校法律地位的不同学说、高校与学生、高校与教师之间的法律关系演进过程,为研究观点的提出提供理论支持。在高校法律风险防控研究中,将通过分析总法律顾问制度、保险制度、第三方调解制度、合同管理制度的发展演进轨迹,梳理出其各自发展的内在动因和在不同发展阶段呈现的不同特点,从中发现问题、启发思考,为健全高校法律风险防控机制提供新思路。其次,在横向比较研究方面,通过将总法律顾问制度、保险制度、合同管理制度在企业的运用经验,第三方调解制度在医疗领域的运用经验分别进行总结分析,论证其在高校法律风险防控实践当中加以引用的可行性。同时,将部分地方教育行政机关的制度实践和高校法治工作的典型做法进行概括呈现,亦能通过横向比较分析,为提升各地各高校法治工作实效提供有益借鉴。

第一章

高校法治教育体系研究

2020年，在教育部印发的《关于进一步加强高等学校法治工作的意见》中，将"开展以宪法教育为核心的法治教育"作为高等学校法治工作的一项重要内容；2021年，在教育部办公厅印发的关于《高等学校法治工作测评指标》中，将"师生法治教育"作为八大测评指标之一，所以做好高校法治教育工作是高校法治工作应有之义，同时也是高校开展各项法治工作的重要基础。

第一节 概 述

一、法治教育的内涵辨析

研究高校法治教育首先要厘清相关概念，才能把握高校法治教育的规律和实现高校法治教育的目标任务。随着我国法治建设进程的不断推进，"法治教育"一词的使用，与法制教育、普法教育、法学教育等相近概念，也随之经历了从混淆混用到逐渐清晰的演变过程。

（一）法治教育与法制教育

1997年党的十五大报告中，以"法治国家"代替了"法制国家"；2014年党的十八届四中全会通过的《中共中央关于全面推进依法治国若干重大问题的决定》中，把"法制教育"首次表述为"法治教育"。从"法制教育"到"法治教育"的转变是中国高校法育工作历史进程中的最重要特征。一般意义上来讲，"法制"通常被认为是指静态的法律制度、法律系统，其重点关注形式上的秩序；而"法治"通常被认为是指动态的或能动的社会范畴，其强调的是依靠法律来治理国家，法律在国家治理中所发挥的法律至上作用，以及所要达到的民主、自由、平等、公正的法治效果。与之相对应，"法制教育"是关于静态的法律、法规的知识教育；而"法治教育"不仅包含法律制度、法律知识的教育，更多地还包含对法律思维、法律观念的意识教育，重在通过教育来培养公民对民主、自由、平等、公正的价值认同，以及对法律至上的信仰。因此，可以说"法治教育"的内涵要远远大于"法制教育"的内涵，前者包含后者，并且是对后者的拓展和丰富。"法制教育"与"法治教育"是中国法治建设不同时期、不同进程在教育中的不同表现，而从"法制教育"到"法治教育"的转变是推进全面依法治国、建设社会主义法治国家的内在需求，同时也是高校法育工作的必然趋势。

（二）法治教育与普法教育

普法教育是指我国从 1985 年开始的，在全体公民中进行大规模普及法律常识的宣传教育活动。与普法教育相比，法治教育具有以下不同之处：第一，从教育内容上看，法治教育比普法教育的内容要更加广泛、丰富。普法教育的重要内容是对国家法律法规等法律基本常识的宣传，注重的是对公民的守法教育，因此普法工作也建立了"谁执法谁普法"等普法责任制。但法治教育在法律常识教育之外，还包含法治思维和法治理念的教育，注重的是通过教育潜移默化影响到人们的生活方式，因此法治教育工作也更加重视发挥法治文化建设的作用。第二，从教育对象上看，法治教育比普法教育的对象范围要窄一些。普法教育面向的是整个社会，教育对象是国家全域范围内的所有公民，重在强调普及。但法治教育从狭义上讲面向的是青少年，是在校园范围内进行的教育活动，重在强调培养。第三，从教育目标上看，法治教育比普法教育的目标层次更高。普法教育的直接目标就是填补广大公民的法律知识空白，使公民对与自身生活紧密联系的常用法律法规实现由"不知"到"知"的转变，因此普法教育是建设社会主义法治国家所要实现的基础性目标。但法治教育的目标不仅仅是简单要求公民掌握法律知识，而是要在此基础上，促使公民通过对法律规范的学习和领悟来塑造价值观，并逐步改变思维方式和行为习惯，最终形成对法律的信仰。因此法治教育是建设社会主义法治国家所要实现的更高层次的目标。

（三）法治教育与法学教育

法学教育是关于法律的专业化、职业化教育，其目的在于培养法律职业人员。法学教育基于法律职业共同体的构建，教育对象仅限于将要或有意要从事法律职业的群体，教育内容除了法律意识和法治观念的教育外，同时更加注重法律能力的教育，教育目标是对教育对象通过长久的法律方法训练、法律思维习得、法律经验积累等，掌握更加扎实的法律理论、更加系统的法律知识、更加严谨的法律逻辑、更加深入的法律研究，尤其是在法律思维与法律方法领域，能够通过演绎推理、类比推理等各种方法获得司法裁判的决定。但法治教育并不寻求将人们都训练成法学专家或者法律职业者，教育对象的覆盖面更加广泛，其教育内容和教育目标主要还是关于法律意识和法治观念的教育,促使公民通过对法律规范的学习和领悟来塑造价值观,从而做到自觉守法用法,并最终形成对法律的信仰。因此,法治教育与法学教育不论是在教育对象,还是在教育内容和教育目标上,都有着明显区别。总的说来,法学教育是一种职业教育,而法治教育是素质教育。

二、高校法治教育的重大意义

随着我国法治进程的不断推进,高校法治教育开展的不断深入、内容的逐渐丰富,经历了从"法制教育"到"法治教育"的重大转变,这都说明了高校法治教育在社会进程中的重大作用,充分体现了中国高校法治教育对于社会主义法治建设、推进高校治理能力和治理体系现代化、提高大学生法律素养和促进大学生全面发展的重大意义。

(一)社会主义法治建设的必然要求

实施依法治国、建设社会主义法治国家,主体是广大人民群众,这一如此深刻而广泛的国家治理领域的变革,需要全体人民的拥护和支持才能深入推进。因此,在全社会培育法治意识、提高公民法律素质,这不仅是实施依法治国战略、建设社会主义法治国家的重要思想基础,而且也是实施依法治国战略、建设社会主义法治国家的重要内容和重要目标。实际上,国家在依法治国战略深入实施的过程中,一直以来都在以不同的形式强调在全社会树立法治意识、提高全民法律素质的重要性。党的十八届四中全会通过的《中共中央关于全面推进依法治国若干重大问题的决定》中强调要"推动全社会树立法治意识",要"深入开展法治宣传教育,引导全民自觉守法、遇事找法、解决问题靠法",要"把法治教育纳入国民教育体系"。大学生作为社会中知识水平较高、肩负国家社会未来发展重任的群体,是未来推动国家和社会发展进步的重要力量,更是贯彻落实依法治国战略、深入践行社会主义法治要求的主力军,理应成为依法治国的践行者和推动者,依法治国战略的深入实施需要大学生拥护社会主义法治理念、践行社会主义法治要求、树立社会主义法治精神、维护社会主义法治权威。通过高校法治教育,培育大学生的法治理念、提高大学生法律能力、培植大学生的法律信仰,这是深入实施依法治国战略的必然要求。

(二)高校治理现代化的必然要求

党的十九届四中全会指出,要坚持和完善中国特色社会主义制度,推进国家治理体系和治理能力的现代化。大学治理是国家治理的重要组成部分,大学治理现代化既是国家治理体系和治理能力现代化对大学治理提出的目标要求,也是扎根中国办好中国特色社会主义大学的根本保障。2018 年,习近平总书记在全国教育大会上的重要讲话中指出"要深化教育体制改革,健全立德树人落实机制,扭转不科学的教育评价导向"。① 随后,中共中央、国务院印发《深化新时代教育评价改革总体方案》。当前,我国高校正在努力实现"双一流"建设目标,新时代教育评价改革正在全面推进,教育改革发展步入攻坚期和深水区,改革发展稳定任务之重前所未有、矛盾风险挑战之多前所未有。如何深化教育体制改革、健全立德树人落实机制、建立科学的教育评价,如何用一流的制度体系支撑一流大学的建设,不断推进高校治理能力和治理体系现代化,提升高校治理的软实力,是高校面临的重大考验。而实现高校治理体系和治理能力现代化的关键是建立现代大学制度,依法治校又是现代大学制度建设的核心内容②。因此,对于高校而言,建设法治高校是推进高校治理体系和治理能力现代化的必由之路。高校必须通过加强高校法治教育工作,不断增强学校师生的法治观念和法治意识,坚持运用法治思维和法治方式,把高校各项工作纳入法治轨道,从而推进高校治理能力和治理体系现代化。

（三）大学生全面发展的必然要求

大学教育不单是专业教育,而是对大学生德、智、体、美、劳的全面教育。党的十九大指出,"要全面贯彻党的教育方针,落实立德树人根本任务,发展素质教育,推进教育公平,培养德智体美全面发展的社会主义建设者和接班人"。习近平总书记在全国教育大会上的重要讲话中强调,"新时代新形势,改革开放和社会主义现代化建设、促进人的全面发展和社会全面进步对教育和学习提出了新的更高的要求",要"遵循教育规律,坚持改革创新,以凝聚人心、完善人格、开发人力、培育人才、造福人民为工作目标,培养德智体美劳全面发展的社会主义建设者和接班人"。促进大学生全面发展,提高大学生法治素质是其中的重要方面。当前,全国深入推进实施依法治国、建设社会主义法治国家和法治社会,随着法治时代的到来,对新时代各行各业的社会主义建设者提出的法治要求越来越高。法治不仅是法治社会对全体公民的基本要求,也是法治社会中人们的生活规范和行为准则。因此,只有通过法治教育,不断提高大学生尊法、守法、护法的自觉性和责任担当,才能真正实现自身的全面发展,成为社会主义法治国家中的一名合格公民;才能为社会主义现代化事业贡献自身力量,成为德智体美劳全面发展的社会主义建设者和接班人。

三、高校法治教育的重要目标

法治教育的目标反映了法治教育的要求和发展方向,是开展法治教育的出发

---

① 晏维龙:《加快推进大学治理体系和治理能力现代化》,《学习时报》2019 年 12 月 6 日第 6 版。

② 王菁菁:《试论高校治理现代化路径:以习近平法治思想为指导》,《江苏高教》2021 年第 6 期,第 74—75 页。

点和最终归宿,影响着法治教育内容的设立、教育方法载体的选择。党的十八届四中提出,要"增强全民法治观念""弘扬社会主义法治精神""推动全社会树立法治意识""深入开展法治宣传教育,引导全民自觉守法、遇事找法、解决问题靠法""使全体人民都成为社会主义法治的忠实崇尚者、自觉遵守者、坚定捍卫者"。这些表述都为高校法治教育指明了新的目标要求。高校法治教育的目标是一个由法治观念、法治思维、法律信仰等内容构成的多维体系,其最终目标是培养大学生成为社会主义法治的忠实崇尚者、自觉遵守着、坚定捍卫者①。

(一)增强法治观念

法治观念指的是人们内心对法治的设想,指法治是什么和法治具有什么价值的认识,以及在此基础上人于内心积淀而成的观念者②。法治观念本质上是一种价值观念。法治观念是相对稳定的、长久的,但也不绝对是一成不变的。实际上,法治观念会随着社会发展在不同的历史实践阶段而不断变化,或丰富或扬弃,从而不断与社会现实相融合。更为重要的是,世界上不存在普世的法治观,法治观念作为一种上层建筑,受客观经济基础决定,具有鲜明的阶级性,是意识形态领域的重要组成部分,社会主义法治观与代表资产阶级的法治观有着本质上的区别。新时代背景下,中国特色社会主义法治道路是全面依法治国的唯一正确的道路,其所蕴含的价值理念也是全面依法治国的精神动力。当下法治观念需要在传承社会主义法治精神的基础上,更加体现鲜明的中国特色和时代特色。推进法治必须坚持党的领导,社会主义法治观在本质上是社会主义制度的体现,是社会主义价值观在法治领域的具体表现,其涵盖了公平、正义,自由、平等,秩序、稳定等核心观念。

高校法治教育中的法治观念在本质上就是社会主义法治观的内容,法治观教育其实就是社会主义法治观的教育。开展高校法治教育,增强法治观念,首要目标任务就是通过高校专门的法治教育形成正确的法治价值取向,明确党的领导是社会主义法治最根本的保证,增强走中国特色社会主义法治道路的自信与自觉,这是社会主义法治建设的基础条件和关键因素所在。

(二)养成法治思维

法治思维是指以法治精神为价值导向,运用法治原则、规则和方法,去思考、分析和处理问题的习惯与取向。法治思维是一种理性思维模式,但不仅仅是思想性的,更是实践性的。法治思维的本质就是以法律为行为的标准,具体来说就是将法律作为社会生活中处理各项事务的基本准则,养成依法办事的习惯。依法办事的

---

① 臧宏:《高校法治教育的目标体系探析》,《东北师大学报(哲学社会科学版)》2016 年第 5 期,第 193 页。

② 严存生:《法治的观念与体制》,商务印书馆,2013 年版,第 258 页。

习惯,体现为人们自觉地、经常地按照法治精神来思考问题,并采取与法治精神相一致的行为方式。简而言之,法治思维就是在生活实践中,"自觉守法、遇事找法、解决问题靠法",抛弃传统熟人社会的行为方式的影响,摒弃"遇事找人、解决问题靠权"的人治思维。

法律的核心要素包括规则和程序,因此法治思维就是一种规则思维和程序思维,是一种受到约束的思维。首先,法治思维强调规则。强调规则就是要"立规矩、讲规矩、守规矩"。法律规则是法律最主要的组成部分,是厉行法治的重要基础和依据。法律规则的存在和运作发挥着法律的指引、评价、预测、教育和强制等作用,法律规则对于社会生活的规范、调整和公民权益保障而言都有着极为重要的意义。而缺乏规则意识,不善于根据规则进行思维,就无所谓法治思维和法治方式。① 其次,法治思维强调程序规则。法治思维首先强调按规则办事,而程序作为人们为实现某一目标而预先设定好的次序、方式、时限和步骤,是规则得以实现的前提条件。因此,程序性是法治思维的显著特征,程序能够超越特定个体和具体问题的有限性,遏制问题处理过程中当事人的恣意和任性,对问题的合理解决具有极大的促进和保障作用。程序思维是一种过程控制,程序思维并不认为结果应该先于并优于程序,而是会尊重正当程序以及基于正当程序所产生的结果。② 最后,规则和程序并不排斥价值。恰恰相反,尊重规则和程序的法治思维不是只要规则和程序的思维,规则和程序必须具有价值取向。法治思维下的规则和程序,必然包含了公平、正义,自由、平等,秩序、稳定等核心法治观念。

在高校法治教育过程中,要把法治思维的养成作为重要目标,引导大学不断加强法治思维,学会用法治思维客观地进行自身、他人以及其他社会事件的法治评价和分析,并在社会生活中用法治思维去解决遇到的各类问题。

(三)尊崇法律权威

法律权威就是法律至上,是和各种专制理念、人治理念相对立的概念,是指法律在社会生活中的具有绝对公信力和不可违抗性,法律是最崇高和最具权威的价值判断标准。首先,尊崇法律权威强调法律至上。法治就是依法而治,即"法律的统治",强调法律的至上。任何组织或者个人不论职位有多高、权力有多大,都必须服从法律的统治,都必须在法律许可的范围内行动,法律面前人人平等,任何人都没有超越法律的特权。其次,尊崇法律权威强调内心的信服。十八届四中全会指出,"法律的权威源自人民的内心拥护和真诚信仰"。遵从法律权威,不仅仅指的是"服从"。如果遵守法律,仅仅是因为惧怕法律的制裁,仅仅是在外力强制作用下做出的不得已的"屈服",或者是在利益导向驱动下做出的功利性的"抉

---

① 庞凌:《作为法治思维的规则思维及其运用》,《法学》2015 年第 8 期,第 134 页。
② 任红杰:《法治思维的主要特征》,《理论观察》2014 年第 10 期,第 75 页。

择",那么这还不算是真正对法律权威"尊崇"。"尊崇"首先指的是"尊敬"而不仅仅是"遵守",重点在"敬",因"敬"而"崇"。尊崇法律权威反映了人们对法律规则"认同",是人们对法律发自内心的信服,对法律的遵守是尊崇法律的外在表现。最后,尊崇法律权威是理性的崇拜。"法律必须被信仰,否则将形同虚设。"但对法律的遵从和信仰,不是类似于宗教的狂热而非理性的崇拜,而是理性的信仰,是"主体基于社会生活的情感体验而产生的对某种事物、观念的极度信任、敬畏,从而在意识中自动建立起来的一套人生价值体系。"①尊崇法律其本质上是对法律背后的公平正义、自由平等、秩序稳定等法治观念和价值的认同,正是由于人们对这些共同价值的认同,"才激发了人们对法的信任、信心和尊重,并愿意为之而献身,正是在这种社会普遍的法律情感氛围中,法律最终找到了自身正当性与合理性的真正基础和根源;也只有在这个基础和根源当中,法律才能获得真正的、有普遍社会感召力的神圣性。由此,法律的至上性和最高权威也才得以能真实地确立和维持。这样法治化的过程实际上也就是法律逐步获得并保有神圣性的过程。"②

尊崇法律权威是建设社会主义法治国家的核心要求,也是维护公民个人合法权益的根本保障。只有认同和信仰法治,才能自觉遵法、守法和用法,法治才不是一句空话。高校肩负着培养社会主义建设者和接班人的重任,在社会主义法治进程中,高校法治教育必须担负起应有的责任,将尊崇法律权威作为法治教育的终极目标,让法治信仰在下一代中生根发芽。

第二节　以习近平法治思想为统领

2020 年 11 月,党的历史上首次召开了中央全面依法治国工作会议,将习近平法治思想明确为全面依法治国的指导思想。习近平法治思想的核心要义集中体现为"十一个坚持",思想内涵丰富、论述深刻、逻辑严密、体系完备,涉及全面依法治国的方向性、根本性、全局性的重大问题,回答了为什么要实行全面依法治国、怎样实行全面依法治国等一系列重大问题,提出了关于全面依法治国的政治方向、战略地位、工作布局、主要任务、重大关系、重要保障等一系列新理念新观点新战略。习近平法治思想是中国特色社会主义法治实践和成就的科学总结,是马克思主义法治理论中国化的最新成果,是习近平新时代中国特色社会主义思想的重要组成部分。习近平法治思想为建设法治中国指明了前进方向,是全面依法治国的根本遵

---

① 刘端端:《论当代大学生法律信仰的构建》,《福建论坛(人文社会科学版)》2013 年第 8 期,第 125—126 页。

② 姚建宗:《信仰:法治的精神意蕴》,《吉林大学学报》1997 年第 2 期,第 5 页。

循和行动指南,是引领法治中国建设在新时代实现更大发展的思想旗帜。高校开展法治教育必须将习近平法治思想作为首要内容,以习近平法治思想统领高校法治教育工作的原则、目标、路径、载体、内容,确保法治教育始终坚持正确政治方向。

一、坚持中国共产党的领导

怎样推进全面依法治国? 首先需要回答全面依法治国由谁领导的问题。习近平总书记指出,党和法的关系是一个根本问题,处理得好,则法治兴、党兴、国家兴;处理得不好,则法治衰、党衰、国家衰。党和法的关系是政治和法治关系的集中反映。法治当中有政治,没有脱离政治的法治。每一种法治形态背后都有一套政治理论,每一种法治模式当中都有一种政治逻辑,每一条法治道路底下都有一种政治立场。党的领导是中国特色社会主义最本质的特征,是社会主义法治最根本的保证。坚持中国特色社会主义法治道路,最根本的是坚持中国共产党的领导。我们必须牢记,党的领导是中国特色社会主义法治之魂,是我们的法治同西方资本主义国家法治的最大区别。

(一)正确认识党和法的关系

坚持我们党对全面依法治国的领导,就必须搞清楚"党大还是法大"这一伪命题的本质。"所谓'党大'还是'法大'其实是一个伪命题,甚至是一个陷阱。如果说党比法大,那就是承认法治、依法治国都是虚假的了,法就不存在了;如果说法比党大,那好像党的领导又出了问题,难以实施了。事实上,我认为不存在这样的对立关系,宪法法律是党领导人民制定的,但是我们也强调党要带头执行,带头遵守,所以我认为不存在谁比谁大的问题。"①

从理论逻辑上讲,"党"和"法"是两个性质完全不同的概念,从根本上说不具有可比性。政党是一个社会的政治组织,是政治民主化的产物,其存在的价值在于凝聚民意,通过执掌国家政权,将本党所代表的民意,借助于国家权力的作用来追求其实现。法律则是人们的行为规范,其作用主要是实现社会关系的规范化运行,是法治主义在国家和社会治理中的内在要求②。所以说,对两个性质范畴完全不同的概念进行比较,本身就是一种逻辑错误。事实上,不论在任何国家,现实的运行情况却是:各国政党都在借助于其本身的组织力量,来不遗余力地将政党所代表的民众意志,转变为宪法法律的内容并在宪法法律的实施中得以实现。在我

---

① 《求是》记者:《"党大"还是"法大"是伪命题、陷阱》,《理论参考》2014年第12期,第38-40页。

② 王广辉:《论习近平法治思想之"党大还是法大是个伪命题"》,《河南财经政法大学学报》2021年第3期,第2页。

国,中国共产党没有自身特殊的利益诉求,其代表的是我国最广大人民的根本利益,其领导制定的宪法法律必然要实现党、法以及人民意志的统一。所以说,"党"和"法"确实具有十分密切的联系,但将这种关系简单的简化为谁大谁小的问题,显然是逻辑错误,甚至是别有用心的。

从历史实践经验上讲,全面依法治国是我们党提出来的,把全面依法治国上升为治理国家基本方略也是我们党提出来的。一直以来,我们党都在不遗余力地带领人民深入推进依法治国,离开了党的领导,全面依法治国就开展不起来,中国特色社会主义法治体系、社会主义法治国家就建不起来。我们党推进全面依法治国,当然绝不可能是要虚化、弱化甚至否定、动摇党的领导,而恰恰是要依靠宪法法律治理国家,改进和提升党的执政方式和能力,保证国家长治久安,从而进一步巩固党的执政地位不动摇。另外,从我们的《宪法》规定内容上看,就明确规定了"中国共产党的领导是中国特色社会主义最本质的特征"。这就是确立了中国共产党在国家中的领导核心地位。所以,推进依法治国、依宪治国,就必须坚持宪法确定的中国共产党地位不动摇,坚持宪法确定的人民民主专政的国体和人民代表大会制度的政体不动摇。在我国,法是党的主张和人民意愿的统一体,党领导人民制定和实施宪法法律,同时党自身又必须在宪法法律范围内活动,所以说,党和法、党的领导和依法治国是高度统一的,"党"和"法"就不存在谁比谁大的问题。

(二)加强和改进党的领导方式

坚持我们党对全面依法治国的领导,就必须搞清楚党怎样领导的问题。习近平总书记指出,坚持党的领导,不是一句空的口号,必须具体体现在党领导立法、保证执法、支持司法、带头守法上:一方面,要坚持党总揽全局、协调各方的领导核心作用,统筹依法治国各领域工作,确保党的主张贯彻到依法治国全过程和各方面;另一方面,要改善党对依法治国的领导,不断提高党领导依法治国的能力和水平。

加强党对全面依法治国的领导,最关键的就是习近平总书记提出的"三统一""四善于",即把依法治国、依法执政、依法行政统一起来,把党总揽全局、协调各方同人大、政府、政协、监察机关、审判机关、检察机关依法依章程履行职能、开展工作统一起来,把党领导人民制定和实施宪法法律同党坚持在宪法法律范围内活动统一起来;善于使党的主张通过法定程序成为国家意志,善于使党组织推荐的人选通过法定程序成为国家政权机关的领导人员,善于通过国家政权机关实施党对国家和社会的领导,善于运用民主集中制原则维护党和国家权威、维护全党全国团结统一。

加强党对全面依法治国的领导,必须坚持宪法法律至上,坚持"法"大于"权"。习近平总书记指出,"我们说不存在'党大还是法大'的问题,是把党作为一个执政整体而言的,是指党的执政地位和领导地位而言的"。"具体到每个党政组织、每个领导干部,就必须服从和遵守宪法法律,就不能以党自居,就不能把党的领导作为个人以言代法、以权压法、徇私枉法的挡箭牌"。纵观人类政治文明史,权力是一把双刃剑,在法治轨道上行使可以造福人民,在法律之外行使则必然祸害国家和人民①。正因为如此,我们党才提出"全面从严治党",才要把公权力关进制度的笼子。所以说,"党大还是法大"是一个伪命题,而"权大还是法大"则是一个真命题。

二、坚持以人民为中心

怎样推进全面依法治国? 需要回答全面依法治国的根本立场问题,回答全面依法治国为了谁和依靠谁的问题。习近平总书记在党的十八届四中全会上明确指出,我国社会主义制度保证了人民当家做主的主体地位,也保证了人民在全面推进依法治国中的主体地位。这是我们的制度优势,也是中国特色社会主义法治区别于资本主义法治的根本所在。全面依法治国最广泛、最深厚的基础是人民,全面依法治国必须坚持以人民为中心,必须坚持人民主体地位,必须坚持为了人民、依靠人民。要把体现人民利益、反映人民意愿、维护人民权益、增进人民福祉、促进人的全面发展作为法治建设的出发点和落脚点,落实到立法、执法、司法、守法等全面依法治国各领域全过程。

坚持以人民为中心,主要体现为三条基本原则。一是以人民权利为本位,以保护和保障人权和公民权利为目的。法治的真谛在于对人权和公民权利的确认和保障,社会主义法治的根本宗旨在于尊重和保障人权和公民权利。习近平总书记指出:"推进全面依法治国,根本目的是依法保障人民权益。"要保证人民依法享有人身权、人格权、财产权、信息权、婚姻自主权、继承权、诉讼权等广泛的权利和自由,保障人民平等参与、平等发展的权利。二是以公平正义为法治的生命线,把公平正义作为融会贯通法治实践的核心价值。习近平总书记指出,公平正义是我们党追求的一个非常崇高的价值,全心全意为人民服务的宗旨决定了我们必须追求公平正义,保护人民权益、伸张正义。全面依法治国,必须紧紧围绕保障和促进社会公平正义来进行。必须牢牢把握社会公平正义这一法治价值追求,努力让人民群众在每一项法律制度、每一个执法决定、每一宗司法案件中都感受到公平正义。公平正义的法律价值在立法层面主要体现为权利平等、机会平等、规则平等,在法律实施层面集中体现为法律面前人人平等。三是要积极回应人民群众新要求新期待,把不断满足人民对美好生活的需要、促进民生改善作为法治工作的着力点,倾听群众呼声,反映群众愿望,回应群众诉求,抓住民生领域实际问题做好法治应对和权利保障。要系统研究谋划和解决法治领域人民群众反映强烈的突出问题,不

---

① 王广辉:《论习近平法治思想之"党大还是法大是个伪命题"》,《河南财经政法大学学报》2021 年第 3 期,第 5 页。

断增强人民群众主体感、获得感、幸福感、安全感、公平感①。

三、坚持中国特色社会主义法治道路

怎样推进全面依法治国？需要回答全面依法治国的方向道路问题。习近平总书记指出，全面推进依法治国，必须走对路。如果路走错了，南辕北辙了，那再提什么要求和举措也都没有意义了。关于全面依法治国的方向道路问题，习近平总书记在"十一个坚持"中明确提出，坚持中国特色社会主义法治道路，这是建设社会主义法治国家的唯一正确道路。中国特色社会主义法治道路本质上是中国特色社会主义道路在法治领域的具体体现，党的领导、中国特色社会主义制度、中国特色社会主义法治理论这三个方面实质上是中国特色社会主义法治道路的核心要义，规定和确保了中国特色社会主义法治体系的制度属性和前进方向。其中，党的领导是中国特色社会主义最本质的特征，是社会主义法治最根本的保证。中国特色社会主义制度是中国特色社会主义法治体系的根本制度基础，是全面推进依法治国的根本制度保障。中国特色社会主义法治理论是中国特色社会主义法治体系的理论指导和学理支撑，是全面推进依法治国的行动指南。

中国特色社会主义法治道路，是历史的必然选择。全面推进依法治国，是我们党在治国理政上的自我完善、自我提高，是我们的主动选择，而不是在别人压力下做的。要不要走法治道路，走什么样的法治道路，是近代以来中国人民面临的历史性课题，而历史和现实充分证明，中国特色社会主义法治道路走得通、走得对、走得好。只有坚定走这条道路，才能建设社会主义法治国家，为全面建设社会主义现代化国家、实现中华民族伟大复兴提供有力的法治保障。中国特色社会主义法治道路，是基于我国基本国情的必然选择。为国也，观俗立法则治，察国事本则宜。不观时俗，不察国本，则其法立而民乱，事巨而功寡。世界上没有放之四海而皆准的法治道路。在法治问题上，没有最优模式，也没有"标准版本"，只有适合自己的才是最好的。习近平总书记指出，全面推进依法治国，必须从我国实际出发，同推进国家治理体系和治理能力现代化相适应，既不能罔顾国情、超越阶段，也不能因循守旧、墨守成规。我们有符合国情的一套理论、一套制度，同时我们也抱着开放的态度，无论是传统的还是外来的，都要取其精华、去其糟粕，但基本的东西必须是我们自己的，我们只能走自己的道路。

中国特色社会主义法治道路，坚持继承中国优秀传统法律文化与学习借鉴人类法治文明相结合。法治是人类文明的重要成果之一，法治的精髓和要旨对于各国国家治理和社会治理具有普遍意义，我们要学习借鉴世界上优秀的法治文明成果。但是，学习借鉴不等于是简单的拿来主义，必须坚持以我为主、为我所用，认真

---

① 张文显：《习近平法治思想的基本精神和核心要义》，《东方法学》2021 年第 1 期，第 10 页。

鉴别、合理吸收,不能搞"全盘西化",不能搞"全面移植",不能照搬照抄。我们是中国共产党执政,各民主党派参政,没有反对党,不是三权鼎立、司法独立、多党轮流坐庄,决不能走西方"宪政"的路子。任何人以任何借口否定中国共产党领导和社会主义根本制度,都是错误的、有害的,都是绝对不能接受的,也是从根本上违反宪法的。要从中国国情和实际出发,立足社会主义初级阶段的国情,注重总结社会主义法治建设的成功经验,注重对中华优秀法治文化传统进行创造性转化、创新性发展,注重借鉴世界法治文明有益成果,努力探索符合法治规律和中国国情的法治模式,突出中国特色、时代特色和实践特色。

习近平法治思想描绘了我国建设社会主义法治国家的宏伟蓝图,是全面依法治国的根本遵循和行动指南,更是开展高校法治教育工作的根本遵循和行动指南。在开展高校法治教育工作中,对于全面依法治国由谁领导、为了谁和依靠谁、走什么道路这三个问题,必须旗帜鲜明地讲、大张旗鼓地讲,讲清楚、讲透彻、讲明白,真正将习近平法治思想贯彻到高校法治教育工作的各个方面各个环节,坚决确保高校法治教育工作的正确方向。

第三节　以社会主义核心价值观为主线

中共中央办公厅、国务院办公厅印发的《关于进一步把社会主义核心价值观融入法治建设的指导意见》(以下简称《意见》),提出将以富强、民主、文明、和谐,自由、平等、公正、法治,爱国、敬业、诚信、友善为主要内容的社会主义核心价值观融入中国特色的社会主义法治建设当中,融入法治国家、法治政府、法治社会建设全过程,融入科学立法、严格执法、公正司法、全民守法各环节。《意见》强调要大力培育和践行社会主义核心价值观,运用法律法规和公共政策向社会传导正确价值取向,把社会主义核心价值观融入法治建设。社会主义核心价值观是社会主义法治建设的灵魂。把社会主义核心价值观融入法治建设,是坚持依法治国和以德治国相结合的必然要求,是加强社会主义核心价值观建设的重要途径。价值观问题是引领一个国家社会发展的精神源泉。任何国家的法治建设都必然与本国的主流价值观密切关联。如果没有价值观的引领、道德的支撑,法治建设就会迷失方向。在我国,社会主义核心价值观是民族精神和时代精神的高度凝练,是中国特色社会主义法治建设的价值追求。作为中国特色社会主义法治建设的重要内容,高校法治教育也必须遵循社会主义核心价值观这一价值主线。

一、社会主义核心价值观的基本内涵

一个特定事物对于个人来说,总是具有某种意义、作用或者效果。而价值观则是人们关于特定事物对于自身的意义的总体看法,反映的是人的需要和事物属性之间的关系。价值观是在实践中产生的某种认知,同时在此基础上经由理性自觉而产生的精神追求,也就是说,价值观来源于实践,但又反过来影响人们的思想和行为。世间万物各有不同,人们的价值观也不是唯一的。而核心价值观则是人们价值观的结晶,在整个价值观体系中居于主导地位。对于一个国家和社会来说,核心价值观体现了全社会的价值共识和整体意志,承载着国家、民族的精神追求,影响着社会生活的各个方面。

历史和现实表明,核心价值观是一个国家的重要稳定器。任何国家和社会的发展,都需要用核心价值观来体现共识、凝聚力量。近代资产阶级革命以来,伴随着各国人民争取民族独立、国家民主、自由平等的斗争,各个国家的核心价值观不断充实沉淀,逐渐积累成形,以文字或图形的方式体现在国旗、国徽、国歌和宪法之中。例如:自由、平等、博爱是法兰西共和国的国家格言,在 1946 年和 1958 年分别被写进法兰西第四共和国宪法和第五共和国宪法,现已成为法国精神的代表①。

中国共产党凝练和提出社会主义核心价值观,经历了一个逐渐深化认识的过程。新中国的建立,确立了中国共产党在全国的执政地位,确立了社会主义基本政治制度、基本经济制度,确立了马克思主义理论的指导思想地位,为我们党构建社会主义核心价值观奠定了政治前提、物质基础和文化条件。改革开放以来,我国社会主义意识形态建设不断进行新的探索。1978 年党的十一届三中全会重新恢复和确立了实事求是的思想路线,马克思主义在意识形态领域的指导地位不断巩固。2006 年我们党提出了"八荣八耻"的社会主义荣辱观,深化对社会主义道德建设规律的认识。2006 年党的十六届六中全会第一次明确提出了"建设社会主义核心价值体系"的重大命题和战略任务。2007 年党的十七大进一步指出了"社会主义核心价值体系是社会主义意识形态的本质体现"。2011 年党的十七届六中全会强调,社会主义核心价值体系是"兴国之魂",建设社会主义核心价值体系是推动文化大发展大繁荣的根本任务。2012 年,党的十八大对社会主义核心价值观做出新的概括,即"三个倡导":"倡导富强、民主、文明、和谐,倡导自由、平等、公正、法治,倡导爱国、敬业、诚信、友善,积极培育社会主义核心价值观。"至此,社会主义核心价值观基本形成。随后,2013 年中共中央办公厅印发《关于培育和践行社会

---

① 冯玉军:《把社会主义核心价值观融入法治建设的要义和途径》,《当代世界与社会主义》2017 年第 4 期,第 12 页。

主义核心价值观的意见》,明确指出"社会主义核心价值观是社会主义核心价值体系的内核,体现社会主义核心价值体系的根本性质和基本特征,反映社会主义核心价值体系的丰富内涵和实践要求,是社会主义核心价值体系的高度凝练和集中表达"。

社会主义核心价值观主要内容分为国家、社会和个人三个层面,即国家层面的价值目标是"富强、民主、文明、和谐",社会层面的价值取向是"自由、平等、公正、法治",公民层面的价值准则是"爱国、敬业、诚信、友善"。社会主义核心价值观是我们党在长期的社会主义革命、建设和改革开放等实践中探索和总结出来的,是对现实和理想的社会价值观念的整合与提炼,是整个社会价值观念的核心。这24个字集中反映了最广大人民的普遍愿望,不仅是与中华民族优秀传统文化和人类文明优秀成果相承接的价值目标、价值取向、价值准则,而且体现了社会主义意识形态的本质要求,具有价值引领、社会整合、主体建构等意识形态功能,凝聚起建设中国特色社会主义事业的"精气神",是党领导和团结全国各族人民坚持走社会主义道路、建设中国特色社会主义、实现中华民族伟大复兴中国梦的国家格言和时代精神。①

二、我国法治建设的价值追求

价值观对于社会实践具有重要的指导意义,人们的社会实践总是在一定价值观引领下进行的。只有在良好的价值观引领之下,人们才可能拥有良好的社会行为,社会才能获得良好的治理效果。人们通过符合价值观要求的社会实践,在满足社会价值要求、实现社会价值的同时,也能实现自己的人生理想,使自己的梦想成真。②

依法治国是中国共产党治国理政的基本方略。全面依法治国作为"四个全面"战略布局之一,是以习近平同志为核心的党中央治国理政战略思想的重要内容,是推进国家治理体系和治理能力现代化的重要方面,是解决党和事业发展面临重大问题的重要途径,是确保国家社会长治久安的根本要求。只有实行法治,才能促进国家繁荣富强,才能促进社会公平正义,才能使得人民生活幸福。全面依法治国,推进法治建设,作为国家治理的一场深刻革命,是一项覆盖国家治理各方面、各领域的重大工程。这项宏大的社会工程,不可能是一套纯粹的"价值无涉"的机械操作,而必须是一项符合当前社会发展趋势、符合当代中国各族人民共同利益、有

---

① 冯玉军:《把社会主义核心价值观融入法治建设的要义和途径》,《当代世界与社会主义》2017年第4期,第13页。

② 卓泽渊:《热话题与冷思考——关于"把社会主义核心价值观融入法治建设"的对话》,《当代世界与社会主义》2017年第4期,第5页。

着明确价值追求的系统性工程。社会主义核心价值观作为中华民族价值共识的最大公约数,继承了中华优秀传统文化,吸收了世界文明有益成果,体现了国家的价值目标、社会的价值取向、公民的价值准则,体现了社会主义本质要求。因此,法治建设必须将社会主义核心价值观作为价值指引,将社会主义核心价值观融入到中国特色的社会主义法治建设当中。

将社会主义核心价值观融入中国特色的社会主义法治建设当中,其核心要义就是要实现良法善治。习近平总书记强调,立法、执法、司法都要体现社会主义道德要求,都要把社会主义核心价值观贯穿其中,使社会主义法治成为良法善治。一是,良法是善治之前提。法律作为具有强制力的行为规范是社会主体的行为准则,融贯体现国家与民族精神是非曲直价值判断准则是其应有之义。① 习近平总书记指出,人类社会发展的历史表明,对一个民族、一个国家来说,最持久、最深层的力量是全社会共同认可的核心价值观。核心价值观,承载着一个民族、一个国家的精神追求,体现着一个社会评判是非曲直的价值标准。2018 年 5 月中共中央印发的《社会主义核心价值观融入法治建设立法修法规划》明确提出,要着力把社会主义核心价值观融入法律法规的立改废释全过程,确保各项立法导向更加鲜明、要求更加明确、措施更加有力。"设良法"要求恪守以民为本、立法为民的理念,贯彻社会主义核心价值观,使每一项立法都符合宪法精神、反映人民意志、得到人民拥护。② 二是,善治是良法的目标。善治要求社会治理承担起倡导社会主义核心价值观的责任,要在执法中弘扬社会主义核心价值观,注重在日常管理中体现鲜明价值导向,使符合社会主义核心价值观的行为得到倡导和鼓励,违背社会主义核心价值观的行为受到制约和惩处,努力让人民群众在每一起案件办理、每一起事件处理中都能感受到公平正义。

三、高校法治教育的价值主线

尊崇法律权威、树立法律信仰是高校法治教育的最重要目标之一,而对法律的尊崇和信仰,强调民众内心的信服。如果法律的实施依靠的仅仅是国家强制力,民众对法律的遵守仅仅是因为惧怕法律的制裁,仅仅是在外力强制作用下做出的不得已的"屈服",或者是在利益导向驱动下做出的功利性的"抉择",那么这还不算是真正法律信仰。因此,法律信仰是民众对法律的内心的信服,而法律要想得到民众内心的信服,必须依靠冰冷法律条文后所蕴含的价值共识和道德认同。社会主

---

① 肖北庚:《习近平将社会主义核心价值观融入法治建设思想的核心要义》,《时代法学》2021 年第 6 期,第 2 页。

② 冯玉军:《把社会主义核心价值观融入法治建设的要义和途径》,《当代世界与社会主义》2017 年第 4 期,第 13 页。

义核心价值观作为中国特色社会主义法治建设的价值追求,必然融入法治建设的方方面面,其也就理所当然地成为法律条文背后能够凝聚共识,唤起人们对法律内心信服的价值共识和道德认同。所以说,开展高校法治教育必须以社会主义核心价值观为主线,才能真正树立受教育者对法律的尊崇和信仰,才能真正达成高校法治教育的目标和使命。

在国家层面,习近平总书记非常重视通过价值认同教育来树立公民对法律的信仰,依法治国与以德治国相结合是习近平法治思想的重要内容。习近平总书记指出,法律是成文的道德,道德是内心的法律。法律和道德都具有规范社会行为、调节社会关系、维护社会秩序的作用,在国家治理中都有其地位和功能。法安天下,德润人心。法律有效实施有赖于道德支持,道德践行也离不开法律约束。法治和德治不可分离、不可偏废,国家治理需要法律和道德协同发力。道德是法律的基础,只有那些合乎道德、具有深厚道德基础的法律才能为更多人所自觉遵行。必须以道德滋养法治精神、强化道德对法治文化的支撑作用。再多再好的法律,必须转化为人们内心自觉才能真正为人们所遵行。不知耻者,无所不为。没有道德滋养,法治文化就缺乏源头活水,法律实施就缺乏坚实社会基础。在推进依法治国过程中,必须大力弘扬社会主义核心价值观,弘扬中华传统美德,培育社会公德、职业道德、家庭美德、个人品德,提高全民族思想道德水平,为依法治国创造良好人文环境。

事实上,在我国高校法治教育的历史进程中,重视法律背后所蕴含的价值教育、道德教育,坚持法治教育和道德教育相结合,一直是我国高校法治教育的现实做法和基本经验。真正意义上的法治教育是从改革开放之后开始的,1984 年出台的《关于高等学校开设共产主义思想品德课的若干规定》《共产主义思想品德教学大纲》,要求高校共产主义思想品德课程教学计划必须包括道德与法律、自由与纪律等内容,这可看作是法治教育和道德教育结合的正式开端。1998 年出台的《关于普通高等学校"两课"课程设置的规定及其实施工作的意见》对"两课"(马克思主义理论课和思想品德课)的课程设置进行了调整,法律基础与思想道德修养课一道被纳入"思想品德课"的范畴,二者在形式上开始走向融合。2005 年出台的《关于进一步加强和改进高等学校思想政治理论课的意见》调整了高校的课程设置,将"思想道德修养"和"法律基础"整合为"思想道德修养与法律基础"一门课,真正实现了法治教育与道德教育的结合。根据中宣部、教育部关于马克思主义理论研究和建设工程教材修订工作的要求和部署,2021 年在《思想道德修养与法律基础(2018 年版)》基础上修订形成了《思想道德与法治(2021 年版)》。

新时代,社会主义核心价值观就是最大的"德""核心价值观,其实就是一种德,既是个人的德,也是一种大德,就是国家的德、社会的德。"①将法治教育与道德教育相结合,就是将体现核心价值理念的道德融入法治教育,将"富强、民主、文明、和谐"国家的德,"自由、平等、公正、法治"社会的德以及"爱国、敬业、诚信、友善"个人的德融入到法治教育全过程。通过"德"与"法"的教育,以道德和法律的一致性唤起人们的法治认同,认识到法律不只是社会控制的工具,它也具备"善"的特征,法治自身就应当成为人的价值追求,而不仅是实现其他目的的工具,在此基础上对法治的认同将超越工具理性认同,形成深层次的价值理性认同,从而树立法律信仰。② 通过"德"与"法"的教育,发挥核心价值观的价值导向功能,塑造人们特别是青年大学生的崇高道德追求,使法治建设融入实际、融入生活,让人们在实践中感知它、领悟它、接受它,达到潜移默化、润物无声的效果,凝聚以青年大学生为先锋的整个社会法治化的共同意志和强大思想基础,使全体人民都成为社会主义法治的忠实崇尚者、社会主义核心价值观的自觉践行者。

第四节 以宪法教育为核心

法治首先是宪法之治,依法治国首先是依宪治国。宪法在依法治国中的地位和作用,决定了法治教育必须以宪法教育为核心。通过开展宪法教育,促使人们深刻理解宪法至上、权利保障、权力监督、公平正义以及爱国与责任等宪法以及法治的核心要义,凝聚对宪法的规范认同、价值认同以及宪法所塑造的国家认同,最终成为社会主义法治的忠实崇尚者。

一、法治教育的核心

对于法治教育而言,最重要的是宪法教育。法治教育必须以宪法教育为核心,一方面是因为宪法是我国的根本大法,规定了社会中最基本、最核心的内容,另一方面还因为宪法作为"高级法"具有统合社会共识的价值纽带功能。

(一)宪法是我国的根本大法

依法治国中"法",是指以宪法为核心、以法律为主干、由行政法规和地方性法规等各种法律规范组成的完整法律体系。首先,作为国家的根本法,宪法具有最高的法律位阶和法律效力。虽然宪法和法律都是由国家强制力保证实施的行为规

---

① 习近平:《习近平谈治国理政》,外文出版社,2014年版,第168页。
② 马钰:《新中国70年高校法治教育的回顾和展望》,《当代教育科学》2020年第3期,第95页。

范,但宪法的法律效力高于法律、行政法规、地方性法规、自治条例和单行条例等其他一切法律规范。法律体系中的任何构成都必须以宪法为指引,都是对宪法的具体化。其他法律规范的制定都必须以宪法为依据,遵循宪法的基本原则,与宪法相抵触的,一律无效。宪法明确规定,一切法律、行政法规和地方性法规都不得同宪法相抵触。其次,作为国家的根本法,宪法规定了国家政治生活和社会生活中最根本、最重要的问题,规定了国家的根本制度和根本任务。宪法明确规定,中华人民共和国是工人阶级领导的、以工农联盟为基础的人民民主专政的社会主义国家。社会主义制度是中华人民共和国的根本制度。中国共产党领导是中国特色社会主义最本质的特征。禁止任何组织或者个人破坏社会主义制度。国家的根本任务是,沿着中国特色社会主义道路,集中力量进行社会主义现代化建设。最后,作为国家的根本法,宪法是一切组织和个人根本的活动准则。宪法明确规定,全国各族人民、一切国家机关和武装力量、各政党和各社会团体、各企业事业组织,都必须以宪法为根本的活动准则,并且负有维护宪法尊严、保证宪法实施的职责;一切国家机关和武装力量、各政党和各社会团体、各企业事业组织都必须遵守宪法和法律;一切违反宪法和法律的行为,必须予以追究。所以,任何组织或者个人都不得有超越宪法和法律的特权。

(二)宪法是具有统合功能的高级法

现代社会的价值是多元的,既有意识形态的、道德的、宗教的价值,也有阶级的、阶层的、个体的、集体的。各种价值之间的无序竞争、相互冲突,必然会导致国家和社会共同体的分裂。国家和社会共同体的维系和发展必须建立在价值共识基础之上。近代以来,不管是何种性质的国家,或是何种民族,都在探寻能够统合社会共识的方式和载体,来凝聚发展的力量。宪法产生和发展的历史表明,宪法本身就是致力于将民主事实予以法律化并以国家最高法的形式确定下来,是现代社会在共同体价值认同上的最大公约数。这样,在一个保障多元价值的民主社会,宪法就成为化解多元价值冲突、凝聚社会共识的必然路径和当然选择。在我国,宪法通过确定公民基本权利空间以及国家权力行使界限,构建了国家与社会、国家与公民之间的关系,对人民当家做主地位的规定以及公民基本权利的规定成为国家治理的合法性基础。宪法以根本法的形式进行利益结构的平衡,建构了不同民族、不同地域、不同背景和不同身份的人组成的政治共同体,并以规范和制度的形式保障他们的利益、尊重他们的文化和主张,凝聚他们的对共同体的忠诚和热爱。① 事实上,宪法通过一种制度化的途径,将利益的整合、共识的达成以及相关公共合作建立于一个制度化的框架之中。

---

① 李金枝:《公民法治教育的中国模式与实现路径》,华东师范大学博士学位论文,2021年,第111页。

基于宪法根本法的特性,以及宪法在统合社会共识上的作用。世界各国总是极其重视宪法教育。美国在 20 世纪 20 年代的时候就已经开始重视宪法教育,"一战"之后,为了唤醒美国人民的爱国主义,特别是帮助移民尽快美国化,美国国家安全联盟敦促政府立法讲授宪法。直到今天,尽管美国的公民教育课因为所处州的不同,内容会有所不同,但是宪法内容是一致的。[①] 在我国,党和国家高度重视宪法教育。习近平总书记多次在讲话中强调,要在全党全社会深入开展尊崇宪法、学习宪法、遵守宪法、维护宪法、运用宪法的宣传教育活动,弘扬宪法精神,树立宪法权威,使全体人民都成为社会主义法治的忠实崇尚者、自觉遵守者、坚定捍卫者。宪法法律的权威源自人民的内心拥护和真诚信仰,加强宪法学习宣传教育是实施宪法的重要基础。要坚持从青少年抓起,把宪法法律教育纳入国民教育体系,引导青少年从小掌握宪法法律知识、树立宪法法律意识、养成遵法守法习惯。我们要在全社会加强宪法宣传教育,提高人民特别是各级领导干部和国家机关工作人员的宪法意识和法制观念,弘扬社会主义法治精神,努力培育社会主义法治文化,让宪法家喻户晓,在全社会形成学法遵法守法用法的良好氛围。因此,高校法治教育必须以宪法教育为核心。

二、宪法教育的本质

法治教育以宪法教育为核心。宪法教育的本质不是文本教育,而是认同教育,包括对宪法的规范认同、宪法的价值认同以及宪法塑造的国家认同。"认同"简而言之就是指共同的认识,即不是单一个体的意识,而是群体性的共识,是一个共同体内部不同阶层、不同利益群体所寻求的比较一致的理解、看法、认识、价值和理想或者能够基本达成共同认知的心理状态和水平。[②]

(一)宪法规范认同教育

宪法的认同教育首先是对宪法本身的规范认同。宪法的规范认同是全体社会成员对于宪法作为根本法地位的一致性认知。宪法规范认同的水平高低决定依法治国、依宪治国的充分状态,宪法规范认同程度越高,则依法治国的状态越好,反之表明依法治国、依宪治国处于不完善状态。宪法规范认同,表达的就是全体社会成员对于宪法的根本法地位所具有的一致性理解、看法和认知,即对于宪法的最高法律效力、至上性、权威性和高级法基本达成一致的心理认同。宪法是最高的行为规

---

① 赵宴群:《论我国大学生宪法教育与法治思维的培养》,《思想教育研究》2015 年第 12 期,第 54 页。

② 魏健馨:《宪法实施的基础条件——宪法意识及其启蒙研究》,《吉林大学社会科学学报》2016 年第 5 期,第 130 页。

范,所有主体的行为都必须符合宪法规范的基本要求,违反宪法原则和规范的行为都要受到严格追究。① 简而言之,宪法的规范认同就是全体社会成员应尊崇宪法的根本法地位,并以宪法规范为根本行动指南。

宪法的规范认同首先是对宪法的根本法地位的认同。宪法在整个法律规范体系中具有统领地位、具有最高效力,其他一切法律规范都必须以宪法为依据,都是宪法的具体化,都不得与宪法相违背。因此,在宪法教育中,应当讲明白宪法作为根本大法的原因、要求和意义。即人们应当了解并掌握宪法为什么会称之为国家根本大法,作为根本大法其包含哪些方面的要求,在国家治理当中又具有哪些重要意义。宪法的规范认同还意味着应当将对宪法的根本法认知上升为内心敬畏,并将宪法规范作为自身的根本行动指南。宪法规范尽管相对抽象,但其内容实质上已经基本覆盖了国家、社会和公民生活的各领域。宪法的规范认同,就是在想问题、办事情的过程中,应当拥有"合宪性追问意识",即追问自己的行为、决策是否有可能与宪法相抵触,是否吻合宪法的实体规范与程序规范的规定,特别是国家公权力机关及公职人员的行为、决策、活动必须在宪法的框架之内,遵循宪法的规定和指向,而不得恣意妄为,也就是说,全体社会成员应当将宪法作为判断自身"为"或是"不为","此为"或是"彼为"的根本准绳,将宪法的权利、义务规定作为一切行动的立足点,将宪法规定的方式、方法作为自身行为的标尺。②

(二) 宪法价值认同教育

宪法的规范认同立足于全体社会成员知晓和认同宪法文本规范,但宪法认同教育不应止于此,还应强调全体社会成员应当始终恪守、奉行宪法的内在精神,也就是对宪法文本规范背后所蕴藏的价值的认同,即宪法的价值认同。在我国,社会主义核心价值观是民族精神和时代精神的高度凝练,社会主义核心价值观是中国特色社会主义法治建设的价值追求。宪法认同的价值内容丰富,涵盖了社会主义核心价值观的各个方面,但其集中体现为民主、权力制约和权利保障、公平正义三个方面。

首先,宪法的价值认同是对民主的认同。正如毛泽东所指出的那样,无论是资本主义国家的宪法还是社会主义国家的宪法,都是对民主制度的法律化,是在有了民主的事实以后,用宪法去对这种民主加以确认,借助于法律所具有的强制性来维护这种民主的制度。人民当家做主是社会主义民主政治的本质和核心。我国现行宪法是人民意志的集中体现,我国社会主义民主事实法律化的产物,规定了人民当

---

① 魏健馨:《宪法实施的基础条件——宪法意识及其启蒙研究》,《吉林大学社会科学学报》2016 年第 5 期,第 130 页。

② 周叶中:《深化尊崇宪法意识 开启宪法实施的新时代》,《中国高等教育》2018 年第 8 期,第 4 页。

家做主原则。弘扬社会主义民主,确保人民当家做主是我国宪法的核心价值之一。其次,宪法的价值认同是对权力制约和权利保障的认同。列宁说过,宪法就是一张写着人民权利的纸。宪法是公民权利的保障书。我国宪法明确规定,国家的一切权力属于人民。宪法在内容上主要体现为公民权利和国家权力。国家权力是实现公民权利的必要手段和形式,是为保障公民权利而存在的,而公民权利才是国家权力的目的,公民权利才是宪法价值的依归。在权力与权利的关系中,宪法通过对国家权力行使划定范围和边界,确保国家权力为人民服务,从而实现对公民权利的法律保障,即通过权力制约实现权利保障是宪法的核心价值之一。最后,宪法的价值认同是对公平正义的认同。公平和正义是人类永恒的追求。法律就是"善良和公正的艺术"。公平正义是指社会的政治利益、经济利益和其他利益在全体社会成员之间合理、公平分配和占有,包括权利公平、机会公平、规则公平和救济公平。我国宪法,确立了法律面前人人平等。宪法的实施过程本质上就是一种彰显正义精神的过程。公平正义是宪法的核心价值之一。

(三)宪法国家认同教育

宪法的认同教育还是对国家的认同。在全球化时代,建构国民及世界各国对本国的国家认同,利用国家认同促进国家整合,并在国际社会中以一个完整而确定的身份参与世界事务,成为一个国家维护尊严、完成历史使命的核心议题。[1] 宪法作为国家根本法,维系着一个国家的基本认同,是维系一个国家、一个民族凝聚力的根本纽带。在利益格局多元、结构高度复杂、充满不确定性的现代社会,宪法是实现国家认同,促进社会整合,确保人民稳定预期的重要保证。[2] 在我国,宪法是治国安邦的总章程,同时也是全国各族人民共同意志的体现,是全体人民意志的"最大公约数"。我国宪法在序言中记载着近代以来中国人民为国家独立、民族解放和民主自由进行的前仆后继的英勇斗争,记载了中国共产党领导中国各族人民建立新中国的光辉历程,并以法律的形式确认了中国各族人民奋斗的成果,规定了国家的根本制度和根本任务。因此,强化国家认同的根本途径是实现宪法的认同,国家认同也就成为宪法的核心价值之一。

开展法治教育,首要是开展宪法教育,宪法教育的本质就是通过对宪法的认同教育,进一步提高全国各族人民的宪法意识,坚定宪法自信,更好地发挥宪法在推进全面依法治国、构建中国特色社会主义法治体系、建设社会主义法治国家中的重大作用。

---

① 门洪华:《两个大局视角下的中国国家认同变迁》,《中国社会科学》2013 年第 9 期,第55-57 页。

② 韩大元:《弘扬宪法精神 增强宪法自信》,《检察日报》2020 年 12 月 4 日第 3 版。

三、宪法教育的内容

宪法是国家的根本大法,同时宪法教育本质上就是教育人们对宪法的规范认同、宪法的价值认同以及宪法塑造的国家认同,因此,宪法教育的核心内容应该包括宪法至上、权利保障、权力监督、公平正义以及爱国与责任等。

(一)宪法至上

宪法在整个法律体系和国家治理中都享有至高无上的地位:一方面表现为在我国法律体系中,宪法是国家的根本法,具有最高的法律效力,任何其他法律与宪法发生冲突时应以宪法为准;另一方面表现为在我国的治理体系中,一切国家机关和武装力量、各政党和各社会团体、各企事业组织都必须遵守宪法。在国家和社会管理过程中宪法是最具权威的规则。不仅如此,从宪法至上的教育,我们还可以进一步的进行法律思维和规则意识的教育。法律思维意味着把法律作为价值判断标准,用法律思考问题、解决问题,正确处理法律与权力、法律与人情的关系,摒弃权大于法、人情大于法、关系大于法、遇到法律纠纷时只要找关系、靠人情就能解决问题的错误观念。规则意识意味着养成做任何事情都有理有据,遵守法律规则、道德规则以及生活中各种规章制度,大到"不杀人放火""不偷不抢不盗",小到"红灯停绿灯行""上课不迟到不早退"等等,做到凡事都要有章可循。

从我国高校法治教育的现状看,在校大学生对宪法文本的不了解、不关注者多,对宪法的修改和完善等宪法变迁这样的国家政治生活大事关注不多,对宪法和社会宪法热点问题主动关注不足,还没有认识到宪法与日常生活联系的紧密性,甚至大多数学生不知道国家宪法日的具体日期,[①]这都表明我们亟待在法治教育中加强宪法教育,增强大学生对宪法的尊崇,践行宪法至上,弘扬宪法精神。

(二)权利保障

纵观宪法产生和发展的历史,宪法和公民基本权利是相伴而生、不可分割的,公民基本权利需要通过宪法予以保障,而宪法离开了权利保障也就失去了其存在的价值和意义,只有充分尊重和保护公民的基本权利,宪法才真正称之为宪法。马克思说宪法是人民权利的保障书,列宁说宪法就是写着人民权利的纸。宪法对基本权利的确认和保障,是宪法价值体系的核心。《中华人民共和国宪法》中普遍规定公民基本权利,体现了公民对权利保护的基本需求。《中华人民共和国宪法》第二章专章规定了公民的基本权利和义务,共二十四条,其中十九条规定了公民的基本权利。

宪法教育就是要引导公民认识权利、行使权利和享受权利,能够按照宪法法律

---

① 王东红:《大学生宪法意识研究》,北京科技大学博士学位论文,2021年,第68-72页。

规定更好地对自己的权利进行实现和保障,并且能够对国家的政治活动和社会活动进行积极地参与,只有这样,才能使宪法价值得以真正实现。但从我国高校法治教育的现状看,在校大学生对宪法规定的公民基本权利内容认识模糊,对宪法对基本权利保护的评价满意程度不高,相当部分大学生不认为宪法在保护公民具体权利方面发挥大或比较大的作用,以及对行使选举权等政治参与不足。这都表明我们亟待在法治教育中加强宪法教育,增强大学生对宪法权利保障的认知,正确理解和行使公民基本权利,树立主人公意识。

(三)权力监督

宪法规定了公民的基本权利,完全打破颠覆了民众被视为"臣民"和"被统治者"的传统认知,赋予普通民众以主体的地位,承认和确立了法律面前人人平等。《中华人民共和国宪法》不但规定了公民的基本权利,并且规定国家的一切权力来源于人民,确立了人民民主和人民至上。这也意味着,宪法中规定的公民基本权利之外的其他内容,其根本目的都是为了权利的保障。宪法对国家机构做了规定,目的就是通过明确国家权力的性质、内容和边界,对权力进行限制和监督,以确保其为人民服务的性质,确保其保障公民基本权利的目的。《中华人民共和国宪法》明确规定了公民对国家权力的监督,第四十一条第一款规定:中华人民共和国公民对于任何国家机关和国家工作人员,有提出批评和建议的权利;对于任何国家机关和国家工作人员的违法失职行为,有向有关国家机关提出申诉、控告或者检举的权利,但是不得捏造或者歪曲事实进行诬告陷害。公民的监督权是公民以主人公姿态积极参与国家政治经济生活的一种行为表现,是通过权力监督来保障自身公民权利的一种有效途径,是人民主权的具体体现。

宪法教育不仅要进行"公民基本权利"教育,还应进行"权力监督"教育。目前,大学生中相当多数对宪法规定的国家机构的权限、权力运行基本规则以及国家机关之间的关系等基本知识,还不能完全掌握,对限制权力保障权利的关系的认识还不到位。这就需要我们在宪法教育中,引导青年大学生树立起权力的监督意识,自觉监督国家机关及其国家工作人员的各项行为;同时教育青年大学生,如果将来成为国家公职人员,也应时刻谨记权力来自人民的观念。

(四)公平正义

公平和正义是人类永恒的追求。公平正义即公正、公平、公道、不偏不倚,它将人们对是非、善恶、美丑的价值评判作为衡量尺度,以社会的进步和人类的彻底解放为终极目标。"正义只有通过良好的法律才能实现""法是善良和正义的艺术",这些都表明法是实现正义的手段,法律最重要的价值就是实现正义。只有体现公平正义的法律,才是我们信赖的法律,民众才会相信法律,才能信仰法律。党的十八届四中全会提出依法保障公民权利,加快完善体现权利公平、机会公平、规则公平的法律制度。这是对作为国家治理价值尺度的公平正义的具体表征:一是权利公平,包括权利主体平等,享有的权利特别是基本权利平等,权利保护和权利救济平等;二是机会公平,在现代社会,机会公平是起点平等,也是最重要的正义原则;三是规则公平,规则公平不仅要求规则的创制程序、适用对象和基本内容是公平的,还体现在形式上的公平即法律(规则)面前人人平等、实体上的公平即权利与义务对等。宪法作为法律的法律,同样以追求公平正义为其核心价值。①

宪法教育就是要激发青年大学生的公平正义感。大学生对于这种公平正义,不仅要有清醒的认识,而且要主动去维护,勇敢地与违法行为和违法个人做斗争。实际中,一些学生不仅不能积极主动地维护法律而且自身对法律所倡导的公平不能清醒地认识或者将一些不该由法律来规范的行为,归结到法律的功用上来,从而对法律的公平进行过度解析。通过宪法教育,使得大学生能够辨明是非曲直有正义感,并在生活实践中加以维护,这是高校法治教育的重要内容之一。

(五)爱国与责任

《中华人民共和国宪法》在序言中对革命历史进行了精辟的总结和概括,因此这一序言可以看作是我国革命和建设的一部浓缩的历史教科书。宪法教育也是一种爱国主义和责任意识的教育。毋庸置疑,宪法教育是公民教育的一个重要组成部分。从公民教育的连续性角度看,大学生宪法教育必须强调爱国与责任。大学生自小学起就一直接受爱国与责任教育,因此在宪法教育中必须得以延续和体现,否则往往被误解为宪法教育是对爱国与责任教育的替代。从宪法教育内容的内在逻辑看,无论是宪法至上教育还是权利教育等等,其最终目的都是为了提高公民的国家意识和责任意识。宪法教育是让大学生更加明晰自己作为公民的身份,以及与公民身份相伴而来的对国家价值观念的认同和对国家所肩负的责任。事实上,脱离宪法的爱国主义是盲目的爱国主义,而盲目的爱国主义要么带来绝对的自闭,要么就是经不起外来的侵袭。大学生所接受的爱国主义教育和责任意识教育往往是侧重于道德性、服从式的,而非真正因了解而爱国、因理解而担起责任,因此宪法教育是对大学生之前所接受的爱国教育与责任教育的深化、拓展与巩固。这也是一个法治国家的最终价值追求。②

---

① 尹乃春:《多元协同下高校法治教育体系化路径研究》,上海交通大学出版社,2019年版,第15页。

② 赵宴群:《论我国大学生宪法教育与法治思维的培养》,《思想教育研究》2015年第12期,第56页。

第五节 以全员协同育人凝聚合力

教育活动是教育者与受教育者之间的一种互动,是教育者通过有目的的引导活动对受教育者的思想和行动产生影响和作用的过程。在高校法治教育中,最主要的教育者是教师,受教育者是学生。法治教育中的全员协同育人,就是充分调动作为教育者的教师与作为受教育者的学生的两个积极性,激发教师与学生在法治教育中的主体意识,在教师与学生之间形成良性的互动关系,这是决定高校法治教育实效性的关键。

一、拓展法治教育工作者范围

任何认为法治建设只是法律界的事的观点,都是错误的,同样,任何认为法治教育只是教育界的事,认为大学生法治教育只是少数思政课教师的事的观点也是根本错误的。① 在高校法治教育过程中,能够对受教育者的思想和行为产生作用和影响的,不仅仅局限于直接讲授思想道德与法治等课程的专业教师队伍,还包括学生辅导员队伍、行政管理人员等校园范围内的一切教职员工。

(一)专业教师队伍

高校法治教育的实施,课堂教学仍然是主渠道,课堂教学也是最为直接、见效最快的普及法律知识的渠道。承担"思想道德与法治"课程的思想政治理论课教师,肩负着对大学生进行系统法律知识传播、培育法治观念、养成法律思维、树立法律信仰的重任,是高校法治教育者队伍最重要的组成部分。此外,在课程思政的大背景下,其他课程中也蕴含有丰富的法治教育资源,"中国近现代史纲要""毛泽东思想和中国特色社会主义理论体系概论""形势与政策""马克思主义基本原理概论"等其他思想政治理论课对培养大学生的价值观念和法治精神有着十分重要的作用。因此,承担其他课程的教师也都要守好一段渠、种好责任田,使各类课程与思想政治理论课同向同行,充分发挥法治教育协同效应,因此,高校范围内任何课程的教师都可能成为法治教育工作者的构成。

(二)辅导员班主任队伍

"第二课堂"是相对于课堂教学而言的教育活动方式,是课堂教学的有效延伸,在大学生成长成才过程中发挥着不可替代的作用。大学生法治教育作为理论

---

① 尹乃春:《多元协同下高校法治教育体系化路径研究》,上海交通大学出版社,2019 年版,第 148 页。

性和实践性都很强的教育活动,更需要发挥"第二课堂"的育人功能,特别是要求"第二课堂"在弘扬法治文化、增强法治实践能力、规范大学生行为等方面发挥导向作用。[①] 2017 年国家教育部印发的《普通高等学校辅导员队伍建设规定》提出,辅导员是开展大学生思想政治教育的骨干力量,是高等学校学生日常思想政治教育和管理工作的组织者、实施者、指导者。辅导员应当努力成为学生成长成才的人生导师和健康生活的知心朋友。辅导员班主任工作在大学生思想政治教育的第一线,与大学生关系十分密切,是大学生"第二课堂"等教育载体的重要组织者,因此,在高校法治教育工作中,辅导员班主任同样是法治教育工作者的重要组成部分。

(三)管理服务人员队伍

高校法治教育涉及学校工作的方方面面,在课堂之外,营造良好的校园法治文化也是法治教育的重要途径之一,而高校各项制度是否完备、管理服务工作是否合规等等,这都是校园法治文化的重要方面。高校管理服务人员是高校教师的重要组成部分,在依法治校、建设法治校园中发挥着重要的组织管理职能,不仅承担着管理学校运行的重要任务,而且担负着大量学生教育管理服务工作。高校管理服务人员在日常工作中所展现的行为,以及反映出来的对法治的态度和观念,都会潜移默化地影响大学生对法治建设的认知。需要特别指出的是,管理服务人员中的领导干部,不仅是国家法律法规、教育方针政策的执行者和落实者,也是高校法治教育具体工作的领导者和宏观决策者。领导干部的思维方式、管理理念是高校法治工作特别是高校法治教育工作能否顺利进行、能否取得实效的关键所在。因此,高校管理服务人员,特别是作为关键少数的领导干部,也是高校法治教育工作者的重要组成部分。

上述三支队伍都是高校法治教育的校内队伍。此外,校外庞大的法律职业工作者队伍也应当成为大学生法治教育的重要力量,特别是具有法律实务经验的法官、检察官、律师等法律从业人员,他们对法治的运行情况、对我国社会主义法治建设的进程有着更为真切的感受,有丰富的法治实践经验,掌握最为鲜活的法治实践案例和法治教育资源,将他们引入加入法治教育工作队伍,能够有效弥补思政课教师法治实践经验缺乏的问题,可以提高法治教育对大学生的吸引力,使法治教育理论与实践的联系更为密切,让法治教育从书本的理论转变为真实的生活,提高法治教育的效果。[②]

---

① 辛显华:《新时代大学生法治观教育研究》,辽宁大学博士学位论文,2021 年,第 102－104 页。

② 尹乃春:《多元协同下高校法治教育体系化路径研究》,上海交通大学出版社,2019 年版,第 148－149 页。

二、提高法治教育工作者素养

我国教育家陶行知先生曾讲:要学生做的事,教职员躬亲共做;要学生学的知识,教职员躬亲共学;要学生守的规则,教职员躬亲共守。因此,法治教育工作者的素养直接决定了大学生法治教育的实际效果,做好高校法治教育工作首先要加强法治教育工作者的法治素养。

(一)加强专业教师队伍建设

开展高校法治教育,教师直接参与教学活动,执行教学目标、落实教学任务,他们开展法治教育水平的高低,直接关系到法治教育的效果。因此,从事法治教育的高校专业教师,应当不断提高自身教学水平和法治素养,更好地服务于高校法治教育。与此同时,高校也应重视和加强法治教育教师队伍建设,促进法治教育工作者能力素质提升。第一,优化教师队伍结构。目前,在大多数高校中思想道德与法治课程均由马克思主义学院的思想政治理论课教师承担,这一课程老师普遍缺少法学专业背景和专门的法律训练,这一现状可能会影响到思想道德与法治课程中法治部分的教学效果。因此,有必要从源头来改变法治教育教师队伍结构:一是大力充实具有法学专业背景的法治教育师资队伍,一方面,高校应该在马克思主义学院教师招聘工作中,直接引进一定数量有法学专业背景的教师,另一方面,高校可以整合校内教师资源,根据自愿原则调整部分法学院法学专业教师到马克思主义学院从事法治教育工作,或者建立由法学院法学教师讲授法治教育课程的相关制度。二是建立法治教育工作社会兼职队伍,充分发挥社会资源在高校法治教育师资队伍建设方面的作用,邀请律师、公检法工作人员等法律职业工作者担任法治教育外聘教师,建立一支从事高校法治教育的校外兼职队伍。三是大力加强法治教育师资队伍培训,即一方面重点针对承担思想道德与法治课程的法治教育教师开展形式多样的业务培训,通过入职培训、定期轮训、脱产进修等形式,促使法治教育教师不仅具备教师的基本素养,而且具备较高的法治素养,不断提升教师的法治素质和教学水平,从而更好地履行大学生法治观教育任务,另一方面,将法律培训融入全校教师的培训中。高校法治教育效果的提高和大学生法律素质的培养是高校全体教师的职责,同时随着依法治校工作的深入推进,对全体教师的法律素质也提出了新的要求。因此,高校在对教师开展的培训工作中应融入法律方面的培训内容,重点向教师普及《教育法》《教师法》《高等教育法》等法律常识,引导教师自觉学法、懂法、守法和用法。①

---

① 孟鹏涛:《中国高校法治教育问题研究》,吉林大学博士学位论文,2017 年,第 110-111 页。

（二）提高辅导员队伍法治素养

辅导员工作在大学生思想政治教育的第一线，与大学生关系十分密切，是大学生法治教育"第二课堂"的重要组织者，同样承担着大学生法治素养教育的责任和使命。一是，辅导员要做学法懂法的表率。在学生大学校园生活中，学生接触最多的往往就是自己的辅导员，辅导员言谈举止会对学生在接受相关管理活动中产生最为直接的影响。如果辅导员具备较高的法治素养，势必会增强大学生对于提升自身法治素养的积极性和主动性。高校需要通过严格辅导员选聘标准和原则、加强辅导员的培训和管理、建立健全辅导员法治考核制度等手段，进一步提高辅导员队伍的业务能力和法律素质。二是，辅导员要做守法用法的表率。辅导员要善于运用法治思维和法治方式开展工作，熟悉自己从事工作的各项法律法规和本学校制定的各项规章制度，在具体执行时努力做到以制度管人、以制度管事，严格执行各项规章制度，坚持做到法律面前人人平等，坚决杜绝自身要求松、管理学生严的现象发生。比如，班级学生干部要通过班级同学民主推选产生。如果辅导员通过指定、任命的形式产生，就会对大学生造成误导，也不利于大学生养成程序意识和规则意识，相反，如果班级学生干部在辅导员的组织下通过民主程序产生，辅导员在这个基础上对大学生再进行规则意识和程序意识教育，就会对大学生形成正确的法治观念起到积极的推动作用。三是，辅导员要提升组织法治教育"第二课堂"意识能力。辅导员要将大学生法治观教育活动纳入主题教育活动中，要通过组织演讲、辩论、报告会、主题班会等活动，不断提升校园文化活动法治氛围，让学生在参与主题教育活动中感受法治尊严，树立法治权威。比如，在针对校园贷的教育过程中，就要充分发挥法治教育的优势，要从法律条文的规定、相关校园贷的案例解析、校园贷对自身合法权益的危害等法治视角去开展教育，这种教育效果要更容易触及大学生的心灵深处，充分发挥法治教育与思想教育相结合优势，提升大学生思想政治工作水平。[①]

（三）提高管理服务人员依法治校意识水平

高校管理服务人员在依法治校、建设法治校园中发挥着重要的组织管理职能，不仅承担着管理学校运行的重要任务，而且担负着大量学生教育管理服务工作。因此，管理服务人员，特别是领导干部带头守法用法是形成良好校园法治环境、促进大学生法治教育效果提升的重要举措。一是，管理服务人员要加强自身法治素养的提升，为大学生起到表率带头作用。要格外注重自身的言行，在处理公务和日常教育管理的过程中强化自律意识，在与大学生接触的过程中要通过自身良好的法治素养为大学生树立榜样，潜移默化的引导教育大学生提升法治素养。二

---

① 辛显华：《新时代大学生法治观教育研究》，辽宁大学博士学位论文，2021年，第107-108页。

是,管理服务人员带头守法用法要体现在对大学生法治教育的重视方面。从学校层面来看,管理服务人员要更加注重政策的协调,把大学生法治教育作为本部门育人工作的重要内容。比如,高校共青团干部在青年大学生中具有很强的号召力和影响力,他们带头守法用法对于大学生提升法治素养发挥着重要作用。比如,从二级学院层面来看,要高度重视大学生法治教育,要通过资源调配、政策导向、具体实施等举措强化对于大学生法治教育的系统性规划和针对性落实,要把提升大学生法治素养作为人才培养机制的重要内容。① 三是,大力提升高校治理能力和治理服务水平。大学生法治素养的培育与高校的法治育人环境有密切关系,健全高校有关大学生法治素养培育的环境治理、管理服务等各项制度体系,强化法治供给能力、提供优质法治服务、解决合理法律诉求、维护合法权益、回应法治期盼,在关心帮助、服务引导大学生中实现法治教育人、塑造人的效果,从而实现潜移默化的隐性法治教育效果。②

三、激发大学生主体意识

大学生是法治教育的主要对象,作为受教育者的同时也是自我教育的主体。大学生法治教育主体意识主要指大学生能够充分认识到自身在法治教育过程中的主体作用,并在此基础上主动进行自我教育的一种主动意识。自我教育是大学生以自我意识为前提,在主体意识的基础上,通过主客体分化的方式,将自身视作教育的对象,并以社会主义的教育规范和主体的自身发展需要作为客体,借助于自我选择、自我内化、自我控制等手段,有目的有意识改造和提高自身认识的主体性,努力使自己成为一个符合社会需要的人的一种高度内省的自我教育活动。③ 大学生法治教育主体意识的培育既是一种法治教育思想,也是法治教育的具体模式。自我教育是一种十分重要的教育方法,对大学生进行法律信仰的培育,外部环境和设施再完善,如果大学生不进行自我教育,将外部条件内化到思想及行动中去,也不可能达到理想的教育效果,所以我们应努力增强大学生的自觉能动性,充分发挥大学生的自我教育功能。

（一）提升法治认同

一方面,引导大学生理性看待法治现状,理性地看待社会主义法治国家建设中偶尔出现的不符合法治要求的事件,自觉抵制社会不良风气的影响,向大学生传递

---

① 辛显华:《新时代大学生法治观教育研究》,辽宁大学博士学位论文,2021年,第108-109页。

② 司文超:《大学生法治素养培育研究》,武汉大学博士学位论文,2020年,第128页。

③ 杨琴:《大学生自我教育的意义及途径》,《教书育人高教论坛》2007年第4期,第46页。

法治正面新闻,接受法治的熏陶,树立对法律公平公正价值理念的高度认同。另一方面,通过向大学生讲授中国法治建设的曲折历程,认识到中国当今法治建设取得的巨大进步,帮助大学生克服功利主义、"法律离我很遥远"等消极心态的影响,通过比较进行法治建设前后的社会状态,使大学生认识到当今幸福生活和社会和谐来之不易,使他们认识到自己在法治社会建设中也应发挥一定的促进作用。大学生只有对法治有全方位的、科学的理解和认知,才能自觉认同和接受法治这一治国理政方式,从而加强自身接受法治教育的自觉性。[①]

（二）促进全面发展

一方面,高校法治教育教师应根据大学生的实际需要科学设计教学内容,让大学生认识到法治教育能够帮助他们提高法治观念和法律能力,帮助他们运用法律武器解决生活实际问题,使大学生充分认识到法治教育对他们是有用的。另一方面,要注重在讲授的过程中讲解依法治国的各项要求,讲解社会生活中的规范和规则,讲解法治中国建设对人的法律素质提出越来越高的要求,等等,使大学生充分认识到自身应加强法治教育,否则就跟不上法治社会建设的步伐。此外,也可以从中国梦、培育社会主义核心价值观的角度,引导大学生认识到自身在社会主义法治国家建设中肩负的使命,只有把对法治建设的社会需求转变为大学生的个体需求,才能真正激发大学生的主体性和主人翁意识,从而提高大学生加强自身法治教育的自觉性。[②]

（三）开展自我管理

苏联教育家苏霍姆林斯基曾讲:道德准则,只有当它们被学生自己追求获得和亲身体验过的时候,只有当它们变成学生独立的个人信念的时候,才能真正成为学生的精神财富。法治也是一样,只有让学生亲身体验到法治在生活中的运用,体验到法治与每个人的关系时,才会得到真正的教育,才能够让法治成为自己的行为准则。法治建设的主体是人民,人民通过法治管理国家和社会以及自身。法治对人民而言,实质上是一种自我管理活动。大学中也存在许多学生进行自我管理的现象。大学生应积极处理好日常生活中的各种问题,养成运用所学法律知识指导自己思维和行为的习惯,注重养成从法律的角度分析、解决问题的思维习惯;应该积极参与学校组织的各类法治活动,积极参加法律类社团活动,自觉参加与自身相关的维权活动,等等,在学生自我管理中提高法治意识、培养公民参与能力。[③]

---

①②　孟鹏涛:《中国高校法治教育问题研究》,吉林大学博士学位论文,2017 年,第 111—113 页。

③　尹乃春:《多元协同下高校法治教育体系化路径研究》,上海交通大学出版社,2019 年版,第 152 页。

第六节　以全新教育理念拓展路径

高校法治教育要着眼"国之大者",贯彻落实新时代高等教育的新思想、新理念、新要求,聚焦服务高校立德树人根本任务,健全法治教育机制,革新法治教育原则理念,不断拓展法治教育路径,全面提升大学生法治教育的针对性、实效性。

一、高校法治教育的运行机制

高校健全法治教育机制,要遵循新时代大学生法治教育规律,不断健全法治教育的顶层设计、协同推进、合作交流、检测评价等方面的工作机制,促进大学生法治素养全面发展。

(一)注重加强顶层设计

高校要将大学生法治教育纳入人才培养体系,写入学校章程,编制发展规划,制定年度计划,与学校的教育教学、科学研究、社会服务等工作同规划、同检查、同考核;科学制定教育目标、教育标准、教学实施方式、教材等,动态更新人才培养方案,提高师资力量培养水平,创新大学生法治素养培育教育教学方式,全面提升法治教育管理水平。

(二)注重加强协同推进

习近平总书记在 2016 年 12 月 7~8 日召开的全国高校思想政治工作会议上的重要讲话中指出:"要坚持把立德树人作为中心环节,把思想政治工作贯穿教育教学全过程,实现全程育人、全方位育人,努力开创我国高等教育发展新局面。"当前,高校法治教育也要坚持全员、全过程、全方位的原则。全员全过程全方位引领体现在教学、服务、管理、宣传等各个方面,要坚决打破过去那种仅靠在课堂上进行法治教育或是仅靠专任教师单独进行法治教育的传统教育模式,把法治教育贯穿到学生工作的各个系统、各个层面,并在思想上和行动上形成全员全过程全方位育人的新型工作机制。

(三)注重加强合作交流

高校要加强与地方之间的合作交流,要充分利用政府、企业、媒体等法治教育资源,建立"共建共享"人才培养模式,打破传统高校间存在的资源共享壁垒。要加强高校之间的交流与合作,学习兄弟高校法治教育的先进经验、先进做法、先进理念,促进大学生法治教育的进一步发展。

(四)加强监测评价

应建立健全大学生法治素养评测体系,有效评测大学生行为,以此对已经违法违纪违规的学生及时处理,对有违法违纪违规倾向的学生进行排查与疏导,加快大学生违法违规违纪档案信息化建设,加强法治素养评价的可视化与实践性,促进法治教育不断修正方向、弥补不足,提高实效性。[①]

二、高校法治教育的原则理念

高校开展法治教育的原则理念对教育活动的顺利进行起着指导性和调节性作用,在一定程度上决定了教育教学方法与手段、组织形式的选择。因此,高校法治教育的原则理念必须反映法治教育的目的和规律,坚持规则教育与价值教育的统一、法治教育和德治教育的统一、知识教育和实践教育的统一、显性教育与隐形教育的统一、个人价值与社会价值的统一。

（一）坚持规则教育与价值教育的统一

法律作为普遍性的社会规则,作为用于调整社会秩序和人际关系的一套社会规则体系,要得到人们的遵守则必须让人们知道它的存在,将法律公之于众并且得到人们的理解,这是法治社会一个最基本的前提。法治教育就是能让普罗大众普遍知晓和理解法律规则的最有效的途径。无论古今中外,统治者无不通过教育向大众灌输自己的规则体系,把这套复杂的法律规则体系传播给社会大众,以统一大众的思想,使得社会大众清楚明白自己的行为应当遵守什么规则,什么样的行为是被禁止的,什么样的行为是被允许的,从而符合统治者的规则要求。从这个意义上说,法治教育首先是一种规则教育。然而,法律并不仅仅作为规则而存在。法治社会不仅是规则社会,更是一个价值社会。我们之所以选择法治作为最主要的社会治理方式,法律之所以能够成为调整社会最基本的规则体系,其真正原因在于法治、法律所蕴涵的价值,被大众普遍认同的价值是法治的灵魂。同时,也只有在基于对法治的价值认同基础上建立起的自觉性遵守和自发性依赖,才是法治最深厚、最持久的依靠力量。正因为如此,法治教育不能够仅仅停留在传播规则文本本身,还应当帮助人们理解并认同规则背后的价值体系。因此,在大学生法治教育中,要坚持规则导向与价值导向的统一。

（二）坚持法治教育和德治教育的统一

自古以来,法律与道德是治国理政的重要手段。法治以其权威性和强制性调控社会成员的行为规则,德治则以其感染力和劝导力提高社会成员的思想道德觉悟。坚持依法治国和以德治国相结合,对于夯实国家治理的制度基础和思想道德基础,具有极为重要的现实意义和深远的历史意义。党的十八届四中全会提出,建设中国特色社会主义法治体系,建设社会主义法治国家,必须坚持依法治国和以德

---

① 司文超:《大学生法治素养培育研究》,武汉大学博士学位论文,2020年,第131-145页。

治国相结合。这是全面推进依法治国必须坚持的一个基本原则,是关系中国特色社会主义事业长远发展的根本大计。所以,法治教育同样应遵循并彰显依法治国与以德治国的有机结合,也就是做到法治教育与德治教育的统一。对于法律来说,法律之所以被人们自觉遵守甚至信仰,是因为人们对法律所蕴含的公平正义等价值的认同,而这些法律所蕴含的价值也正是道德标准的体现。在我国,社会主义核心价值观作为最大的"德"全面融入法治建设之中,体现在整个法律规范体系之中。加强社会主义核心价值观教育,无疑会为法律内心信仰提供坚实的道德基础。对于个人来说,从某种程度上说,一个人道德素养的高低直接决定了其法治素养的好坏,一个人是否有良好道德品德,对其遵从规则制度有着直接的影响。因此,对于法治教育来说,我们不能将其和德治教育割裂开来单独培养,当然也不能将法治教育和德治教育混同起来,用法治教育来代替德治教育,或者用德治教育来代替法治教育,而是要在教育中做到二者的统一。

(三) 坚持知识教育和实践教育的统一

法治教育首先是知识的传授,法的价值、法治精神、法治文化都需要通过文本化的知识得以展现。人们只有掌握了一定的法治知识,才能产生对法治的理解和认同。法治知识直接影响法治行为,一个人只有知道了可以怎样做、必须怎样做,知道了应该怎样做、不应该怎样做,以及知道了如果做了会有什么样的意义和后果时,才有可能由此产生相应的行为。因此,法治教育中必然包含有大量的知识性内容。然而,在当下中国,法治不再是一个需要论证的理论问题而是一个迫切的现实操作问题,是一个如何实践的问题。法治作为一项人类实践活动,其实现必须依赖于民众有序地参与到立法、司法、执法等法治实践活动中去。因此,法治教育如果仅仅是知识的传授,显然是不够的。法治教育的受教育者如果徒有满腹经纶,而没将其付诸实施的能力和意识,法治教育就是失败的教育。法治教育应摒弃纯粹知识化的倾向,而以知识与实践相结合作为自己的价值取向,不断根据法治实践的诉求和变化发展来修正完善自身教育内容,用法治实践的效果来衡量和评价法治教育的效果。简而言之,法治教育应该坚持知识教育与实践教育的统一,把知识传授与社会实践统一起来,把理论学习和能力素质培养结合起来,引导受教育者在自觉实践和主动参与中学习法治知识,塑造法治品质,践行法治理想。

(四) 坚持显性教育与隐形教育的统一

显性法治教育是指通过教育主体有目的的、外显的、直接的法治教育活动,使受教育主体接受法治教育。在高校法治教育中,显性法治教育属于知识性、基础性的课程教学体系,是为了宣扬法治思想采取的有目的、有计划的各种教学和实践活动,主要形式有课堂教育,以及校园模拟法庭、法律知识宣讲、法律演讲比赛等各种活动。显性法治教育也是当前高校法治教育最主要的法治教育方式。隐性法治教育是指无意识的、无目的,通过内含的法治教育活动使受教育主体潜移默化的受到法治思想教育。隐性法治教育不是传统的教学方式，不需要教师的讲授，它蕴藏在学校的各种人物、事物中。比如，学校可以在校园范围内公开、公正地举行处理学生作弊事件的听证会，通过这种活动形式让学生们真切感受到无论是在程序上还是在实体上，学生们的合法权利都能够得以充分保障，通过听证、申诉等程序的实行可以使学生很好地理解公平正义，这就是一个很好的隐形教育方式。在法治教育中坚持显性教育与隐性教育相结合，可以更好地完成法治教育的目标，增强法治教育的效果。①

（五）坚持个人价值与社会价值的统一

关于教育的价值取向问题，教育发展史上主要有两类主张，即个人本位论和社会本位论。就法治教育而言，从个人本位论出发，法治教育着眼于个人需求，以发展个人的法治素养为目标；从社会本位论出发，法治教育着眼于社会需求，以培养社会需要的法治公民为目标。在很长时期内，我国的法治教育以社会为本位，法治教育很大程度上等同于守法教育，这其实是古代中国畏刑惧法的延续，阻碍了现代公民法治品质的生成。在法治教育中片面强调社会取向，教育培养出来的就是被动服从统治的"臣民"，而不是法治下的"公民"，在此情况下法律没有法治下的至上权威，而是被视为统治的工具。而在法治教育中片面强调个人取向，教育培养出来的公民仅注重一己私利，为了自身个人利益随意践踏他人利益或公共利益，社会秩序和社会发展就不复存在。因此，个人与社会是无法割裂的，高校法治教育必须坚持个人取向和与社会取向的辩证统一，使得个人价值的实现与社会价值需求相统一。②

三、高校法治教育的具体路径

高校法治教育的实施，应多措并举、多管齐下，不断拓展教育路径、丰富教育载体，要加强课程体系建设、改进课堂教学方法，持续提高法律课堂教学质量；要重视法治教育第二课堂、鼓励积极参与法治实践，持续强化社会实践教育；要重视网络教育资源建设、加强对网络的监督管理引导，持续建强法治教育网络阵地；要推进依法治校、健全高校民主机制、发挥校园社团作用，持续营造校园法治环境，不断提升高校法治教育实效性。

---

①　李峰：《论我国高校法治文化建设》，安徽农业大学硕士学位论文，2011年，第37–38页。
②　尹乃春：《多元协同下高校法治教育体系化路径研究》，上海交通大学出版社，2019年版，第131–135页。

(一)提高法律课堂教学质量

1.加强课程体系建设

目前,"思想道德与法治"课程是直接承担大学生法治教育任务的主要课程。现实中,"思想道德与法治"课因内容覆盖面大,在一定的教学时间内,各部分内容不能深入展开,这不利于大学生法治素养的提高。为此,高校可以在"思想道德与法治"主课程之外,一方面加大"课程法治"建设力度,另一方面加大法治辅修课的开设,以此加大法治课程供给,丰富法治教育课程体系。一是加大"课程法治"建设力度,打破只有法治课程才能培育法治素养的局限,在通识课程、专业课程当中贯穿法治素养的培育,比如历史专业相关课程中,通过中国历史的发展来阐释法治建设的必要性。这样推动法治教育贯穿多门课程,多管齐下,让大学生时时刻刻接受法治教育,在潜移默化中树立大学生法治信仰。二是加大法治辅修课的开设力度,根据不同专业特点,开设与本专业相关的法律课程。在化学相关专业中,开设安全生产法、食品安全法等相关课程;在经济类相关专业中,开设商法、经济法、金融法等相关课程;在理工科相关专业中,开设知识产权法等相关课程等等。这不仅可以为学生未来职业奠定基础,还因与个人职业需求联系紧密而更容易养成法治思维、树立法治信仰。另外,还可以根据大学生不同阶段,开设针对考试作弊与诚信、网络购物与消费者权益保护、校园贷、就业创业等内容开展法治专题讲座,满足学生实际需求的同时,提升学生法治素养。

2.改进课堂教学方法

合理的教学方法能够有效激发学生的学习兴趣,实现教师教与学生学的良性互动,有助于教学目标的实现。高校法治教育教师应当根据授课内容和学生特点采用多样化的教学方法,综合运用案例教学法、讨论式教学法、专题式教学法、启发式教学法等,调动学生学习法律的热情和兴趣。[1] 案例教学法是改进灌输式教学弊端的有效途径。案例教学法是一种互动式的教学方法,它使教师和学生共同参与对现实情境的讨论之中,教师的作用不是把答案告诉学生,而是通过提出问题引导学生深入思考与决策,从而掌握相关理论、分析技巧及运用方法。在选择案例教学使用的案例时,应注意几个方面:一是真实性,法治教育的案例应当选择现实法治生活中真实发生过的案例,再现案例的真实情况,这样才能让学生信服;二是代表性,即同类型的案例可能有很多,要选取最有代表性的案例,特别是那些对法治进程起到关键影响的案例来讨论分析,从而加深学生印象;三是新颖性,案例的选择要与时俱进,尽量选择法治实践中的最新案例,以使案例教学更加贴近现实生活,适应学生对热点法治问题的关注;四是导向性,大学生法治教育是教育教学活动,在案例选择时要突出教育作用,注重通过案例引导学生树立正确观念,建立对

---

①　孟鹏涛:《中国高校法治教育问题研究》,吉林大学博士学位论文,2017年,第122页。

我国法治建设的信心。①

（二）强化社会实践教育

1. 重视法治教育第二课堂

大学校园活动丰富多彩,这些活动在承载了学习、研究、交流、娱乐、休闲等功能的同时,也有着不可忽视的教育功能。课外活动是大学生法治教育的第二课堂,创设形式多样的课外法治教育活动可以使大学生在主动参与中不知不觉地接受教育,改变态度,建立情感。高校法治教育,可以充分利用国家宪法日、消费者权益保护日、知识产权日、国家保密日、全国消防日等法律主题节日开展形式多样的法治志愿服务活动等,还可以结合与大学生生活紧密相关的网络购物、校园网贷等主题,举办主题征文比赛、演讲比赛、辩论赛、模拟法庭、组织学生观看法治宣传片等,还可以结合暑期社会实践组织参与法治宣传、法治调查等活动,通过丰富多彩的第二课堂,帮助学生在实践中加深对所学知识的理解,培养法治能力。

2. 鼓励积极参与法治实践

一是公共性法治参与。大学生作为国家公民,享有国家法律规定的相应权利。高校要加强与地方司法部门等的合作交流,鼓励支持符合条件的大学生积极参与民主选举、民主立法、司法陪审、人民调解、检察监督等法治实践,重视大学生的合法地位和法治参与的重要作用,塑造大学生主人翁意识、责任意识、法治意识。二是维权性法治实践。维权性法治实践的切入点在于国家和学校层面要完善大学生依法维权的渠道和机制,将法治化维权、组织化维权与社会化维权充分结合,整合各方面青年维权力量,建立和畅通青年诉求表达的法律渠道,让法律成为青年身边看得见、可依靠的保护力,同时成为大学生法治实践的有益途径。此外,高校还要加强与司法部门联系合作,建立法治教育实践基地,努力拓宽大学生法治教育实践渠道,组织学生利用课余时间开展法院旁听、监狱走访等社会实践活动。

（三）重视法治教育网络阵地

习近平总书记在网络安全与信息化工作屋谈会上指出,互联网是一个社会信息大平台,亿万网民在上面获得信息、交流信息,这会对他们的求知途径、思维方式、价值观念产生重要影响,特别是会对他们对国家、对社会、对工作、对人生的看法产生重要影响。网络已经成为大学生获取法治知识、进行法治观念交流的重要平台。加强大学生法治教育阵地建设,必须重视网络的作用和影响,着力建强网络阵地。

1. 重视网络教育资源的建设

积极开展法治教育网络课程的录制工作,重视引进和利用国内高校法治教育

---

① 尹乃春:《多元协同下高校法治教育体系化路径研究》,上海交通大学出版社,2019 年版,第 154-155 页。

效果好的在线开放课程,利用网络技术制作建设慕课等,减轻传统课堂的学习压力,拓展法治知识的传播渠道。同时,重视推进网上与网下相衔接的大学生法治教育活动,依托学校网络平台,开展富有思想内涵、法治意义、学生喜闻乐见的法治活动。

2. 加强对网络的监督管理

完善网络制度法规,坚决打击网络违法犯罪行为,用法律约束人们的网络行为,防止不良信息或者虚假信息以及西方错误思想影响大学生的是非判断。同时,积极引导网络舆论,充分利用网络渠道讲授法治知识、讲好法治故事、促进法治实践,占领大学生法治素养培育的网络高地,营造充满活力、风清气正的法治网络空间,保障网络成为大学生法治教育的重要阵地。

(四)营造校园法治育人环境

1. 推进依法治校

依法治校是依法治国理念在高校管理和教育领域的具体体现。高校应当按照依法治校要求,积极深化学校综合改革,以学校章程为中心建立健全各项管理规章制度,明确学校、教师、学生相互之间的权利义务,进一步提高学校办学和治理的法治化水平。一方面,学校管理部门要用制度管人管权管事,做到依法办事、依章办事、依规行事,做到民主管理、民主决策、民主监督;管理人员应不断提高自己对法律的认知和对自己工作领域规章制度的理解,树立规则意识、程序意识,充分运用法治思维提高管理规范性,使学生在接受学校管理的过程中感受到公平、法治。另一方面,专任教师也应自觉践行教师行为规范和职业道德,不断提高自身职业道德、法律意识,善于用法律规则去思考问题、解决问题,尊重学生主体地位,为学生们做出良好表率。通过多部门的合作,在全校范围内营造一种"依法治校,依法治教,依法育人"的良好氛围,使学生在学校受到法治氛围的熏陶和教师言传身教的感染。

2. 健全高校民主机制

高校法治教育应当充分结合与学生实际学习生活相关的事情开展法治教育,比如将学校的各项与学生管理相关的规章制度制定成手册,并在入学教育时讲解相关要求,让学生明白自己在校学习和生活的准则和规范;对于涉及学生切身利益的事项,比如奖学金评选、入党、学生干部评选等,要严格按照程序公平公正地进行,以保障学生权利不受侵犯;在关乎学校未来发展的事情上,高校应积极引导学生参与讨论,广泛地听取大学生的意见和建议,了解他们的需求以保障学生的民主权利。通过让学生在校园生活中感受到民主、平等、和谐的氛围,逐步形成一定的规则意识,通过学生充分行使自己的权利提高学生的权利义务意识,这些都为顺利实施法治教育、提高大学生法律素质提供良好的文化氛围。

3. 发挥校园社团作用

高校大学生社团组织作为繁荣校园文化的主力军,也应该充分发挥提高大学生素质的重要作用。一方面,应当鼓励学校法学专业学生或对法学有浓厚兴趣和热情的学生组建法律类社团组织,如法律协会、大学生法律援助中心等,通过建立一定的社团组织,为大学生开展法学理论学习、开展法学实践、法学研究、法学交流搭建平台,通过丰富多彩的社团活动的开展增强大学生知法、懂法、守法、用法、护法的理念;另一方面,要充分发挥学生会、学生社团等学生组织的作用,鼓励学生积极参与到学校建设中来,增强大学生的主人翁意识和权利意识,在加强自我管理中提高参与学校建设的积极性,真实地感受到法治的力量,从而提高大学生的法律素养,提高法治意识。

第二章

高校法律风险防控机制研究

随着我国高等教育发展进入普及化阶段,高等教育改革不断深化,高校办学自主权逐步落实,高校办学和管理活动越来越多被纳入司法审查范畴,涉及高校的各类行政复议、诉讼案件逐年增加,高校面临的法律风险数量日益增多、类型愈加复杂,如何有效防控法律风险已经成为高校法治工作的重要紧迫任务。显然,新形势新情况新问题对高校提升治理体系和治理能力现代化水平提出了新的考验。本章研究着眼健全高校法律风险防控机制,注重从制度建构层面探讨解决现实问题的对策,围绕建立健全高校总法律顾问制度、保险制度、第三方调节制度、合同管理制度进行研讨。

第一节　概　述

开展高校法律风险防控机制研究,对其相关基本理论进行考察分析是基础。什么是风险? 法律风险同一般风险有何不同? 高校法律风险有什么特点? 高校法律风险防控的要素有哪些? 对这些问题进行深入分析研究,有助于增强法律风险防控机制建设的系统性、全面性、完整性。

一、高校法律风险相关概念

(一)风险

"风险"一词最早起源于古意大利语,风险在早期常常被理解为航行中遇到的危险。随着经济社会不断发展,风险一词传入其他国家并逐渐被哲学、社会学、经济学等领域赋予更广泛、更深层的含义。1901 年,美国学者威雷特在《风险与保险的经济理论》一文中第一次为风险定义,他认为风险是关于不愿发生的事情发生的不确定性之客观体现。1983 年,日本学者武井勋在《风险理论》一书中为风险重新定义:"风险是在特定环境、特定期间内自然存在的导致经济损失的变化。"我国《现代汉语词典》对"风险"一词的解释为"可能发生的危险"。《辞海》对"风险"一词的解释为"由于未来不确定因素的影响,而产生与预期不一致的负面结果的可能性"。此外,还有学者从不同视角对风险的概念加以不同的界定。虽然国内外研究对风险的概念还没有形成统一的认识,但对其特征大致有以下共识:

第一,风险具有客观性。风险是客观存在的。虽然人类都不希望出现任何风险,但只要有人类活动就会有风险,风险是不以人的意志为转移的。

第二,风险具有不确定性。风险虽然有其必然性,但其发生又有不确定性。这种不确定性体现为三个方面:是否发生不能确定,何时发生不能确定,发生产生的结果不能确定。[1]

第三,风险具有可测定性。风险虽然具有不确定性,但是在掌握大量统计资料的前提下,运用概率论和数理统计的方法,是可以对风险的发生进行适当预测的。

(二)法律风险

法律风险一词最早出现在 20 世纪 60 年代,其在我国最早应用在金融领域,1998 年中国人民银行颁布的《贷款风险分类指导原则(试行)》(已失效)的附件《贷款风险分类操作说明》中首次提到了该词,随后该词频繁出现在《金融机构衍生产品交易业务管理暂行办法》《中央企业全面风险管理指引》等银行管理文件中,但这些文件都未对其解释和定义。2004 年,总部位于瑞士巴塞尔的巴塞尔银行委员会在制定的《统一资本计量和资本标准的国际协议:修订框架》对金融领域的法律风险进行了界定,指出法律风险是一种特殊类型的操作风险,它包括但不限于因监管措施和解决民商事争议而支付的罚款、罚金或者惩罚性赔偿所导致的风险敞口。目前"法律风险"这一词语被广泛使用于企业管理、投资和借贷、人力资源管理、保险、大型工程项目等更多领域并被赋予不同的含义。

法律风险作为风险的一种形式,同样拥有客观性、不确定性和可预测性的特征,但它与一般风险存在着最大的区别是法律风险的法律性。这些特征是在法律风险的识别、评价、预警和防控过程中必须考虑的因素。

1. 法律风险发生原因具有法律性

绝大多数法律风险的产生源于当事人实施了违法行为,如企业偷税漏税、虚假注册、虚开发票,企业工作人员利用职务之便非法收受他人财物;高校无视法定程序对大学生进行违纪处理、不支付或不按时支付工程款、未尽安全保障义务致使学校设施造成学生或老师人身伤害等等。但是,法律风险不等于违法风险。有时,当事人未必实施了违法行为也可能带来法律风险。如法律规定动物饲养人即便无过

---

[1] 韩爱琴,秦玉彬:《法律风险基本理论与防范技巧》,冶金工业出版社,2011 年版,第 1 页。

错,仍要对饲养动物的致害行为承担风险后果和法律责任;如对于非法同居者而言,如果同居行为被配偶一方知晓而不被谅解则可能引发离婚法律风险。非法同居可能破坏一夫一妻的法律制度,是触发夫妻感情破裂这一离婚的法定事由。

法律风险的产生也可能源于法律的不确定性。法律出现空白或同位阶法律关于同一法律关系或同一法律行为的规定相互矛盾时,在适用法律或具体案件处理中,往往依赖于最高法院的解释,使得受这些司法解释调整的相应法律关系或法律行为主体处于不确定的法律风险之中。[①] 如《道路交通安全法》对交通信号灯黄灯的有关规定不甚清晰,对闯黄灯是否处罚未进行明确规定,有些地方就出现了公民因不满交警处罚闯黄灯行为而进行的诉讼。

2.法律风险产生后果具有法律性

风险均可能产生不良后果,一般风险如暴雨、山洪等自然风险可能造成当事人财产或人身损失,投资不善等财务风险可能带来利润减少、资金亏损等损失,这些后果往往和法律没有关系,而法律风险除了可能产生非法律后果如企业形象、名誉和信誉受损,高校生源或教学管理秩序受影响等,也可能产生法律方面的后果如企业或高校法律权利受损、法律义务承担以及法律责任承担等。

(三)高校法律风险

我国对法律风险的研究,最初多集中在金融、保险等相关领域,后来才扩展至教育领域。当前,学术界对高校法律风险的研究较少,鲜有对高校法律风险进行解释。高校法律风险,顾名思义就是发生在高校这一特殊的社会组织中的法律风险,是指高校在执法或守法过程中,因法律具有不确定性、规章制度不合法或不规范、法律监管不力等深层次原因造成的具体法律行为违反了法律规定或不规范等导致的,与其所期望达到的目标相违背的法律不利后果发生的可能性。[②] 高校法律风险存在于学校的教学科研、人事管理、社会服务、对外交流与合作、校园安全、后勤管理与服务等各个领域当中。

二、高校法律风险的特点

近年来,随着我国高等教育改革的深入推进,高校办学自主权逐步扩大,高校职能不断拓展,高校的校内外活动增加,加上高校师生法治意识的逐步提高,高校法律风险呈逐步增长趋势且呈现出以下特点:

---

① 蒋云贵:《法律风险理论与法学、风险学范式及其实证研究》,中国政法大学出版社,2015年版,第47页。

② 赵学昌、齐艳苓:《高校法律风险评估及防范》,《理论界》2007年第8期,第18页。

（一）形式多样性

根据法律风险涉及的法律部门不同,高校法律风险表现为民事法律风险、行政法律风险、刑事法律风险。多数情况下,高校都是作为民事法律主体的身份开展活动。如对学生进行的宿舍管理、成绩管理、帮扶助学管理、就业管理等,对老师进行的人事管理、职称管理等,和校外公民、法人或其他组织进行市场交易行为等。高校和老师、学生、校外人员的法律地位是平等的,双方是私法关系,其中存在的风险就是民事法律风险。高校虽然不是行政机关,但是根据《教育法》《高等教育法》等法律、法规授权,有对学生进行学籍和学位管理、处分违纪学生、招生考试录取等行政管理权力。这时,高校和学生间形成了管理和被管理的行政法律关系。另外,高校作为事业单位法人,随时可能接受政府及其部门的管理,如建设宿舍楼要经规划局审核颁发《建筑工程规划许可证》、住建局核发特殊建设工程消防设计审查意见书后方可投入建设等。这时高校和政府及其部门之间也形成了管理和被管理的行政法律关系。行政法律关系中存在的风险就是行政法律风险。近年来,高校掌握的权力和资源迅速增加,而相对封闭的高校外部监管乏力,一些领导干部权力失控,行为失范,陷入职务犯罪的泥淖,如基建工作人员利用购买基建材料之机索贿受贿,利用购买教材、图书、物资设备之机收取回扣,利用担任主考或招生负责人的便利接受考生家长所送好处费等,其中产生的法律风险就是刑事法律风险。

根据发生法律风险的主体不同,高校法律风险表现为内部法律风险和外部法律风险。内部法律风险是指发生在高校内部的法律风险,具体来说是指学校、教职员工、学生基于一定纠纷产生的法律风险,如高校对学生在日常管理中产生的人身伤害事故法律风险、对教师实施人事管理中产生的聘用法律风险等。外部法律风险则是发生在高校之外的法律风险,具体来说是指高校与政府及政府部门、企业、公民个人等外部主体产生的法律风险。如在银行贷款、融资中产生的法律风险,在对外合作办学中产生的法律风险,在采购、基建中产生的法律风险等。

根据发生法律风险的领域不同,高校法律风险表现为高校招生方面法律风险、高校教学管理方面法律风险、高校学生管理方面法律风险、高校人事管理方面法律风险、高校财务管理方面法律风险,等等。高校招生方面的法律风险如错发或漏发录取通知书、入学资格审查不严格、设置不当限制条件、违背学生的专业志愿等。高校教学管理方面的法律风险如教材商业贿赂行为、未经学生委托征订教材行为、教材选购不符合学校教学需求等。高校学生管理方面的法律风险如学生宿舍存在安全隐患,不公平评优评先,将学生隐私问题向他人泄露,强制学生就业,处分学生事实不清、证据不清、程序不当、处分依据不合法等等。高校人事管理方面的法律风险如高校引进人才时不严格按制度办事,人才录用、审批不合规范,以非正当理由扣押教师的人事档案,职称评审材料审核不严,职称评定程序不公开、不透明等。高校财务管理方面风险如收取现金不及时入账,不能严格执行合同,未按预算程序进行编制和调整,未严格执行国家、省和学校有关支出规定等。

（二）后果严重性

不同于中小学校法律风险的范围往往局限于校园安全风险，也不同于企业法律风险的发生往往只带来企业资产受损、商誉受损，高校法律风险所造成的不利后果更为严重。高校肩负着人才培养、科学研究、社会服务、文化传承创新和国际交流合作的重要职能。高校法律风险的发生除了会给自身带来经济损失外，还有可能侵害学生的受教育权、人身权、财产权等，影响学生人格的发展和正确世界观、人生观、价值观的形成；可能侵害教师的学术自由，影响高校师资队伍的稳定；严重的还有可能引起社会各界的高度关注和广泛诟病，影响高校的形象和声誉，影响人民群众对高校的认同和信任，影响社会风气的纯净和提升，引发社会不稳定、不和谐因素，给高校改革发展稳定乃至经济社会发展带来危害。

（三）风险可控性

自然界中发生地震、台风等自然灾害风险属不可抗力，具有突发性，往往使人措手不及。法律风险不同于自然风险，其发生原因和产生后果的法律性具有一定的人为性。正如古典派法学家孟德斯鸠所说，"文明社会都浸泡在法律的海洋里，无论组织或个人都会受到法律的约束"。法律存在于人类的衣、食、住、行之中，法律无处不在，有法律就必然存在着法律风险。人为制定的法律具有较强的规范性和透明性，它往往通过规定让人知道做哪些事是法律许可的，哪些事是法律不能做的，以及如果违法的话会得到的后果是什么。这就使得法律风险是可以识别、评估、防控的。所以，高校管理中通过建立健全有效的法律风险防控机制，由有法学知识背景和专业能力的法律人参与操作，在高校法律风险的高发区，对重点领域及岗位的人员进行有力监督和引导，并结合有效的制度措施，排查、识别、评估法律风险，提前采取相应的预防措施规避法律风险的产生，可以有效地降低法律风险转化为涉诉事件的概率，从源头上消除隐患，进而对高校法律风险进行有效控制。

三、高校法律风险防控

风险防控即对风险的预防与控制。风险防控的本质是对风险的管理，即对潜在的意外损失进行识别、衡量和处理。[①] 从而以最小的成本使风险所致的损失达到最低程度的管理方法。风险管理理论起源于 20 世纪 30 年代，发展至今经历了早期风险管理、现代风险管理以及全面风险管理三个阶段。其中，全面风险管理理论备受企业界、金融界认同。它认为风险管理是一个系统工程，包括内部环境、目

---

① 小阿瑟·威廉姆斯、理查德·M. 汉斯：《风险管理与保险》，中国商业出版社，1990 年版，第 1 页。

标设定、事件识别、风险评估、风险应对、控制活动、信息沟通以及监控过程八个要素。[①] 在国外,不少高校开展全面风险管理的实践探索,将现代风险管理理论应用于高校教学管理工作,提升了高校内部治理的水平和实效。可以说,全面风险管理理论的问世为高校风险管理的转型和发展提供了观念性的引导。[②] 国内高校也应吸收其先进理念,完善风险管理模式和方式,探索创新法律风险防控新机制,提升风险预警和治理的效果,促进高校法治工作提质增效。具体来看,全面风险管理理论下高校法律风险防控机制具有以下优势:

（一）强调事前预警预防

高校传统的法律事务处理基本上都属于事后管理,当出现纠纷后才会诉诸法律或求助于律师、法律顾问。法律风险防控则强调未雨绸缪,提前进行风险识别和评估,通过排查主动发现可能存在的问题,并根据风险系数和危害程度等预先设置并采取应对措施,避免相应风险的不利后果或将其抑制在可承受、可控制的范围之内,实现法律风险的最小化和高校利益的最大化。

（二）注重全过程管理

高校法律风险防控机制的建立,不是"头痛医头、脚痛医脚",而是以系统、整体的眼光,对高校所有领域可能存在的法律风险逐一排查认定;不仅强调法律风险的提前预知和预防,而且重视法律风险发生后的积极应对和控制、风险解决后的监督和总结。可以说,高校法律风险防控机制是涉及事前、事中、事后管理的全过程管理体系。

（三）高度重视制度建设

完善的法律风险防控机制离不开制度建设。高校法律风险防控机制通过建立健全相关制度,实现法律风险防控的程序化、标准化、规范化,形成统一、系统的行为体系,规避法律风险,减少风险损失。

第二节　总法律顾问制度

机制的正常运转离不开领导机构的统一领导。领导机构可以指引机制运行的方向和目标,协调组织和成员间的各种关系,保证有关工作有序、稳定地进行,有利于全面发挥机制的作用和价值。多年来的实践证明,总法律顾问制度成为诸多行业防范法律风险的有效屏障。高校法律风险防控机制的构建应将总法律顾问作为

---

① 美国 COSO:《企业风险管理:整合框架》,东北财经大学出版社,2005 年版,第 98 页。

② 周谷平,郑爱平,张子法,等:《全面从严治党战略布局下高校校院两级治理结构与风险防控——以综合型大学为例》,浙江大学出版社,2017 年版,第 52 页。

机制运转的领导机构加强建设,完善与优化法律事务组织机构和成员结构,构建完整的法律风险防控组织体系和工作机制,不断提升高校内部治理能力,增强高校法治工作的实效。

一、我国高校总法律顾问制度的发展历程

总法律顾问制度起源于 20 世纪 60 年代的美国,70 年代传入欧洲,至 80 年代形成完整的体系。"总法律顾问"这个概念在我国最早出现在国家经济贸易委员会(2003 年国务院机构改革中被撤销,以下简称国家经贸委)1996 年颁布的《关于进一步加强经贸法制工作的若干意见》中①。早期的总法律顾问是指企业总法律顾问。自引入"总法律顾问"概念后,我国对企业总法律顾问制度不断进行探索实践。1997 年 3 月重庆力帆集团首先设置总法律顾问。1997 年 5 月国家经贸委颁布的《企业法律顾问管理办法》首次在立法上对企业"总法律顾问"进行了界定②。2002 年,在国家经贸委的主导下,我国在中央和地方的重点、大型国企中逐步开展了企业总法律顾问制度试点工作。2004 年 5 月,国资委颁布了《国有企业法律顾问管理办法》,其中第三章进一步阐述了企业总法律顾问的定义、条件、职责权限等。随后,中国民用航空局、中国保险监督管理委员会、中国银行业监督管理委员等纷纷发布文件要求在相关行业设立总法律顾问制度。企业总法律顾问制度的范围不断扩大,从央企扩大到地方企业,从重点、大型企业扩大到一般企业,从国企扩大到外企、民营企业。多年来,企业总法律顾问制度的推行,提高了企业的经济效益和市场竞争力,促进了现代企业制度的建立和完善,在推动我国市场经济发展中发挥了重要的作用。

党的十八大以来,党中央明确提出全面依法治国,法治的地位更加突出、作用更加重大。看到总法律顾问制度给企业所带来的"红利",其他行业和部门也意识到建立总法律顾问制度的重要性和必要性。国家税务总局 2015 年发布的《关于全面推进依法治税的指导意见》中,明确提出要"积极探索总法律顾问制度"。淮南市 2014 年实施的《推进依法行政办法》中提出由"市、县人民政府法制机构主要负责人为本级人民政府总法律顾问"。深圳市 2020 年实施了"1+3+3"市委法律顾问制度,其中的"1"指的就是 1 名总法律顾问。总法律顾问制度正逐步从企业走进政府、公立医院、高等学校等更为广阔的领域。

---

① 该意见指出:"继续抓好企业法律顾问工作联系点,指导并促进这些联系企业的法律顾问工作率先实现制度化和规范化,为推动面上的工作提供经验,同时选择一些条件好的大型企业、特大型企业试行总法律顾问制度"。

② 该法第六条规定:"总法律顾问是企业的高级管理人员,参与企业重大经营决策,全面负责企业法律事务"。

2012 年 11 月,为全面落实依法治国的要求,大力推进依法治校,教育部颁布《全面推进依法治校实施纲要》,其中提出了"建立高校法律顾问制度"的目标任务。随后,陕西、四川、湖北、福建、天津、潮州、沈阳、厦门、青岛等省市相继出台相关文件,积极探索建立高校法律顾问制度。其中,江西省、上海市、黑龙江省出台的文件中,提出了"总法律顾问"的概念,强调"规模较大、院系较多、独立分支机构较多的高等学校,也可以设置学校总法律顾问。学校总法律顾问全面负责学校法律事务工作,可以参与学校重大决策,对学校法定代表人负责"。[①] 2016 年 6 月,中共中央办公厅、国务院办公厅印发《关于推行法律顾问制度和公职律师公司律师制度的意见》,明确提出事业单位要探索建立法律顾问制度的要求。2020 年 7 月,教育部发布《关于进一步加强高等学校法治工作的意见》,再次提出"探索建立高等学校总法律顾问制度"的要求。2021 年 3 月,教育部办公厅印发《高等学校法治工作测评指标》,将"探索建立总法律顾问制度"作为"法治工作创新"考核指标之一。随后,部分地方教育行政部门和高校逐步开始探索实施高校总法律顾问制度。比如,2021 年,山东省教育厅出台的《关于加强高等学校法治工作的实施意见》对此做出安排。2021 年上半年在山东农业大学、曲阜师范大学、烟台大学等 15 所院校开展总法律顾问制度试点,在任职条件、选聘程序、工作职责、工作方式、监督管理等方面探索经验,2021 年年底前全省高校全部建立总法律顾问制度。

二、高校建立总法律顾问制度的重要意义

(一)依法解决高校法律纠纷的有效途径

近年来,随着高校社会职能的扩充和对外事务的增加,以及人们法律意识和法治观念的提升,涉及高校的法律纠纷案件数量不断增加,纠纷类型也越来越复杂,金融债权债务纠纷、劳资纠纷、知识产权纠纷、涉外纠纷等也接连发生。出现这些纠纷后,过去高校往往会向法律顾问或社会律师寻求咨询和帮助,然而这种事后补救的方式往往使高校在诸多的法律纠纷面前疲于应付,处于被动的境地。建立高校总法律顾问制度,就是将学校的所有法律事务交由总法律顾问全权负责,从招生入学、学籍管理、学位学历授予,到合同签订和审查,包括学校面临的民事纠纷、经济纠纷和行政纠纷;等等。高校总法律顾问会在每一个环节建立起预警机制和备案管理制度,定期对高校系统内发生的重大法律纠纷案件进行及时全面排查梳理,提出有效防范的应对措施,大量的法律事务会在演变为实际的纠纷之前得到化

---

① 如江西省教育厅出台的《关于全省教育系统建立学校法律顾问制度的意见》;上海市出台的《上海市教育委员会关于本市教育系统普遍建立学校法律顾问制度的意见》;黑龙江省出台的《关于在高等学校全面推进法律顾问工作的意见》。

解，并且，总法律顾问是高校法律事务机构和工作人员的领导者，当出现法律纠纷时，总法律顾问能够快速地集结起校内法律团队力量处理问题，即使没有合适的法务人员，由于在日常的预警和排查工作中已经对学校法律风险点熟练掌握，高校总法律顾问也能协助学校快速准确地找到合适的人选，帮助学校快速解决问题渡过难关。

（二）深入推进依法治校的内在要求

依法治校是指以学校为主体而产生的社会关系均应纳入法治调整的范围，其中包括政府与学校的关系、学校与社会的关系、学校与教师的关系、学校与学生的关系。① 自教育部 2003 年发布《关于加强依法治校工作的若干意见》以来，教育部门和各高校积极推进依法治校实践探索。多年来，各高校依法治校工作取得重大进展，依法治校理念全面普及，依法治校工作机制基本建立，规章制度建设逐步完善，师生权益保护得到重视，现代大学权力重构提上日程②。但是，我们也必须清醒认识到，当前高校依法治校仍然还存在着一些突出问题。比如，权力滥用带来的腐败问题、有法不依现象时有发生问题、领导干部法治素养法治能力不足问题等，还需要引起高度重视，加快推进解决。党的十八届四中全会首次以全会的形式专题研究部署全面推进依法治国这一基本治国方略，做出了《中共中央关于全面推进依法治国若干重大问题的决定》。党的十九届四中全会审议通过《中共中央关于坚持和完善中国特色社会主义制度　推进国家治理体系和治理能力现代化若干重大问题的决定》。党中央相继做出的这些重大决策部署，为高校加快依法治校进程提供了重要契机、创造了良好环境。新形势下，如何进一步推进依法治校，无疑是摆在每个高校面前的重要命题。高校总法律顾问制度改变了过去有问题、出问题才找法律的治理模式。总法律顾问对学校法定代表人负责，全权负责高校的法律事务工作，通过参与学校重大决策，实现"关口前移、源头介入、全程参与"，确保学校管理和其他活动有更可靠的法律保障，这无疑契合了新形势下依法治校的内在要求。

（三）有力推动高校治理现代化的法治保障

党的十九届四中全会通过的《中共中央关于坚持和完善中国特色社会主义制度　推进国家治理体系和治理能力现代化若干重大问题的决定》，对推进现代大学制度建设、完善现代大学治理体系具有重要的指导意义。推进高等教育治理体系和治理能力现代化，是实现高等教育现代化的必然要求，也是推进国家治理体系

---

① 吴汉东：《依法治校彰显大学之道》，《教育与职业》2015 年第 1 期，第 52 页。

② 罗丽华：《高校依法治校的现状与展望》，《中南林业科技大学学报（社会科学版）》2013 年第 7 期，第 122 页。

和治理能力现代化的重要内容。① 高校治理体系和治理能力的全面提升是个系统工程,包括高校内部治理和外部治理两个方面,涉及高校内部行政主体、学术主体、学生等多元主体之间的权力配置与利益平衡,高校与政府、企业等社会其他主体之间的利益制衡。② 高校治理体系和治理能力现代化就在于调整多元治理主体之间的关系,实现治理的法治化、制度化、规范化、民主化。高校总法律顾问通过日常的法律风险防控和事后的法律纠纷解决,保证了高校决策的合法性、提升了高校管理的规范性,使多元主体的合法利益得到充分保障,能够有力推动高校治理体系和治理能力现代化。

三、高校总法律顾问的功能定位

建立高校总法律顾问制度,首先要对高校总法律顾问进行准确定位。高校总法律顾问和企业总法律顾问是否相同,高校总法律顾问和许多高校已有的法律顾问有何联系,高校总法律顾问和高校聘请的社会律师职能是否存在差异等问题,需要在高校总法律顾问制度建构前进行考察分析。

（一）高校总法律顾问的性质特征

高校总法律顾问是全面负责学校法律事务工作包括法律风险防控工作、直接对学校法定代表人负责的高级教育管理人员。高校总法律顾问不是高校法治工作机构或法律事务机构的子系统,也不同于高校一般的法律顾问、社会律师。高校总法律顾问具有以下特点:一是层次高。高校总法律顾问可参与学校决策,在决策层面防范法律风险,是依法决策者之一;全面负责学校法律事务工作,不是后勤保障部门,不是防范和化解风险的咨询部门,而是管理部门;直接对学校法定代表人负责,在高校法治工作机构或高校法律顾问制度体系中居于核心和领导地位。二是协调广。高校总法律顾问作为学校法律事务的总负责人,不仅要领导、组织本校法律事务机构开展工作,而且还要协调本校各部门、各环节涉及法律事务的各项工作,以及本校和其他社会主体间的法律纠纷和矛盾。三是责任大。以前许多高校的法治工作机构、法律事务机构或法律顾问更多充当的是"消防员"的角色,往往在高校出了法律纠纷后忙于补救。但高校总法律顾问则不同,其直接参与高校的管理活动过程,提出法律意见和建议,参与规章制度的制定,能起到防患于未然的作用,保证管理活动的合法性,从源头上为高校规避法律风险,让高校远离"法律陷阱"。

---

① 郑少南:《坚定不移地推进高校治理体系和治理能力现代化建设》,《中国高等教育》2020 年第 2 期,第 35 页。

② 范斌、郭蕊:《高校治理能力现代化:内容与推进路径》,《黑龙江高教研究》2017 年第 8 期,第 42 页。

（二）高校总法律顾问的任职条件

高校总法律顾问的性质决定了其人选必须是复合型人才。高校在选任总法律顾问时，应当重点考虑以下任职条件：

1. 具有较高职业道德素质

高校总法律顾问是高校高级教育管理人员，要全面负责本高校法律事务工作，甚至参与高校决策和规章制度的制定，这就要求其必须具有较高的职业道德素质，要有敬业精神和奉献精神，能够抵制各种利益的诱惑，具有高度的事业心和责任感，工作中能够最大限度地维护和保障高校的合法权益。如果一个高校的总法律顾问到外面去做兼职律师，牵扯了大量的精力，常常忙于"捞外快"，对高校的事务不"顾"不"问"，那就不再具备做高校总法律顾问的条件。

2. 具有全面法律专业素养

高校总法律顾问是高校法律事务的"总舵手"，不仅直接处理法律事务，还参与高校法律事务的决策、协调、宣传、监督等工作，这就要求其具有全面的法律专业素养。这种法律专业素养不仅是理论上的，还是实践中的。高校总法律顾问不仅要掌握合同法、知识产权法、侵权责任法等民法知识和保险法等商法知识，还要熟悉财政、税收方面的法律法规和政府采购、高校管理等行政管理方面的法律规定，对涉外法律、刑事法律也应当有深入的了解。另外，高校总法律顾问还要具有处理复杂或者疑难法律事务的丰富工作经验和能力。

3. 具有丰富教育管理经验

高校总法律顾问不仅是法律专家，而且是学校的高级教育管理人员。这也是高校总法律顾问与高校外聘社会律师之间的最大区别。高校总法律顾问要参与高校事务决策和管理，最大限度维护本校的最大利益，就要熟悉高等教育法律法规和现代高等教育管理工作，经常关注高等教育发展动态，主动学习党和国家最新的教育方针政策，准确把握高等教育发展趋势，精准掌握本校改革发展的目标、规划等，要有从事高校管理工作的丰富经验。

4. 具有良好沟通协调能力

高校总法律顾问需要配备学校法律事务机构和工作人员才能全面开展工作，总法律顾问作为本校法律事务机构和法律事务人员的直接领导者，必须具有较强的统筹协调能力，能够在本校法律团队中调配资源，根据不同部门职责和人员专业特长合理地分配工作任务，发挥团队的集合效应，有力有效应对法律纠纷。当发现其他部门存在法律风险点或已经发生违法违规事实时，总法律顾问的任务是去"防火"或"灭火"，可能招致其他部门人员的不理解、不配合甚至是反对、抵制，有时总法律顾问还需要调用本法律团队之外的其他部门人员，这都需要总法律顾问发挥良好的沟通协调能力。另外，高校总法律顾问在参与学校决策中，往往要从法律角度提出意见建议，其中难免会有一些与其他参与决策领导不同的意见，可能被视为"绊脚石",得不到认同。这也要求总法律顾问在开展工作时充分发挥沟通协调能力,既要对高校违反法律法规或国家政策的决策敢于提出不同甚至反对意见,也要善于帮助高校决策者找出法律法规政策允许范围内切实可行的办法,让高校决策者逐步深刻认识到总法律顾问的专业性、可靠性和重要性。

(三)高校总法律顾问的主要职责

《国有企业法律顾问管理办法》详细规定了国有企业总法律顾问的职责,[①]为高校总法律顾问职责的设定提供了有益的参考。然而,高校总法律顾问职责的设定,应同时关注到高校与国有企业在性质、功能等方面的差别。具体来说,高校总法律顾问的主要职责包括:

1.决策

高校总法律顾问作为高校法律风险防控机制领导机构,其成熟的标志就是构建起一套事前防范、事中控制、事后补救的全方位法律风险防控系统。这就要求高校总法律顾问必须参与高校决策,参与高校重大法律风险管理事项的讨论和决策,并根据自己的专业知识发表法律意见,保证决策的合法性;协助高校负责人组织重要规章制度的制定和实施,制定章程和规范性文件,健全科学决策和民主管理机制。

2.处理

高校总法律顾问全面负责高校法律事务工作,统一协调处理高校决策、教学和管理中的法律事务,明确各个岗位的法律风险源点和风险防范的重点环节并提出防范意见,对高校(包括其职能部门和下属单位)违反法律法规的行为提出纠正意见,负责或者协助有关部门予以整改;审查、清理一系列规章制度,制定切实可行的法律风险防范对策,健全完善现代大学制度体系;健全学校师生权利救济和纠纷解决机制,代表学校参加诉讼、仲裁等活动;负责高校的法治宣传教育和法治培训工作等。

3.管理

高校总法律顾问的管理职能集中体现在对学校法务工作机构和工作人员的管理。建立健全高校内部法律事务机构,负责法律机构的管理工作,对下属单位法律事务负责人的任免提出建议;指导下属单位法律事务工作,组织建立高校法律顾问的职业教育和业务培训制度等。

四、高校总法律顾问制度建设的关键举措

(一)提高高校党政负责人思想认识

尽管高校面对的法律事务日益增多,对法律服务的需求量越来越大,但部分高

---

① 《国有企业法律顾问管理办法》第21条。

校对法治工作的必要性、重要性和紧迫性仍缺乏充分的认识,对"法"的重视往往还停留在口头上,认为高校法律事务不属于主流业务,对法律顾问、法律事务机构认识不到位,对总法律顾问制度更是知之甚少甚至一无所知,认为它们都只是一个附属部门,认识不到总法律顾问是高校法律风险防控的总设计师和协调人的重要地位和作用,以致其职能作用不能有效发挥。实践证明,只有高层认识到位,思想高度一致,中层才能推动有力,实施有效,基层才能广泛参与,有序操作。可以说,决策层的重视程度,领导层的支持力度,直接决定了总法律顾问制度推行工作的高度、深度和满意度。① 多年来在企业实行总法律顾问制度所取得的成绩有目共睹,也彰显出总法律顾问制度的优越性。在高校实行总法律顾问制度,有利于保障高校改革发展和校园和谐稳定,需要大力推动总法律顾问制度落实落地。高校党政主要负责人要进一步增强法治意识,坚持用法治思维和法治方式深化改革、推动发展、解决纠纷、化解风险,积极开拓、大胆创新,为高校实行总法律顾问制度创造必要条件、提供有力保障,大力推进总法律顾问制度建设,不断提升高校干部职工的法治素养和法律风险意识,建立健全高校防范化解法律风险的长效机制,使总法律顾问制度更加有效地服务高校治理体系和治理能力现代化建设。

(二)抓好网络化组织体系建设

当前高校面临的法律事务越来越纷繁复杂,涉及合同管理、知产产权、债权债务纠纷、基建项目、劳资纠纷、侵权纠纷、学位管理等诸多方面。高校总法律顾问要想有效履行好职责,对本校法律事务工作真正地负起责任,决不能仅靠某一个人、某一个律师或某一个专业人员"单打独斗"。建立高校总法律顾问制度,必须抓好高校总法律顾问的组织体系建设,这应该是一个包含总法律顾问、法律事务机构和法律事务工作人员的完整体系。

实行总法律顾问制度的高校,要构建总法律顾问制度的框架体系,合理整合本校现有的法治工作机构和法律顾问,明晰其间关系,建立以总法律顾问为领导机构的法律事务工作体系和网络,建立健全总法律顾问向高校法定代表人负责、法律事务机构及法律顾问向总法律顾问负责、法律事务工作人员向法律事务机构及法律顾问负责的工作责任机制,形成上下联动、层层把关、全面覆盖的内部法律监控机制,防范高校法律风险,加强高校法治工作,并以此促进高校治理体系和治理能力朝着法治化现代化方向高质量发展。

高校实行总法律顾问制度,建设专门的法律事务机构至关重要。法律事务机构是高校法律事务工作的执行机构,大量具体的法律事务都要由法律事务机构来承办处理。可以说,它是高校总法律顾问的左膀右臂和参谋助手。法律事务机构

---

① 李建生:《抓住机遇 开拓进取 不断把企业总法律顾问制度试点工作引向深入》,《施工企业管理》2004 年第 1 期,第 35 页。

应当独立设置,不能合署办公,也不能挂靠在其他部门,否则当出现需要处理的法律事务时,可能会出现部门间职责不清、推诿扯皮,弱化、淡化、边缘化法律事务工作,造成这项工作有名无实或疲于应付,并且对其所在职能部门业务的法律审核中容易出现不客观、不公正的问题。有条件的高校,可以根据本校常见的法律事务类型,分门别类设立专门的法律事务机构,可以下设内部法务部和外部法务部,其中内部法务部专门处理学生、教师和高校的法律纠纷,比如学生对有关学校处分不服时提起诉讼、教师不满学校解除人事聘用合同纠纷等;外部法务部专门处理学校和校外社会主体之间的法律纠纷,比如与地方政府、银行、建筑施工企业等的法律纠纷,也可以下设学生事务法务部专门处理和学生的纠纷,国际合作法务部专门处理国际联合办学、技术合作等纠纷,经济法务部专门处理贸易合同、知识产权等纠纷。

(三)加强总法律顾问人才培养储备

目前高校总法律顾问的产生主要有内部选拔任命和对外公开招聘两种方式。内部选拔任命就是从本校优秀人才队伍中选择政治素质高、业务能力强、法律专业精并熟悉本校实际情况的干部担任总法律顾问。但是由于总法律顾问责任大、任务重、任职资格和条件要求高,很多高校内部专职从事法律顾问工作的人员本身就不充足,而既懂法律又懂管理的复合型人才更少,因此一些高校总法律顾问的产生采用对外公开招聘方式。然而,不管是内部选拔任命,还是对外公开招聘,高校总法律顾问队伍目前的数量和整体素质还远远不能适应现实需要,真正能为高校提供高质量、全方位法律服务的法律人才,仍属于稀缺资源。如果担任总法律顾问的人员综合素质不高,就会影响总法律顾问作用的发挥,因此,加强高校总法律顾问人才培养和储备,是建立高校总法律顾问制度极为重要的关键举措。

高校如果已经配备总法律顾问、法律顾问、法务工作人员,那么要进一步加大人员培训力度,定期组织针对本单位核心业务或重大项目等涉及法律问题和法律风险管理的专题学习,支持和鼓励总法律顾问、法律顾问、法务工作人员参加法律顾问协会、律师协会、法学会等其他机构组织的专业培训,不断提高人员的业务能力和管理水平。

教育行政部门要高度重视总法律顾问的培训和培养工作,在高校总法律顾问人才培养和储备方面加大引导、支持和帮扶力度,探索建立高校总法律顾问后备人才库,拓宽培养渠道,可以定期组织高校法律事务培训和国内外高校相关业务交流,广泛借鉴先进的理念、做法和经验,开阔高校总法律顾问的国际视野,加大培养扶持力度,逐步在高校中形成一支以总法律顾问为核心,以法务工作人员、法律顾问为基础,素质高、能力强的专门人才队伍,为高校总法律顾问制度的全面实施奠定扎实基础。

(四)积极开展点面结合试点推广

目前高校法治工作的开展情况不平衡。据统计,截至 2020 年,部属高校和省部合建高校中,独立设置法治工作机构的仅有 11 所,挂靠其他部门的有 67 所,其他高校仅设置了法治工作岗位。在人员配备上也很不平衡,有的高校配备 10 名专职人员,有的高校仅有 1 名法务工作人员还兼做其他工作。[①] 对于法治工作较为薄弱的高校来讲,开展总法律顾问制度还面临着思想认识、人员配备、机构设置等诸方面的障碍和困境。借鉴企业多年来建设总法律顾问制度的经验,高校总法律顾问制度的开展也可以先搞试点,然后在总结经验的基础上逐步全面推开。在试点高校的建设中,教育部门的积极引导和有力支持非常重要。在试点高校的选择上,可以将高校党政主要领导是否具有较强的法律意识和法治观念,重视并支持高校法治工作,注重发挥法律顾问作用,以及高校法务工作机构是否健全,法律顾问队伍素质较高,并能参与高校管理活动作为重要考虑因素。可以首先在部属和省部合建高校中选择一批符合条件的高校作为试点单位。试点高校要高度重视,认真落实高校总法律顾问的职责,创造出成功的试点经验。2021 年 4 月 22 日,鲁东大学贯彻落实山东省教育厅关于建立高校总法律顾问制度试点的部署要求,出台实施《鲁东大学总法律顾问制度实施办法(试行)》,在山东省率先建立总法律顾问制度,积极开展实践探索,目前已经形成典型经验得到山东省教育厅和教育部的肯定。下文将其制度附录以供参考借鉴。

鲁东大学总法律顾问制度实施办法(试行)

第一章 总则

第一条 为学习贯彻习近平法治思想,落实总法律顾问制度,规范学校总法律顾问工作,提高学校依法治校的能力与水平,维护学校和师生员工的合法权益,推进大学治理体系和治理能力现代化,根据《中华人民共和国高等教育法》、教育部《关于进一步加强高等学校法治工作的意见》(教政法〔2020〕8 号)与《高等学校法治工作测评指标体系》、山东省教育厅《关于加强高等学校法治工作的实施意见》(鲁教法发〔2021〕2 号)等法律法规以及政策精神,结合我校实际,制定本办法。

第二条 学校总法律顾问是指具有法律职业资格或法学教育背景且具有高校丰富法律事务工作经验、由学校聘任、全面负责本校法律事务工作的正式在编职工。

第三条 学校法律事务处理实行总法律顾问负责制。

总法律顾问在依法治校与普法工作领导小组领导下开展工作,对学校法定代表人负责。

学校组建法律顾问工作组,总法律顾问负责统筹协调法律顾问工作组成员开

---

① 田学军:《全面加强法治工作,推进高等学校治理体系和治理能力现代化》,《中国高等教育》2020 年第 23 期,第 7 页。

展相关法律服务工作。

第四条　学校总法律顾问应当围绕学校中心工作,坚持宪法法律至上,负责学校正确实施国家的法律法规,依法办事,恪尽职守,独立公正的开展工作,注重建立健全学校法治工作体制机制,依法维护学校与广大师生的合法权益。

第五条　学校每年列出专项经费预算,保障学校总法律顾问和法律顾问工作组顺利开展法律服务工作。

第二章　总法律顾问工作职责

第六条　学校总法律顾问由学校聘任,主要承担以下工作职责:

(一)学习贯彻习近平法治思想,研究制定学校法治工作规划、计划并组织实施;

(二)列席学校决策性会议,负责对学校重大决策、重要事项等进行合法性审查和法律风险评估论证,并独立发表法律意见;

(三)负责学校重要规章制度和规范性文件的制定、修订、废止等合法性审查事宜,加快推进现代大学制度建设;

(四)负责统筹处理学校诉讼、仲裁、行政复议等相关法律事务;

(五)负责对学校重大舆情、信访案件、突发事件等处置处理提供法律意见;

(六)指导学校法治工作联络员队伍建设工作,协助相关单位定期开展"法治体检",协助梳理重点领域和关键环节的法律风险,健全完善学校法律风险防控机制;

(七)负责建立学校法律文书清单制度,审查以学校名义出具的法律文书;

(八)为学校和广大师生提供日常法律咨询服务,推动建立健全完善师生权益保护救济机制;

(九)协助开展以宪法教育为核心的法治宣传、培训和实践活动;

(十)协助做好学校领导班子年度考核的述职述法工作;

(十一)完成学校交付的其他法律事务。

第七条　学校总法律顾问做出法律意见建议时,应当充分征求和听取法律顾问工作组成员和相关单位的意见建议,原则上应当以书面形式交付法律服务成果。

第八条　学校总法律顾问应当充分利用现代信息技术手段,加快推进法律事务线上线下并行处理机制,逐步实现"清单化、标准化、网络化、数据化"的法律服务模式。

第三章　总法律顾问聘任与解聘

第九条　学校总法律顾问的聘任条件:

(一)拥护中国共产党的领导,深刻理解和把握习近平法治思想;

(二)身体健康且具有良好的法律职业伦理道德;

(三)具有法律职业资格或受过系统的法学专业教育,且具有丰富法律实务工作经验的学校副处级或副高级以上职务职称的正式在编职工;

(四)熟悉高等教育法律法规,具有较强的组织协调和分析处理法律实务问题的能力;

(五)具备胜任总法律顾问的其他条件。

第十条　学校总法律顾问的聘任程序:

(一)学校人事部门负责考察并提出总法律顾问拟聘人选;

(二)校长办公会会议研究决定;

(三)签订总法律顾问聘用合同,并颁发聘书;

(四)总法律顾问实行聘期制,三年为一个聘期,期满考核合格可以续聘。

第十一条　学校总法律顾问在任职期间出现以下事由或行为之一的,自动解聘或经校长办公会会议研究后予以解聘:

(一)因调任、转任、辞职、退休等原因,不再便于履行总法律顾问职责的,前述事由发生后自动解聘;

(二)履职过程中严重失职、渎职或出现重大失误的;

(三)受到相关党纪、政纪处分的;

(四)被追究刑事责任的;

(五)其他不再适宜继续担任总法律顾问的情形。

第十二条　学校人事部门对总法律顾问实行年度考核和终期评估。年度考核意见和终期评估意见作为总法律顾问是否解聘和续聘的重要依据。

第四章　法律顾问工作组

第十三条　学校法律顾问工作组成员由总法律顾问提出人,报校长办公会会议研究同意后,由法律事务室负责履行聘用手续。聘期一般不超过三年。

学校可以通过政府采购程序,购买相关法律服务。

第十四条　法律顾问工作组成员应当按照聘用合同约定的职责范围,在总法律顾问的组织协调下履行相关职责。

第十五条　法律顾问工作组成员在向学校提供法律服务时,可以依法查阅与学校委托事项有关的工作资料,学校有关单位和部门应当予以协助、配合。

第十六条　法律顾问工作组成员应当认真履行职责,遵守国家和学校的保密制度,不得泄露不应公开的相关信息,最大限度地维护学校办学声誉与广大师生的合法权益。

第十七条　学校总法律顾问每年度应召开不少于 2 次的法律顾问工作组例会,及时通报、总结法律顾问具体工作情况,研判学校法治动态、评估法治效果、优化法治措施,定期向学校党委常委会或校长办公会会议汇报学校法治工作。

第十八条　特殊情况下,需要聘请专家或者律师处理学校法律事务并支付费用时,由总法律顾问报请学校审批。

第十九条　学校法律事务室对法律顾问工作组成员实行年度考核和终期评估。年度考核意见和终期评估意见作为法律顾问工作成员是否解聘和续聘的重要依据。

第五章　附则

第二十条　本办法由法律事务室负责解释。

第二十一条　本办法自发布之日起施行,《鲁东大学法律顾问工作办法》(鲁大校发〔2015〕48号)即行废止。

第三节　保险制度

高校管理的客体包括人、财、物,人既包括本校学生、在编教职工,也包括临时聘用人员;财产涉及预算、收入与支出、政府采购、基本建设项目等诸多具体业务;物则包括教学办公用房、教学实验仪器设备、图书资料、办公设施、校车、体育场等。高校对这些客体进行管理和控制的过程中可能产生各种各样的法律风险,建立高校完备的保险制度是预防、转移、化解这些法律风险的有效手段。

一、保险的法律风险防控功能

风险防控是一个包含风险识别、风险评估、风险应对等诸多内容的过程。随着社会生活中面临的风险因素越来越多,人们想出种种办法来应对风险,风险转移和风险分担即为应对风险的两种较为常见的方法。无风险,无保险。保险是风险管理的一种方法,保险通过风险转移和风险分担能够有效防控法律风险。

(一)风险转移

风险转移是指通过一定行为将自己所面临的风险转移给另一方的行为。风险转移是应用范围最广、最有效的风险预防或管理手段,通过转移风险降低风险对自身的不利和危害程度,最大利益地保障自身利益。现代保险制度是转移风险的最理想方式。高校向保险人缴纳一定的保险费,双方订立保险合同,当出现约定风险并造成损失时,由保险人在合同规定的保险责任范围内对高校承担赔偿保险金责任。如在一起机动车交通事故责任纠纷中,张某作为车辆驾驶员驾驶某高校的一辆小型客车,与骑自行车的王某相刮,造成王某摔倒受伤导致九级伤残。后交警大队出具的道路交通事故认定书认定张某承担此次事故的全部责任,王某无责任。肇事车辆投保交强险和商业三者险,限额30万元,不计免赔,事故发生在保险期间内。双方未就赔偿数额达成一致意见,故诉至法院。最终法院判决保险公司赔偿原告王某各项经济损失218 176.25元。本案中,高校通过提前为校车购买交强险和三责险的方式成功地转移了218 176.25元的风险赔偿责任,而自身在诉讼中未支付任何赔偿费用。

（二）风险分担

风险分担指通过一定行为使自己与他人共担风险的行为。风险分担主要是通过合同行为来实现的,当风险发生时,合同双方按照合同约定分别履行各自义务,共同承担风险。风险分担不同于风险转移,风险转移中因为特定风险被转移,自身往往无需承担该特定风险的损失责任;而风险分担中投保人自身仍应按照合同约定内容或比例承担一定的风险损失责任。风险分担是保险与生俱来的功能,不同类型的保险往往体现出不同的风险分担。如在另一起机动车交通事故责任纠纷中,崔某作为某高校的车辆驾驶员因公出车过程中撞倒2人,2人均有不同程度受伤。交警大队做出的事故认定书,认定崔某负事故的全部责任。后其中1人向法院起诉,要求就290 690.94元的损失进行赔偿。该车辆在保险公司投保了交强险、三责险和不计免赔,其中三责险保险限额为300 000元。因本事故还有一名伤者,按各用50%交强险、三责险赔偿份额,最终法院判决保险公司在交强险限额内承担的赔偿数额为60 000元,在三责险限额范围内承担的赔偿数额为150 000元,高校赔偿的数额为290 690.94-60 000-150 000=80 690.94元。本案中,保险公司仅在约定责任范围内承担赔偿责任,对于超过赔偿限额的责任仍有高校自己来承担。高校通过提前为校车购买交强险和三责险的方式成功地实现风险和责任的分担。

二、我国高校保险制度的发展脉络

受较为落后的风险意识和保险意识的影响,我国高校保险制度发展较晚。20世纪90年代以后,我国的教育保险才从无到有、从小到大。1993年,国务院《批转国家教委关于加快改革和积极发展普通高等教育意见的通知》中提出,要逐步进行校内退休养老保险制度改革,调动广大教职工的积极性。1995年,国家教育委员会、中国人民保险公司在《关于在全国教育系统进一步开展人身保险业务的联合通知》中,决定由中国人民保险公司委托国家教委直属中国华育发展总公司代理全国教育系统学生的人身保险业务。2002年,教育部制定的《学生伤害事故处理办法》规定,学校有条件的,参加学校责任保险。2003年,首届"全国教育行业风险管理服务体系建设"研讨会召开,会议正式提出了建立"教育行业风险管理服务体系"的构想。这一构想和随后的实践探索为我国高校保险制度的发展提供了新的机遇。2005年,上海教委与保险公司联手出台了学生宿舍(公寓)安全综合保险方案。2008年,教育部、财政部、保监会出台《推行校方责任保险的通知》;人力资源和社会保障部办公厅发布《关于印发将大学生纳入城镇居民基本医疗保险试点范围的宣传提纲的通知》。2008年,厦门大学嘉庚学院为已经加入厦门市大学生基本医疗保险体系的学生全额购买补充商业保险。2011年,教育部办公厅印发《关于实施全国职业院校学生实习责任保险统保示范项目的通知》。2012年,教育部在《全面推进依法治校实施纲要》中提出形成以校方责任险为核心的校园保险体制。2019 年,江西省教育厅发布《关于做好 2019—2020 学年教育保险工作的通知》,规定高等学校校责险每学年每生 8 元。回顾我国高校保险制度的发展历程,其呈现出以下发展脉络。

(一)保险对象不断扩大

早期的高校保险对象主要针对教职工,如 1993 年国务院、国家教委和国务院学位委员会、国家教委办公厅发布的有关高校保险工作文件中,提出要建立高校的教职工退休养老保险制度,均未提及学生保险,直至 1995 年,《关于在全国教育系统进一步开展人身保险业务的联合通知》出台后,高校保险制度的发展将更多的注意力放在学生保险制度的构建上。

近年来,随着高校规模的不断扩大和高校后勤管理工作的日益社会化,高校往往需要更多的临时工作人员参与餐饮、宿舍管理、环卫、治安、图书管理、水电维修等工作,而根据《劳动法》《劳动合同法》《社会保障法》的规定,凡是与用人单位建立劳动关系都必须签订劳动合同,依法参加社会保险。因此,高校保险对象从过去的正式在编人员扩大到临时工作人员,一般由校社保中心或人事处联系用人单位为临时工作人员办理保险有关手续。

(二)保险范围和种类不断丰富

早期针对学生建立的不管是学校责任险,还是意外伤害保险,保障的风险往往是学生在校内日常管理中的行为风险,如受教室外墙坠落物伤害、在学校澡堂洗澡摔伤等等。后来发现一些行为发生风险的概率较高,而且随着高校的不断发展,学生学习和活动的范围从校内拓展到了校外,于是保险保障的风险范围扩展至一些特殊行为,如参加体育活动或实习活动、参加全国学生定向越野锦标赛、参加"三支一扶"活动、参加大学生运动会、赴国外做汉语教师志愿者、赴外地参加艺术活动、公派出国留学等。

高校保险制度发展中涉及的保险种类,既有自行购买的商业保险,如为学生购买的学平险、体育意外伤害保险等,又有按照国家相关法律购买的社会保险,如为教职工缴纳的养老保险、医疗保险、工伤保险、失业保险、生育保险等;对学生构建的保险过去较多的是人身意外伤害保险,近些年来为了解决社会反映强烈的大学生因重病、大病无力医治的现象,正在将大学生纳入城镇居民基本医疗保险范围,有条件的高校还对其自主缴费给予补助。

虽然近年来频发的高校法律纠纷让高校逐渐认识到建立保险制度的必要性,许多高校建立了保险制度。但从整体上来看,我国高校保险制度仍有其不成熟的地方。高校规模越来越大,高校师生员工越来越多,而高校办学经费主要来源于财政拨款,为广大师生员工购买保险将会是一笔不小的开支,高额的保险费无疑会给高校带来负担。因此,面临现实利益和保险的选择时,有的险种的购买就变得可有可无,对于派遣人员和临时工作人员的保险则能省则省,保险制度结构不够完善,各高校保险制度发展也极不平衡,影响了保险防控高校法律风险功能的充分发挥。

三、优化高校保险制度结构

优化高校保险制度结构应当在保证学校其他必要资金投入的前提下,尽量覆盖高校容易产生法律风险的领域,通过建立对财物和人员的全面保险制度,利用不同险种间的相互补充作用,尽可能地减少高校可能遭受的风险和损失。

（一）健全与高校财物有关的保险制度

1. 充分发挥校车保险作用

校车是高校开展教学、科研、行政管理、后勤保障服务等活动的重要交通工具。近年来,随着高校事务的繁多和业务的扩展,高校校车的保有量也在增加,有的动辄几十辆;车辆的类型也越来越多样化,有大中小型客车、小型轿车、商务车、中巴等等;车辆用途也越来越详细,除了应用于学校组织参加的大型会议、学术交流、考察调研、科研活动、学校各校区间事务处理通勤外,有的学校还专门购置用于治安警卫的 110 巡逻车、用于医疗救护的 120 急救车、用于校园建设和绿化的洒水车、用于特殊使用的牵引车和机要通信车等特种专业技术用车等等。

高校校车在使用中不可避免地可能因驾驶员操作不当、疏于注意等原因造成他人人身、财产的伤亡或损失,从而将高校推上被告席,给高校带来直接的法律危机。在"北大法意"平台,以 2015—2020 年为限定条件,检索到的因高校校车引起的交通事故侵权司法案件百余件,涉及北京、上海、陕西、湖北、安徽、广西、江苏、山东、甘肃等多地的高校,涉及赔偿金额从几万到十几万、几十万到百十万不等。高校校车所造成的交通事故已经成为高校一个重要的法律风险点,建立完善的高校校车保险制度是防控此类风险的重要举措。当然,车辆保险的险种繁多,高校可自由选择,但至少应当包括以下几种保险。

（1）交强险。交强险是指由保险公司对被保险机动车发生道路交通事故造成本车人员、被保险人以外的受害人的人身伤亡、财产损失,在责任限额内予以赔偿的强制性责任保险。① 交强险是一种强制性的第三者责任保险,我国交强险在全国范围内实行统一的责任限额。过去交强险赔付最高为 12.2 万元,其中包含死亡伤残赔偿限额 11 万元,医疗费用赔偿限额 1 万元,财产损失赔偿限额 2000 元。2020 年 9 月 19 日,中国银保监会发布《关于实施车险综合改革的指导意见》,提高了交强险责任限额,从最高 12.2 万元提高到 20 万元,其中死亡伤残赔偿限额从

---

① 《机动车交通事故责任强制保险条例》第三条规定。

11 万元提高到 18 万元,医疗费用赔偿限额从 1 万元提高到 1.8 万元,财产损失赔偿限额维持 2000 元不变。可见,交强险的赔偿数额有限。如果高校校车所造成的伤亡和损失较小,就可以在交强险赔偿限额内解决纠纷。

(2)第三者责任险。第三者责任险的保险责任是对于被保险人或其允许的合法驾驶员在使用被保险机动车过程中发生意外事故,致使第三者遭受人身伤亡或财产直接损失,依法由被保险人承担的损害赔偿责任。[①] 第三者责任险又称为"商业三责险",是一种非强制性的保险,由投保人自由购买,每次事故的责任限额,由投保人和保险人在签订保险合同时按不同的档次协商确定。交通事故发生以及所造成损失和伤害具有较强的未知性和不可预测性。因校车造成的人身伤害中,有的高校最后的赔偿金额高达百十万,仅购买交强险不足以帮助高校全面对抗校车事故的赔偿风险,因此,作为对"交强险"的一种补充,很多高校会根据自己的财政预算和对风险的评估,同时选择为其校车购买"商业三责险",以增强应对交通事故责任风险的能力。

(3)车损险及其他附加险。高校校车在使用中如因他人侵权行为被损害,可以通过协商、诉讼等方式从侵权人那里获得赔偿。但如果因自身原因如超速驾驶发生交通事故造成他人人身伤害的同时引起的自身车辆的损失,只能自己承担后果。但如果校车购买了车损险,则可将这种风险转移,由保险公司对车辆因意外导致的碰撞、倾覆等损失承担赔偿责任。车损险所承保的风险是特定的,而对于像玻璃单独破碎、车身划痕、车被盗抢、发动机进水后再次启动发动机等所造成的损害往往不属于车损险的承保范围,因此,高校可以根据自身情况在基本车损险之外另行购买这些方面的附加险,以降低风险。

当然,建立了完善的保险制度也并不意味着高校在校车管理和使用方面可以高枕无忧。要将校车使用的法律风险降到最低点,还需要高校同时做好几个方面的工作:首先,严格界定公务使用车辆和公车私用,只有在公务使用车辆时才能启动保险诉求和索赔程序,坚决排除高校为某些人公车私用所造成的赔偿买单。其次,制定严格的校车使用管理规定,规范驾驶员的素质和上岗条件、公车使用程序,界定公务使用范围,等等,降低发生风险的系数。最后,高校应全面履行保险合同内容,当发生保险风险和事故后,积极配合协助保险人调查、勘察,同时积极行使自身的保险求偿权,维护高校的合法保险利益。

2. 重视发展基础设施公众责任保险

近年来随着人们生活水平的提高,人民群众对文化、体育等业余生活的重视和要求越来越高,而城市公共文化体育设施的匮乏显然满足不了广大人民群众的迫切要求。为了有效缓解这一矛盾,教育部会同体育总局 2017 年印发《关于推进学

---

① 贾林青:《保险法》,中国人民大学出版社,2015 年版,第 161 页。

校体育场馆向社会开放的实施意见》。中共中央、国务院 2019 年印发《关于深化教育教学改革全面提高义务教育质量的意见》，其中明确提出鼓励地方向学生免费或优惠开放公共运动场所。许多中小学积极响应号召，向社会开放了运动场所。与中小学相比，高校有着更为集中的资源，丰富的馆藏图书、标准的体育场地和专业的体育场馆及设备、大型科学仪器设备和设施等。如何在积极响应中央号召的同时，在保证学校正常教学秩序和校园安全的前提下，实现这些资源的共享，是高校面临的一大难题。地方政府和高校对此积极进行探索。2012 年，首都图书馆联盟正式成立，北大、清华等 34 所高校的图书馆向社会开放。2015 年，广州市发布学校体育设施向社会开放名录，其中可见广州大学在不同的时间点向社会开放包括篮球场、排球场、网球场、田径场、游泳池等在内的室内外场馆。2016 年，黑龙江省发布《普通高校体育场馆向社会开放工作试行办法》，要求有条件的学校每天开放体育场馆时间应不少于两小时，公众可凭学生证、身份证等有效证件进入，不遵守规定的将被拒绝进入。同年，南京理工大学泰州科技学院、江苏农牧科技职业学院、泰州职业技术学院等 5 所高校的 60 多套仪器设备，通过泰州高教网向其他科研院所、企业、社会研发组织等社会用户开放共享。高校文化体育设备、设施和场地向社会开放的同时也带来了一定的风险，如因这些设备、设施和场地的管理和使用不善，对社会人员造成伤害，高校要承担一定的法律责任。

公众责任保险是指在保险期间内，被保险人在保险单明细表列明的地点范围内，合法从事生产、经营等活动时发生意外事故造成第三者人身伤亡或财产损失，依法应由被保险人承担的经济赔偿责任，保险人按照保险合同约定负责赔偿。[①] 这种保险可广泛应用于工厂、办公楼、旅馆、住宅、商店、医院、学校、影剧院、展览馆等各种公众活动的场所，另外其还可以附加场所内的游泳池、电梯等特殊的责任保险条款。高校可以通过购买公众责任保险或公众责任保险附加特殊责任保险的方式，将因对外开放的设备、设施和场地的管理和使用不善而需对第三人承担的赔偿责任转移，减少自身的损失。如在邓某和某大学的一起生命权纠纷案件中，邓某在该大学办理游泳卡并多次使用。2015 年的一天，邓某在游泳馆内深水区溺水，该水域救生员陈某下水将其救上岸，并和其他同事对其救治，后拨打 120 急救，但最终邓某经抢救无效死亡。邓某父母将该大学起诉至法院，请求法院依法判决某大学赔偿共 616 195 元。法院经审理认为，对于本案的发生以邓某自行承担 70%，被告某大学承担 30% 的责任为宜，判决由被告某大学赔付原告 191 858.50 元。因该大学投保了公众责任险，这笔费用最终由保险公司赔付给原告。为了最大限度减少对外开放基础设施所带来的法律风险，高校还应对这类设备、设施和场地严格管理和规范使用，注意设置体育器械使用方法指示牌和安全警示标识，张贴安全

---

① 来源于中国人寿财产保险股份有限公司《公众责任保险（A）条款》的规定。

须知,指导公众正确使用体育设施,并要指定专人对体育设施进行检查,对设备、设施、场地进行定期的维护和维修等,防范因履行管理责任不到位引发的损害纠纷。

3. 加大高价值仪器设备保险投入

仪器设备是高校办学最重要的物质条件保障之一,高校教学、科研、人才培养中需要大量的教学、科研、办公仪器设备,如仪器仪表,机电设备,电子设备,印刷机械,卫生医疗器械,文体设备,标本模型,文物及陈列品,工具、量具和器皿,家具,行政办公设备等。随着我国高等教育的快速发展,国家对高等教育实验室的投入不断增大,高校拥有的仪器设备数量越来越多,其中包括许多大型、贵重、精密的高价值仪器设备。通过高校大型仪器设备开放共享网络服务平台,可以查询到如重庆大学共享的仪器设备达 1 082 件,其中价值 100 万以上的有 147 件,价值几十万的占一半以上;广西大学共享的仪器 769 件,100 万元以上 199 台(套),1 000 万元以上3 台(套)。如此多的仪器设备特别是贵重仪器设备在购买、使用和共享使用、拆卸、运输、搬迁、储存的过程中,都有可能出现损害或故障,影响其功能和效用的发挥,一旦出现毁损,对于高校来讲无疑是严重的损失。因此,对于这些高价值的仪器设备,建议高校积极购买财产保险,通过财产保险降低在此项目上的法律风险。

(二)着力完善与高校学生有关的保险制度

1. 积极投保校方责任险

校方责任保险是指在校内或学校统一组织并带领下的校园活动中,由于疏忽或过失导致的注册学生人身伤亡或财产损失,学校应当承担经济赔偿责任的,通过学校投保,由保险人负责赔偿的一种保险制度。① 2000 年,中国保险监督管理委员会批准"校园方责任保险条款"并开始推广宣传。2001 年,国内第一单校方责任保险诞生于上海。随后校方责任保险在中小学和中等职业学校普遍推广开来。2015年教育部出台《学校体育运动风险防控暂行办法》、2019 年教育部等五部门《关于完善安全事故处理机制维护学校教育教学秩序的意见》的相关规定②为高校校方责任保险的建立提供了新的政策依据。许多保险公司专门推出了针对高校的校方责任保险。从中国银行保险监督管理委员会官网的备案记录来看,近年来备案的高等教育校方责任保险产品不断增多,其中由中国平安、阳光财产、中国人民财产、天安财产这几家保险公司备案的高等教育校方责任保险数量就多达十几种。

---

① 2000 年 10 月 8 日由中国保监会核准备案《校方责任保险条款》的第二条。

② 《学校体育运动风险防控暂行办法》第二十条规定"教育行政部门和学校应当健全学生体育运动意外伤害保险机制,通过购买校方责任保险、鼓励家长或者监护人自愿为学生购买意外伤害保险等方式,完善学校体育运动风险管理和转移机制";《关于完善安全事故处理机制维护学校教育教学秩序的意见》提出"学校或者学校举办者应按规定投保校方责任险,有条件的可以购买校方无过失责任险和食品安全、校外实习、体育运动伤害等领域的责任保险。"

近年来,随着高校的扩招,在校大学生的数量越来越多。大学校园的管理较为宽松和自由,大学生不仅会面临校内的危险,也可能面临校外的危险,高校校园事故和意外伤亡随时可能发生,情况不容乐观。当事故和伤亡发生后,随着公民法律意识的提高,更多的学生和学生家长会通过诉讼的方式维护自身的合法权益。这时,高校不仅将负担高额的赔偿金,而且将面临学校声誉受影响的风险,在牵扯大量的时间、精力处理法律纠纷过程中,学校的教育教学秩序的正常运行也将受到一定的破坏。建立完善的高校校方责任保险制度势在必行。通过采招网的招标公告,也可以看到河北大学、广州大学、长春师范大学、郑州轻工业大学等数百所高校通过招投标的方式购买高校校方责任保险。校方责任险是很多高校主推的学生保险,高校在购买校方责任险的同时,应注意以下几个问题:

(1)纠正已经购买学平险就不需要购买校方责任保险的错误认识。校方责任保险和学生平安保险不同。学生平安保险是学生自愿购买的,受制于学生家长对保险的认识不足等因素制约,可能出现投保率低的情况;学生平安保险的投保人和被保险人是学生,受益人是学生或其近亲属。校方责任保险是学校或教育管理部门购买,一般会为某一范围内的全体学生购买,其覆盖面比较广;校方责任保险的投保人、被保险人和受益人是学校。可以说,学生平安保险转移的是学生的风险,而校方责任险转移的是学校的风险。因此,当高校因侵权行为造成学生的损失时,即便学生购买了学平险,仍免除不了学校的民事赔偿责任,学生仍可以向未购买校方责任险的高校直接行使追偿权;如果高校购买了校方责任险,则只需对超出协议的校方责任险赔偿限额之外的金额进行赔偿。

(2)明晰校方责任险承保范围的限定性。高校责任保险承保高校因疏忽或过失所导致的损害赔偿责任,校方无过错行为或校方故意致损行为均不可获得赔偿。如2016年发生的一起案例中,杨某是北京某高校的学生,2013年9月在参加学校组织的军训活动中摔倒,左膝关节肿胀,疼痛不适,后经军医诊断为韧带拉伤。2015年3月杨某左膝疼痛剧烈,经积水潭医院诊断为膝前交叉韧带损伤,膝内半月板损伤,并进行了手术治疗。杨某认为与军训受伤有关,与学校多次协商赔偿事宜,但未达成一致,故起诉。最终法院认定学校组织军训行为不存在过错,因此学校和保险公司都不承担赔偿责任。由此可见,只要校方尽了教育管理保护职责,校方就不承担责任。另外,校方故意行为,如校方的默许或者放任教职员工体罚、殴打学生行为,校方知道其教学设备不安全但仍然继续使用等行为造成学生伤亡的,保险公司同样不负赔偿责任。不同保险公司提供的校方责任保险的范围不同。有的保险公司仅承保学校对学生的人身伤害赔偿责任,不包括财产损害;①有的既

---

① 中国太平洋保险公司(备案)的[2009]N399号《校(园)方责任保险附加校(园)方无过失责任保险条款》。

对人身伤害赔偿责任承保,也对财产损害赔偿责任承保。① 近年来,随着国民经济的快速发展,人民的生活水平不断提高,在校大学生的生活费逐年提高,生活学习用品的价值也不断提高,像手提电脑、手机等已成为大学生的日常用品。由于大学校园管理的复杂性,加之大学生防范意识较差,校园失窃案件时有发生,如 2019 年12 月 14 日,南宁市某高校宿舍内的 7 台电脑和 4 台 iPad 一夜间被小偷洗劫一空,另外,像火灾、建筑物掉落等意外也会造成学生财产极大损失。如果校方存在过错,而校方责任保险条款不承保财产损失赔偿责任,这无疑会增加学校的赔偿支出。高校在购买校方责任险时,应尽量购买既对人身伤害赔偿责任承保,也对财产损害赔偿责任承保的责任险。校方责任险仅针对注册学生的人身或财产损失,不包括学校教职员工的人身或财产损失,也就是说,如果学校教职员工在校内或学校统一组织的活动中,由于学校疏忽或过失而导致人身伤亡或财产损失,即便学校购买了校方责任险,学校应当承担的经济赔偿责任也不能由保险公司负责赔偿。学校要减轻自身对教职员工的赔偿责任,只能另行购买其他保险,如教职员工校方责任保险。

(3)解决"校闹"需在校方责任险外附加校方无过失责任险。校方责任险并不能转移高校所有因学生伤亡而承担的赔偿责任。不少学生伤害案件虽然发生在校园内或学校组织的集体活动中,但校方并无过失,如学生因自然灾害、学生自身原因、学生体质差异、校外的突发性侵害而导致学生发生人身伤亡,学校已履行相应职责,行为并无不当,本不需承担责任。但有些家长虽然已经通过校方责任险获得赔偿,却认为拿到的钱是保险公司赔偿的,学生是在学校死亡的,属于学校监管不力,校方仍存在不可推卸的责任,学校也需要额外赔偿,正是由于学生家长和学校在责任界定上的较大分歧,甚至引发"校闹",影响到学校正常教学秩序和安定稳定。如 2018 年 11 月,湖南某高校一女生系因恋爱纠纷导致情绪过激跳水身亡,当地公安机关及政府有关部门根据调查,明确了学校无过错,学校不承担民事赔偿责任,并向家属通报了相关情况。但死者家属并不接受,向学校索要 200 万元。当地政府积极组织多次协调,家属不配合地方政府的调处,不听劝导、无理取闹,在调解中多次擅自离场,还歪曲事实,擅发微博煽动"民怨",甚至还做出了围堵校门、堵塞交通、拉横幅标语、抱遗像示威要挟等行径。在这种情况下,很多高校不得不赔钱息事,给予道义上的救助。2019 年,教育部等五部门出台了《关于完善安全事故处理机制 维护学校教育教学秩序的意见》围绕依法治理"校闹",提出了一套共治格局的完整治理体系,但这不能完全杜绝高校的无过失赔偿。针对无过失赔偿,可以在校方责任险外附加校方无过失责任险,通过"双管齐下",引入社会力量来提高学校的风险处置能力,完善校园意外伤害事故的应急管理机制,实现对在校生更全面的保护。

---

① 中国平安财产保险公司(备案)的[2009]N66 号《平安高等教育校方责任保险条款》;永安保险(备案)[2009]N43 号《校方责任险及其附加险条款》。

2.高度重视校外活动保险

随着我们对高等教育人才培养质量要求的提升,加强大学生实践能力、创新能力成为很多高校人才培养目标的重点,大学生参与的校外活动也越来越多。实习在很多高校教学中地位越来越重要,实习基地和单位选择在外地非常普遍,实习次数和学时在不断增加,形式也更加多样化,特别是职业技术类高校,实习的时间较长,有的长达半年甚至更长时间,另外,大学生参加校外的比赛机会也越来越多,如大学生运动会、大学生田径锦标赛、大学生足球赛、CUBA 大学生篮球联赛等体育比赛,数学建模大赛、电子设计大赛、大学生广告创意大赛、机器人足球锦标赛等学科竞赛等。大学生参加校外活动机会的增多,使得校外安全事故也不断地上升。如实习中在实习单位摔伤、在实习单位租住房屋死亡、实习上下班中出交通事故、实习中被机器伤或因机器爆炸死亡、实习期间溺水、参加实习单位统一活动死亡;代表学校参加校外篮球等体育比赛扭伤、撞伤、骨折甚至死亡等。这样的事故发生在校园之外,直接侵权人往往是学校之外的实习单位、第三人、承办比赛或竞赛的单位等,涉及关系和责任认定较为复杂,学生维权困难。因为实习和校外比赛都是学校安排和组织的,事故发生后,学生及其家长要求学校承担责任的诉求很高。校外活动事故纠纷如果得不到妥善解决,将直接影响到学校组织、鼓励学生参加校外活动的积极性,同时对高校人才培养质量的提升也将产生不利的影响。

校方责任险不能有效的转移学生校外活动风险。校方责任险是否将实习、参加校外比赛等特殊校外活动纳入承保范围,各保险公司规定有所不同。很多保险公司未明确规定,只是笼统地规定校方责任险承保学校组织的校内外活动风险。有的虽规定可以承保,但承保范围有限。① 另外,校方责任保险仅承保高校因疏忽或过失所导致的损害赔偿责任,而在一些司法纠纷中,学校安排的活动并未超出学生的承受能力,学校在活动前对学生也进行必要的安全教育、采取了安全防护措施,仍发生了学生意外伤亡的事故,学生或学生家长最终起诉高校,要求赔偿,因此,要妥善地处理学校和学生的纠纷,建立有效的法律风险防控屏障,高校需要在校方责任险之外,为学校组织的特殊校外活动如实习、参加校外比赛等额外加上一把"安全锁",购买校外活动保险。高校校外活动保险的发展应注意:

(1)加大实习责任保险在非职业普通院校的推广。实习责任保险最早出现在职业院校,2011 年教育部组织相关保险经纪公司制定全国职业院校学生实习责任保险"统保示范项目"以来,在职业院校普遍开展起来。2019 年,教育部发布《关于

① 阳光财产保险公司校方责任险承保包括"学校组织安排的实习、劳动、体育运动等体力,活动超出学生一般生理承受能力","学校组织教育教学活动,未按规定对学生进行必要的安全教育的","学校组织教育教学活动,未采取必要的安全防护措施的";人民财产保险公司校方责任险承保"被保险人组织学生参加校外活动,未按规定对学生进行必要安全教育,并未在可预见范围内采取必要安全办法"。

加强和规范普通本科高校实习管理工作的意见》①为其他非职业普通院校开展责任保险工作提供了政策指引。高校应提高实习责任保险参保意识,积极加强与保险公司间的沟通交流,开发覆盖面广、保障全面、能满足灵活需求的实习责任保险,有效转移高校风险。

(2)重视学生参加非体育类比赛的人身意外伤害保险。我国早在1997年出台的《全国学生体育竞赛管理规定》中就明确规定:参加比赛的各队必须按要求办理全队人员比赛期间阶段性人身保险,否则不得参加比赛。后很多地方,如河南、湖南等地出台规范性文件再次强调学生的比赛保险,有些高校如浙江大学等也出台学生参加体育比赛的预案或管理办法,要求为学生购买比赛保险。目前来说,一些大型比赛规程均要求为所有领队、教练、运动员购买包含往返途中及比赛期间的保险,报名时必须向组委会提交保险单据,否则不允许参加比赛或责任自负。可以说,高校已具备为学生体育类比赛投保的良好环境,应将注意力更多地放在非体育类比赛的保险制度构建上,以有效化解高校延伸教育中难以避免的安全事故及其导致的损害赔偿风险,解除高校的后顾之忧,为学校安全和风险管理保驾护航。

3.引导学生购买平安意外伤害险

学平险又称学生平安保险,是向在校学生提供意外伤害保障、疾病身故保障、意外伤害医疗保障以及住院医疗保障的一个险种,属于人身意外伤害保险的一种。近年来,随着国家社会保障体系的完善,大学生也纳入了城镇居民基本医疗保险体系中。虽然大学生医保的保障内容与学平险的有些保障内容重复,但是学平险仍有其不可替代的优势,那就是其不仅承保学生的意外或疾病所产生的医疗费用,还对学生意外死亡承保。意外死亡事故中,很多高校往往需要承担一定的责任,学生意外死亡也往往成为高校校园事故中最容易引起法律纠纷的隐患。当隐患发生时,如果学生的利益通过校方责任险得不到保障,则可能继而引发学生及其家长和学校之间的矛盾和纠纷,将学校推入司法诉讼程序;相反,如果既有校方责任险又有学平险的保障,学生受到的损失能够及时通过保险得到补偿,学生利益能够得到最大程度的保护,则可大大降低学校的法律风险,因此,学平险仍然是高校校方责任险的有益补充。构建高校学平险制度,应注意以下几点:

(1)加强引导。学平险的购买人是学生,投保采取自愿参保原则。但由于部分学生和家长风险意识薄弱,对保险的重要性认识不到位,存在侥幸心理,大学生"学平险"投保率较低。针对这种情况,高校应做积极宣传、引导、鼓励,通过讲座、网络等多渠道对学平险进行推广和普及。

(2)注重管理。各类保险公司业务人员为了挖掘学校保险市场资源,往往会想方设法取得准入资格,投保问题已经成为学校重要的廉政风险点之一。严禁学

① 《关于加强和规范普通本科高校实习管理工作的意见》指出"实习前,高校应当为学生购买实习责任险或人身伤害意外险。"

校强制购买学平险,或变相强制学生购买学平险如将学平险与其他保险产品捆绑销售或将学杂费搭车收取保险费等等。严禁保险公司以坐扣保费、违规支付手续费或佣金、虚列费用等形式,向学校支付与办理学平险有关的费用或给予其他利益。

(3)协调理赔。学平险的直接受益人虽然是学生,但是学校通过引导学生购买学平险,也降低了自身的法律风险,学校也是学平险的受益者。理赔是保险工作的关键,害怕投保容易理赔难是很多人在购买保险时主要担心和忧虑的问题,特别是在突发事件或者是疾病缠身之时,作为弱势群体的学生们更需要保险理赔上的指导。因此,高校要积极地发挥自身在保险公司与学生之间的桥梁作用,确保双方沟通的及时与高效,让学生和家长少走弯路,积极促成保险费的快速、高额、顺利赔付。

(三)扩大与高校教职员工有关保险的覆盖面

目前高校工作人员的编制分为两种,即事业编和临聘人员或者称作合同工,一般将这两类人员统称为教职员工。高校教职员工既是高校管理的对象,又是高等教育的重要参与者,在教学、管理、后勤服务等领域发挥着不可替代的作用。高校教职员工和高校间发生的矛盾和纠纷更加复杂,既有可能是学校侵权行为引发的教职员工生命权、健康权、财产权纠纷如高校教师在实验教学中被炸伤、工作期间滑倒摔伤、上班途中发生交通事故、参加校方组织体育比赛受伤、停在校园的车辆被掉落的墙体砸中;后勤人员在校园疏通管道时受伤、维修走廊灯时遭电击从高处坠落等等;也有可能是学校在对教职员工进行人身管理过程中产生的纠纷如确认劳动关系、工资支付、劳动经济补偿金支付、社会保险待遇纠纷等,完善和高教教职员工有关的保险制度,是防范和缓解这些法律纠纷的重要机制。

1.重视教职员工社会保险

《劳动法》第七十二条规定:社会保险基金按照保险类型确定资金来源,逐步实行社会统筹。用人单位和劳动者必须依法参加社会保险,缴纳社会保险费。2014年《事业单位人事管理条例》第三十五条规定:事业单位及其工作人员依法参加社会保险,工作人员依法享受社会保险待遇。可见,劳动关系存续期间,为劳动者缴纳社会保险是高校的法定义务,不得放弃或者自由处分。这里的"劳动者"既包括事业编人员,也包括临聘人员或者合同工。社会保险包括养老保险、医疗保险、工伤保险、失业保险和生育保险,也就是常说的"五险一金"中的"五险"。在司法案例中,有些高校对临时聘用的合同工如保洁、电工、维修工、门卫、司机等未签署书面劳动合同,也未缴纳社保,导致临时工遭受工伤无法享受工伤保险待遇;有些高校因单方面解除和教职员工的劳动合同从而引发双方的社保纠纷;有些违反规定以工资的形式将社会保险费直接支付给劳动者,导致他们退休后却无法享受养老保险待遇、生育孩子不能享受生育保险待遇、看病不能享受医疗保险待遇等等。因此,依法参加保险,缴纳社会保险费用,是高校的法定责任和义务,也是有效协调校方和教职员工关系的良好药剂,是规避高校法律风险的有力途径。

2. 加大教职员工校方责任险投入

教职员工的伤亡事故是引发高校和教职员工纠纷的重要诱因。许多伤亡事故中,高校都承担一定的责任。但是,一般的校方责任险针对的是注册学生,不包括教职员工;而社会保险中的工伤保险制度,规定了即便高校在替职工缴纳工伤保险前提下,仍要承担部分的损害赔偿。① 这就意味着当高校教职员工出现事故伤亡时,高校仍免不了要付出实质的赔偿。为了规避这一风险,各保险公司分别开发了专门针对教职员工的教职员工责任保险,如永安财产保险公司、中国平安保险公司等。教职员工校方责任险针对高校教师、实习教师、后勤员工、临时工等,将他们在工作时间或工作场所内因工作原因受到事故伤害、患职业病、在上下班途中遭受交通事故伤害等风险纳入承保范围,减少了教师职业的后顾之忧,同时为全面转移校方安全风险提供了必要的帮助。

第四节　第三方调解制度

调解制度被认为是极具特色的东方法律制度,在我国有着悠久的传统,据说早在西周的铜器铭文之中便有调解的记载。调解根植于中国的社会生活和传统文化之中,并在实践中得到不断完善和发展。目前,调解已经形成包括法院调解、行政调解、仲裁调解、人民调解、行业性专业性调解等多种形式的社会制度,有些地方还在探索建立统筹各类调解力量,形成优势互补、融合发展、综合发力的"大调解"工作机制。中国的调解制度由于符合我国法文化传统及民众的价值观,兼之速度快、成本低、效果好等特点,在多元化纠纷解决方式中的地位越来越重要,长期以来在解决纠纷、维护社会秩序和稳定方面发挥了不可替代的重要作用。近年来高校法律纠纷频发,处理不当还会引发"校闹",将第三方调解制度引入高校法律风险防控机制,对于有效化解高校法律纠纷,推动高校法治工作改革创新具有重要意义。

一、第三方调解制度在我国的发展

(一)第三方调解制度在其他领域的发展

第三方调解制度被广泛地应用于解决医患纠纷。早期解决医患纠纷的调解形式主要是法院调解和行政调解,2000 年 8 月全国首家成立的北京卫生法研究会医

---

① 《工伤保险条例》第三十九条规定。

疗纠纷调解中心,经民政部门审批创建,以"第三方"身份对医患纠纷进行调解,紧接着,上海、山西、南京、深圳、天津、河南、厦门等地先后进行了医患纠纷第三方调解制度的早期探索和尝试。2009 年,卫生部发布《关于进一步加强医院安全管理工作的通知》中提到要积极推进建立医患纠纷第三方调解机制,从此,医疗纠纷第三方调解委员会作为医疗纠纷的一种非诉讼解决方式逐步在全国范围内推广。2010 年,卫生部等发布《关于加强医疗纠纷人民调解工作的意见》,明确了我国医疗纠纷人民调解工作的组织管理、运行保障、队伍建设和业务要求。党的十八届四中全会,明确提出要完善和健全社会矛盾纠纷预防化解机制,使纠纷解决机制多元化,为医患纠纷第三方调解制度提出了新的发展机遇。到 2018 年,医疗纠纷多元化解机制中,医疗纠纷人民调解成为主要渠道,每年超过 60% 的医疗纠纷通过人民调解方式化解,调解成功率达到 85% 以上。同时,医疗纠纷人民调解组织达到6 400 余个,基本实现县级区域全覆盖。① 2018 国务院出台《医疗纠纷预防和处理条例》,将人民调解解决医患纠纷的实践经验上升为法律制度。实践证明,多年来第三方调解制度在医疗领域如火如荼地开展,对于预防和妥善化解医疗纠纷方面发挥了重要作用。

　　第三方调解制度在其他领域也悄然兴起。在交通管理领域,2011 年,葫芦岛市公安局交警支队事故处理大队设立人民调解员办公室,邀请"第三方"律师参与事故赔偿调解工作。在银行业,面对金融消费纠纷,2013 年,中国人民银行部署济南分行等部分分支机构先行先试,研究探讨非诉解决方式,后来,上海、深圳、四川等地先后设立以独立第三方调解为主要功能的调解组织,为广大银行业消费者解决实际问题。2015 年,中国人民银行、工业和信息化部、公安部联合发布《关于促进互联网金融健康发展的指导意见》,提出在互联网金融纠纷中,构建第三方调解制度。在保险业,2014 年,黑龙江省保险行业协会成立了"黑龙江省车辆定损争议第三方调解委员会",为保险消费者提供争议调解服务。在物业服务纠纷方面,2015 年厦门市政府《厦门市物业管理若干规定实施细则》强调鼓励建立物业服务纠纷第三方调解制度。有些地方更是将第三方调解制度作为一种新的社会治理模式写入规范性文件或立法,如 2016 延安市《"十三五"社会治理能力发展规划》提到"各级司法行政机关要建立健全第三方调解等制度"。2017 年福建省出台《福建省多元化解纠纷条例》规定"县级以上地方人民政府应当创新多元化解纠纷机制,整合资源,充分发挥第三方调解作用,形成纠纷化解合力,提高对重点领域多发纠纷的预防和处置能力。"

---

　　① 国家卫生健康委员会 2018 年 9 月 7 日例行新闻发布会文字实录 http://www.nhc.gov.cn/wjw/xwdt/201809/fbe20bbdd4d64458a16d1f7afdf69a67.shtml。

（二）第三方调解制度在教育领域的发展

在教育领域,第三方调解最早被应用于足球等体育运动造成的学生人身伤害事故纠纷中。2015 年贵州省教育厅发布的《省体育局关于启动全省校园足球四级联赛的通知》提到"探索建立学生运动意外伤害事故第三方调解机制",随后河北省、抚州市、淄博市、绍兴市、铜州市、甘肃省、安徽省、福建省、陕西省、山东省等地市先后推出政策,推行学生体育安全事故或学生人身伤害事故的第三方调解工作。2016 年国务院办公厅发布《关于强化学校体育促进学生身心健康全面发展的意见》,提出"鼓励各地政府试点推行学生体育安全事故第三方调解办法。"此后,教育部门积极探索第三方调解解决其他教育纠纷,2016 年浙江省教育厅在《关于深入推进依法治教的若干意见》中提出"鼓励各地探索建立第三方调解机构,处理学校与师生之间的权益纠纷"。2020 年教育部《关于进一步加强高等学校法治工作的意见》中在"完善学校法律风险防控体系"中提出"推动建立第三方调解制度和校方责任险、学校安全综合险、意外事故伤害险等保险制度,健全师生人身伤害事故纠纷的预防、处置和风险分担机制。"

二、第三方调解的界定

第三方调解制度已经成为众多领域解决纠纷的重要选择,尤其是在医疗领域该制度得到大力推行。然而,纵观第三方调解制度的发展历程,发现第三方调解却存在理解上的模糊不清和较大差异,理论研究中也鲜有对第三方调解概念进行界定的,这将给制度的推广和移植带来较大的障碍,因此,理清第三方调解的内涵和外延是开展有关研究和实践工作的基础。

（一）调解

调解是指通过说服教育和劝导教育,在查明事实、分清是非和双方自愿的基础上达成协议、解决纠纷。[1] 调解和和解、调解和仲裁是两对极易混淆的概念,这里有必要首先理清它们的界限。

1. 调解不同于和解

和解是诉讼中双方当事人通过协商,达成协议,解决争端。[2] 和解也是我国一项重要的法律制度,不仅包括民事诉讼、刑事诉讼、行政讼诉中的诉讼和解,还包括诉讼外的和解。调解不同于和解,调解有中立的第三方介入,是在第三方的主持下进行的,调解协议的产生往往会受到第三人的影响,甚至在一定程度上体现第三人的意志;而和解是双方当事人自己进行的,过程和结果均取决于当事人的意思自

---

① 辞海编辑委员会:《辞海》,上海辞书出版社,1990 年版,第 453 页。

② 辞海编辑委员会:《辞海》,上海辞书出版社,1990 年版,第 1959 页。

治,因此常称为"自行和解"。

2.调解不同于仲裁

仲裁亦称"公断"。由当事人双方以外的第三者对民事、经济、行政等争议做出裁决。第三者可以是仲裁人,也可以是仲裁机构。① 和调解制度根植于中国社会不同,仲裁制度主要来源于西方社会。仲裁和调解的不同主要体现在:一是,第三方的作用不同。调解中,调解的第三方所起的作用主要是协助、疏导、促成,调解协议的达成最终取决于当事人双方的共同意愿,第三方的建议和意见只有被双方采纳时才具有拘束力;仲裁中,仲裁的第三方拥有独立的裁判权,按照仲裁程序独立审理、独立裁决,裁决书无须当事人同意。二是,决定生效时间不同。调解中,调解协议须经双方当事人签收后才发生法律效力,在签收前允许当事人反悔,一旦反悔,原来达成的调解协议即无效。仲裁中,裁决书一经做出便立即发生法律效力,无须当事人签收,也不允许当事人反悔。三是,决定的法律效力不同。调解书除了少数如《中华人民共和国民事诉讼法》(以下简称《民事诉讼法》)所规定的法院做出的调解书和《仲裁法》所规定的仲裁员调解成功后制作的调解书之外,一般没有法律上的强制执行力,调解书所规定的双方权利义务的兑现,主要靠当事人的诚信。仲裁裁决实行一裁终局,裁决做出后,具有法律强制性,双方当事人一般不能重新申请仲裁或向人民法院起诉。当一方当事人不愿履行裁决时,有关当事人可向法院申请强制执行。

(二)第三方

第三方是指发生矛盾和纠纷的双方当事人之外的第三人,他在调解中担任调解的主持人。从广义上来讲,第三方调解中的第三人可以是当事人之外的任何人,可以是法院、行政机关这样的国家机关,可以是仲裁机构、人民调解组织这样的普通社会组织,也可以是当事人双方认可的正直有威望的长辈或贤良人士等等。从狭义上来讲,第三方调解仅指某一类或某几类主体进行的调解,如医疗领域内的第三方调解往往指的是普通社会组织参与的调解,而且多数情况下其范围更狭窄,仅指社会组织中的人民调解组织参与的调解。

(三)高校法律风险防控机制中的第三方调解

高校法律风险防控机制中对第三方的理解宜采用狭义的概念。首先,第三方不适宜包括个人。个人作为第三方进行的调解往往适用于纠纷相对简单的公民个人间民事纠纷。高校本身是事业单位法人,高校法律纠纷发生在其和其他公民、法人组织或非法人组织之间,纠纷可能是民事纠纷,也可能是行政纠纷,而且有些纠纷涉及知识产权保护、技术成果转化等专业性、技术性问题,个人调解很难发挥作

---

① 辞海编辑委员会:《辞海》,上海辞书出版社,1990年版,第247页。

用。其次,第三方不适宜包括法院和仲裁机构。高校法律风险防控机制的构建,目的在于通过相关制度的健全和完善,将高校纠纷的法律风险前移,而法院调解又称诉讼中调解,已经进入诉讼程序,如果调解不成功则诉讼继续进行;仲裁调解中如双方调解达成协议制作的调解书具有法律效力,除法律另有规定外,一般一裁终局,甚至不能向法院起诉。法院调解和仲裁调解的特点决定了其在调解中较难实现风险前移。最后,第三方不适宜包括行政机关。高校纠纷行政调解中的行政机关往往由教育部门担任,而教育部门作为高校的上级主管机关调解纠纷,容易使纠纷的另一方当事人产生是否"包庇偏袒"的疑问进而对调解结果不信服,进而诉诸法律,同样不利于防控机制作用的发挥,因此,作为高校法律风险防控机制重要内容的第三方调解,本书采用最狭义的概念,仅仅指人民调解。

三、将第三方调解纳入高校法律风险防控机制的重要意义

(一)有助于提高解决高校法律纠纷的效率

过去高校的法律纠纷大多通过私下协商、诉讼的方式解决。私下协商虽然程序简单方便,但因双方缺乏基本的信任,要达成协议往往需要多轮的沟通、谈判。如果沟通谈判中一方态度强硬极易出现协商无果导致纠纷久拖不决。诉讼中如一方诉求得不到满足也会使当事人付出更多的时间精力和经济成本上诉甚至提起再审。第三方调解中,专业的调解员往往要在对双方纠纷充分了解的基础上,掌握双方争议焦点,根据争议焦点展开工作,这可以减去双方在无关紧要问题上的非理性争执和扯皮,有助于快速解决纠纷。调解中劝说、疏导等调解技巧的使用也可以适当减轻纠纷当事人的不良情绪、缓和双方的矛盾、积极促成调解的成功。调解中如果双方达成调解协议,则无需再进行诉讼,节约了司法成本;如果调解不成诉诸法律,也会因为调解中对不良情绪的过滤和争议焦点的明晰使得诉讼程序可以加快进行,提高了处理纠纷的效率。

(二)有助于高校和谐稳定发展

高校法律纠纷的传统解决方法中,纠纷双方当事人直接接触,被置于矛盾的最前端,如协商不成更易使双方关系恶化,激化矛盾,严重的还会导致"校闹"。高校频繁陷入各种各样的法律纠纷,不仅会对校园氛围和学校风气产生消极作用,还会严重影响高校教育管理活动的正常开展,危及高校的持续发展。调解制度本身体现了我国传统文化中重要的"和"的思想,第三方调解中由人民调解组织担任中立的第三方,在调解中通过协商与对话、说服教育、鼓励合作等方式,在双方之间建立一个缓冲地带,可以减轻双方当事人的戒备和对抗情绪,最大限度减少和消除不和谐因素,有利于纠纷双方在祥和的氛围中互谅互让,自愿、平等地协商处理争议,确保高校的安全稳定。

四、建立解决高校法律纠纷的人民调解制度

2002 年司法部制定的《人民调解工作若干规定》规定企事业单位可以根据需要设立人民调解委员会,随后,部分高校对此进行了探索。2003 年,浙江万里学院设立高校人民调解委员会,由资深法学教师和经过系统学习、考试获得人民调解员证书的学生组成,专门针对一些争议较大的学生纠纷进行专业化调解。2013 年,西安海棠职业学院成立西安海棠职业学院人民调解委员会,负责教工之间、师生之间和学生之间涉及教学、工作、生活的各类矛盾纠纷的调处工作。2015 年 3 月,在广州市番禺区小谷围街司法所的组织和协调下,华南师范大学法学院成立人民调解委员会。此外,还有湖南女子学院、云南安宁工程职业学院、江西理工大学等都先后设立了人民调解委员会;四川大学成立了专门的人事争议调解委员会、中山大学成立教职工劳动权益争议调解委员会等。2018 年 11 月,吉林省成立了全国首个省级校园纠纷人民调解委员会即校园纠纷人民调解委员会,随后,重庆市、临沂市、惠州市、德州市等均成立了校园纠纷人民调解委员会,解决各大中小学校发生的法律纠纷。

这些调解组织的成立在一定程度上起到了解决校内纠纷、维护校园稳定和谐的作用。但目前,高校法律纠纷人民调解制度仍处于起步和探索阶段,其仍未受到绝大多数高校的关注和重视,实践中存在着不少制度设置不合理、事项规定不明的情况,在一定程度上影响了其平息争议作用,因此,需对高校法律风险防控中的人民调解制度进行系统设计。

(一)构建第三方调解组织架构

高校法律纠纷不仅发生在校内的师生之间、师生与学校之间,也可能发生在高校和校外的其他社会组织、个人之间。另外,近年来高校法律纠纷的数量激增,类型更多样、复杂、专业,为了有效发挥第三方调解的作用,高校法律风险防控中的人民调解组织应实现独立性和专业性。

在独立性方面有两种实现途径,一是在地方校园纠纷人民调解委员会下增设高校法律纠纷人民调解室。调解室隶属于调解委员会,工作受其指导和监督。目前有些地方建立的校园纠纷人民调解委员会主要针对中小学,重点调解人身意外伤害等各类校园纠纷。高校无论是教学内容、管理对象,还是教学手段、教学目标、法律纠纷的类型等都同中小学有着巨大差异,因此,有针对性的单独建立高校法律纠纷人民调解室是快速、有效解决高校法律纠纷的迫切要求。二是设立专门的高校法律纠纷人民调解委员会,它除了受司法行政部门或教育主管部门的业务指导外,不隶属于任何组织,最好设立在高校之外。正如上所述,高校法律纠纷也有可能发生在校外,对校外纠纷如果由设立在高校内部的人民调解委员会进行调解,容易使纠纷另一方当事人质疑其独立地位,不利于调解工作的顺利开展。当然,不管

哪种途径产生的调解组织,都应该符合《人民调解法》《人民调解工作若干规定》的规定。

进行高校法律纠纷调解的调解员应当实现专业化。调解员分专职调解员和兼职调解员两类。专职调解员是机构的在编人员,至少应具备法律专业知识、教育专业知识,专业知识丰富、调解技能娴熟。兼职调解员可通过建立智库的方法产生,公道正派、热心人民调解工作,并具有一定文化水平、政策水平和心理学等某类专业知识的成年公民均可加入智库。每次调解要根据案情的具体情况,随机从智库中抽取,以保证调解的公正性。各级司法行政机关或教育主管部门应当采取集中授课、案例评析、实地考察、现场观摩、旁听庭审等形式,定期加强对调解员的培训,从政策法规、调解规则、调解方法等入手,突出加强法律、教育、心理学等方面知识的学习,不断提高调解员的政策水平、专业知识和调解技能,着力建设一支业务精通、沟通高效、善解民意、客观公正的调解员队伍。

（二）明确调解适用范围

根据《人民调解法》《人民调解工作若干规定》的规定,人民调解委员会调解民间纠纷。高校的民事纠纷包括两类,即校内民事纠纷和校外民事纠纷。前者是指发生在高校内部的高校与学生之间的校园伤害事故纠纷、履行教育合同纠纷、招生纠纷、违纪处理纠纷等,高校与教职工之间的劳动人事纠纷、保险待遇纠纷等,学生与教师之间的侵犯名誉权纠纷、人身损害赔偿纠纷、知识产权纠纷等,学生与学生之间的人身损害赔偿纠纷、财产损害赔偿纠纷等;后者是指高校作为事业单位法人与校外的公民发生的房屋租赁纠纷、商品买卖纠纷、交通事故责任纠纷等,与校外的法人组织发生的委托服务纠纷、存贷款纠纷、建筑工程纠纷等,与校外的其他社会组织发生的合作协议纠纷、委托事项纠纷等。校内民事纠纷直接关乎学校的稳定与正常秩序的维护,高校历来较为重视,仍应成为人民调解工作的重点。对于校外民事纠纷,近年来随着高校外联活动的持续增长,校外民事纠纷数量不断攀升。调解制度关注校外民事纠纷是有效预防法律风险的当然之选。

近年来随着学生权利保护意识的提高,高校与学生之间发生的行政纠纷数量也越来越多,开除学籍纠纷,拒发毕业证、学位证纠纷,考试违规处理纠纷,硕士博士录取纠纷,退学处理纠纷等等行政案件在全国范围内屡见不鲜。这些行政纠纷如果处理不当会引发更多学生效仿性维权,不仅可能损害学校的名誉,而且可能危及学校的健康发展,因此,高校行政纠纷法律风险的防控丝毫不比民事纠纷法律风险的防控轻松。2014 年,我国新修订的《行政诉讼法》对原有法律中"行政案件不适用调解"的规定进行了适当的调整，①调整后法院对行政赔偿、补偿以及行政机关行使法律、法规规定的自由裁量权的案件可以进行调解。既然这三类行政案件法院可以进行调解，那么人民调解组织也应当能够进行调解。可以说，新法的规定为高校人民调解组织调解行政纠纷提供了可能和法律依据。

（三）合理设置调解程序

1. 调解的启动

高校法律纠纷调解的启动方式有两种：依申请调解和主动调解。

（1）依申请调解。高校和与其发生纠纷的另一方当事人中的任何一方均向人民调解组织申请调解，申请应当填写《调解申请书》。《调解申请书》包括申请人和被申请人基本情况、申请事项、事实与理由、申请人签名盖章等基本内容。依申请调解可以完全依当事人个人意愿进行，也可以在他人告知和提醒下进行。② 一方当事人申请的，人民调解组织应当征得另一方当事人同意。

（2）主动调解。人民调解组织可依职权主动进行调解。那么，人民调解组织作为独立于高校的社会组织，它如何知晓高校发生的法律纠纷呢？这就需要建立起高校和高校法律纠纷人民调解组织的经常性联系和沟通制度，可以建立高校调解工作站或安排高校调解联络员，由他们配合做好高校法律纠纷的前期调查和信息提供工作，方便纠纷及时导入人民调解组织，争取矛盾化解的有利时机，尽量实现人民调解解决高校法律纠纷的高覆盖性，做到能调尽调、应调尽调。当然，人民调解组织主动进行的调解必须符合人民调解自愿性的基本原则，不得强制。如果当事人明确拒绝，就不能进行主动调解。

2. 调解受理

人民调解组织在接到纠纷当事人提交的调解申请后，应从是否符合调解的范围、有无具体的调解要求、是否有明确的被申请人等方面进行形式审查，在规定期限内做出是否受理的决定，并通知双方当事人。调解的受理和不受理应当向申请人出具书面文书，实行统一立案报告制、统一承办；不受理的要同时向当事人说明理由。

3. 实施调解

申请受理后就可以进入正式的调解环节。调解的实施包括以下几个步骤：

（1）准备调解。具体包括确定合适的调解场所，告知双方权利义务、调解规

---

① 《行政诉讼法》第六十条：人民法院审理行政案件，不适用调解。但是，行政赔偿、补偿以及行政机关行使法律、法规规定的自由裁量权的案件可以调解。调解应当遵循自愿、合法原则，不得损害国家利益、社会公共利益和他人合法权益。

② 《人民调解法》第十八条：基层人民法院、公安机关对适宜通过人民调解方式解决的纠纷，可以在受理前告知当事人向人民调解委员会申请调解。

则、调解程序、调解秩序、调解协议效力等事项,进行必要的调查,拟定调解方案等。另外,还要确定具体调解人员,可以由调解组织指定或由纠纷双方协商一致选择一名或数名调解员,还可以选择能帮助双方进行调解的参与人员如当事人的亲属、邻里、同事等。当然,在确定具体调解人员方面,应当允许当事人申请回避。

(2)调解进行。一是,调解员要安排双方当事人陈述,调解员在充分听取当事人陈述的基础上,理清纠纷性质、发生原因、发生过程、双方当事人争议的焦点与责任的认识等有关情况。二是,针对双方争议的焦点,调解员要坚持法、理、情相结合,听取意见并耐心疏导,当发现纠纷有激化的倾向时,应采取有针对性的预防措施,防止纠纷扩大化,引导当事人互谅互让,消除双方隔阂和对立情绪。人民调解组织可以邀请有关单位或人员参与高校法律纠纷人民调解。

(3)达成调解协议。调解员适时提出调解意见,帮助双方当事人自愿达成调解协议。如当事人任一方拒绝继续调解或未能达成调解协议的,终止调解,调解员应告知当事人可以选择诉讼等途径进行维权。达成调解协议的,由双方当事人签署调解协议书,经承办调解员签名、加盖"人民调解组织"印章后生效。调解协议一式三份,双方各执一份,调解机构留存一份。调解协议内容不得违反法律法规的规定,不得侵害国家利益、社会公共利益和第三方的合法权益,不得违背社会公序良俗。

4. 调解的履行

调解协议具有民事合同性质的法律约束力,当事人应当按照约定自觉履行调解协议。调解组织应当对协议履行情况进行监督,督促当事人履行调解协议,并记录调解协议的履行情况。协议一方不履行调解协议内容,除非有法定理由并经过法定程序确认调解协议无效外,另一方可以申请法院强制执行。

5. 调解的回访

调解履行完毕后,人民调解组织应当及时对当事人进行回访,听取当事人意见,并做好记录。回访中对每一次调解工作进行经验与教训的总结,有针对性地寻求改进措施和方法,指导高校针对纠纷易发部位和环节查漏补缺。回访是提高高校法律纠纷人民调解组织调解工作能力、提升调解质量的重要途径,是实现高校法律纠纷第三方调解机制自我改进和整体改良的关键环节。

(四)完善第三方调解运行机制

1. 领导协调机制

目前我们对高校法律纠纷第三方调解制度的重视程序不够,绝大多数高校尚未开展任何相关工作。要把第三方调解制度建设成高校法律风险防控机制的重要环节,需首先加强其领导协调机制的建设。可以成立由教育、司法等有关主管部门组成的高校人民调解组织建设工作领导小组,负责顶层设计、统筹协调、安排部署等重大事项决策。具体来说,负责研究确定解决高校法律纠纷的人民调解政策规则；领导、协调、推进高校法律纠纷人民调解有关的重大事宜，听取成员单位的工作报告；指导本地高校法律纠纷人民调解组织的组建并对其定期评估、加强监督，帮助其不断改进工作，保障其依法、规范、公正调解；督促和鼓励高校通过人民调解化解高校法律纠纷。

2. 诉调对接机制

诉调对接最早发端于个别法院解决社会纠纷矛盾工作制度的积极探索，2009年，最高人民法院出台《关于建立健全诉讼与非诉讼相衔接的矛盾纠纷解决机制的若干意见》，诉调对接开始由实践走向法律，并逐步推广开来。高校法律纠纷人民调解制度应善于运用现有的诉调对接机制，注重发挥调解在预防化解矛盾纠纷中的基础性作用，形成诉调对接的良性互动机制，及时有效化解高校矛盾纠纷。具体来说，法院应设置专门组织和人员负责对接工作，对高校法律纠纷中适宜调解的案件，应告知当事人调解的权利和调解相关事宜，积极进行诉前引导，最大限度地将纠纷引入人民调解程序，充分发挥人民调解解决纠纷"第一道防线"的作用，在源头上预防和减少高校法律纠纷的发生。凡调解成功，当事人可要求法院对达成的人民调解协议做司法确认，实现诉讼与调解的优势互补和有效对接。

3. 专家咨询机制

高校法律纠纷涉及教育管理、人事管理、知识产权、建筑工程等诸多领域，具有较强的专业性，高校法律纠纷人民调解专家的专业性和权威性，为人民调解工作提供了专业支撑和公信力。为确保人民调解在解决高校法律纠纷中的实效性，应建立人民调解专家咨询制度，建立由资深律师、法官、相关专业人士等组成的专家库，对一些争议标的较大、造成当事人死亡的重大、复杂、疑难纠纷，高校应积极向专家寻求咨询或邀请专家参与调解，出具专家咨询或调解意见书。专家咨询要保障工作的独立性，不得接受当事人的利益，不得利用咨询专家身份单独与当事人接触，威胁利诱当事人，索取贿赂。要妥善保管咨询材料，保护当事人隐私，不随意透露咨询内容。同时，如果专家属于纠纷当事人或者当事人近亲属，与纠纷争议有利害关系，或者与纠纷当事人有其他可能影响公正调处的关系，专家应遵守回避原则。

第五节　合同管理制度

近年来，随着教育经费投入的不断提高和高校规模的不断扩大、高等教育的不断发展，高校在人才培养、科学研究、社会服务、文化传承等方面的对外交流与合作不断加强，高校作为独立法人主体，越来越多地与其他市场主体开展诸如采购资产、横向科研、后勤保障、联合办学等方面的合作，签订各类合同约定彼此权利义务，随之而产生的合同纠纷也越来越多。以"大学""法人"为当事人的检索条件,以 2014 年为开始时间,①在法意法学大数据实证研究平台检索到民事案件 17 710 件,其中合同纠纷案件 7 145 件,②约占民事案件总数的 40.34%,是民事案件中比例最大的一类纠纷。合同纠纷案件数量是同等条件下劳动争议纠纷的近 2 倍,是行政纠纷的近 6 倍。③ 可以说,合同纠纷已经成为高校法律风险的重要因素。健全高校法律风险防控机制,建立完善的合同管理制度尤为迫切和重要。

一、高校合同纠纷特点分析

通过样本分析,可以总结出当前高校合同纠纷具有如下特点:

(一)合同纠纷数量激增

由于受 2019 年 12 月底爆发的新型冠状病毒性肺炎疫情的影响,不管是高校还是其他社会主体的活动都受到了影响和限制。但是纠纷产生需要过程,加上诉讼程序的要求,活动减少所带来的涉诉合同纠纷数量的减少滞后性地出现在 2021 年。然而,从 2014 年 418 件到近年来的 1 000 多件,高校合同纠纷的数量总体是激增的,未来随着疫情逐渐消散和高校教育事业的持续壮大和发展,高校合同纠纷的数量仍有增长的趋势(图 2-1)。

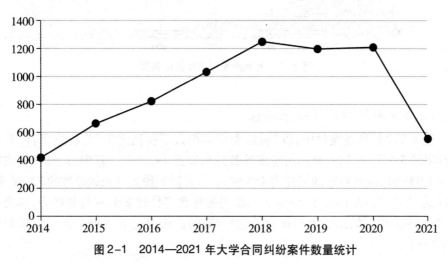

图 2-1　2014—2021 年大学合同纠纷案件数量统计

---

① 根据最高院《人民法院在互联网公布裁判文书的规定》,2014 年 1 月 1 日起全国法院的判决书将全部上网向社会公开。

② 数据来源于法意法学大数据实证研究平台 2022 年 2 月 2 日的查询结果。

③ 同等条件下搜索到劳动争议案件 3 715 件,行政案件 1 260 件。

（二）合同纠纷类型多样化和复杂化

在 7 145 件涉诉合同纠纷中，共涉及近百种具体合同纠纷类型（图 2-2），这些合同纠纷中，既有传统常见的买卖合同纠纷、租赁合同纠纷、借款合同纠纷、承揽合同纠纷等，又有随着经济和科技发展出现的新型合同纠纷如网络购物合同纠纷、进出口代理合同纠纷等，这对高校管理合同的能力提出了更高要求。

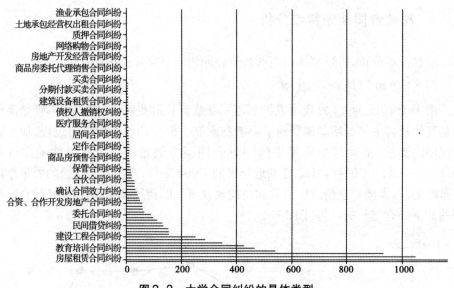

图 2-2　大学合同纠纷的具体类型

（三）合同纠纷诉讼效果不佳

在大学合同纠纷案件中，以"诉讼费用承担人不包括大学"为检索条件，共检索到案件 3 527 件，约占合同纠纷案件数量总数的 49.36%。其中，经过二审的案件为 1 933 件，经过再审的案件为 458 件，共占合同纠纷案件数量总数的 33.46%。可以说，在合同纠纷诉讼中，不少的纠纷仍要耗费高校较多的时间和精力，即便如此，高校完全胜诉的比率也不高，在至少半数的诉讼中仍需承担一定的法律责任（图 2-3）。

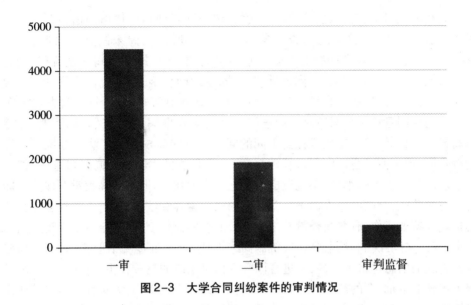

图2-3　大学合同纠纷案件的审判情况

二、高校合同法律纠纷频发的原因分析

(一)合同风险意识淡薄

不同于企业,高校尤其是公立高校属于非营利性事业单位,其资金主要来源于国家财政拨款,大部分高校参与市场经济活动的时间较晚,因此,很多高校在合同管理方面缺乏风险意识,管理者对学校合同管理的重要性认识不足、法律意识淡薄、风险意识不强、责任心不强。有些认为订立合同仅仅是"走形式",或是认为双方是长期合作伙伴,碍于情面或根据习惯搞口头协议,不签订书面合同,或是认为自己不差钱,委派非专业人员参与合同谈判和签订,参与者很少抱有利益最大化的理念,不仔细推敲合同的主要条款,不认真审核对方预先拟定好的合同文本,随意草率地签订合同等等,致使合同在履行过程中纠纷和违约现象时有发生,给学校造成了不良的社会影响和不必要的经济损失。如在吕某与CQ大学房屋租赁合同纠纷一案中,CQ大学就未取得建设工程规划许可证的土地和房屋,与吕某订立了租赁合同,后因政府责令拆除违法建筑,从而在双方间引发纠纷。

(二)合同管理机制不完善

高校管理工作的重心历来都是教育、教学、科研工作,对合同管理的关注是近年来才开始的。各大高校地位、办学定位、办学目标等均不同,其经济行为的数量、范围、内容等也存在着较大差异,因此,目前高校合同管理发展极不均衡,很多高校对合同管理工作不够重视,合同管理机制存在着较大的缺陷。

高校的《合同管理办法》是详细了解各校合同管理制度详情的窗口。本书以某省 38 所公立本科院校为调查对象，发现有 11 所高校尚未制定《合同管理办法》。这 11 所高校对合同行为的管理是零星的，有些仅规划合同管理流程、制定经济合同审签表或会签表、合同审批表、合同签约确认函、战略合作协议签订情况登记表、特殊合同模板等指导合同管理行为，有些仅制定《基建合同管理办法》，配备相应的合同管理系统对特殊合同进行规范。其他的 28 所发布《合同管理办法》的高校，其合同管理机制也存在着不同的问题。有些高校成立了法务办统一管理全校合同，但未明确合同的归口管理制度；有些高校虽实施了合同归口管理，但归口管理部门分工不够细致，不能形成对合同的专业化管理；有些高校没有建立合同管理专业队伍，合同经办人员不具备必要的法律素养和法律意识，不能够胜任合同的拟定和签署工作；有些高校没有建立有效的合同监督制度，监督偏重宏观层面的要求，部门之间互相制约监督检查机制尚未形成，合同审查流于形式；大部分高校合同管理的信息化水平不高，引进合同管理信息系统的高校较少，有的仅仅实现了线上审核或审批，有的绝大多数合同管理行为仍是人工操作，无法及时地与其他部门管理行为实时对接；很多高校没有根据不同的合同性质进行对应的文本分类并制定合同模板，规范的合同文本库尚未建立，合同档案未进行集中统一管理等等。高校合同管理机制不完善，使得学校无法规范、实时监控全校合同的签订与执行情况，高校合同风险得不到有效预防和控制，从而可能引发法律纠纷，致使高校权益受损。

三、构建高校合同管理体系

（一）制定合同管理规范体系，规范合同运作过程

《合同管理办法》是高校对所有合同实施管理的总纲和基本准则，也是高校对合同管理工作重视程度的集中体现。完整的《合同管理办法》应当包括合同管理机构及其职责分工；合同立项、订立、审查、签署、履行、变更和解除、监督、纠纷处理的程序和具体规则；合同专用章管理、合同归档管理和法律责任等内容。《合同管理办法》在制定中应听取各部门的意见，实现各部门工作职责的有效衔接，保证管理办法的规范性和实用性。

除了《合同管理办法》这个总纲，合同管理规范体系还应包括特殊、重要、易发生风险的合同管理规范，合同审核、合同备案、授权审批等其他配套管理规范，合同文本格式规范等，使合同管理规范尽量覆盖合同管理的每个环节，力争做到合同的整个运作过程有据可依、有章可循。不同的高校可根据自身对外活动的特点选择制定符合其发展模式的合同管理规范体系，保证其不仅科学合理，而且具有可操作性，实现合同管理的全程有效监控。下文将部分高校的合同管理规范体系整理呈现如下（见表 2-1）：

表2-1　高校合同管理规范体系

学校	合同管理规范体系		
	基本规范	配套规范	有关文本格式规范
NJ大学	《合同管理办法（试行)》	《技术合同管理办法》《仪器设备分散采购合同管理实施细则》《技术合同认定登记管理办法》《关于启用"NJ大学合同专用章"等8枚印章的通知》	1. 合同模板：设备采购内贸合同、货物采购合同、家具调配及维修合同、技术转让（专利权）合同、汽车租赁服务合同、科技合同、专利实施许可合同本等 2. 其他：采购签订合同流程图；经费外拨合同、测试费支付合同签订流程图；合同审批表；科研服务类采购合同审批表；审计合同（非工程类）审核指南；劳动合同录用备案情况表；合同执行情况核查表解除（终止）合同决定书；办理专利实施许可合同备案委托书等
XAJT大学	《合同管理办法》	《基本建设项目合同管理办法》《采购合同管理实施细则》《科研合作（外协）合同管理办法》	合同签订流程图 教职工解除聘用合同申请表 网络信息中心采购合同签订用印审批单 采购合同签订及用印审批单
ZNCJZF大学	《合同管理办法（试行)》	《关于进一步加强合同管理工作的通知》《合同文本起草指南》《印章管理办法（修订)》《授权委托书管理规程》《后勤保障部工程、维保服务项目招标、合同签订指南（试行)》《审计部关于"经济合同"审签的实施细则》	合同签订流程表 合同业务审查意见书 经济类拟签合同审签意见书

续表 2-1

学校	合同管理规范体系		
	基本规范	配套规范	有关文本格式规范
ZGZF 大学	《合同管理办法》	《基建工程项目合同管理办法》 《印章管理办法》	合同审核流程表 合同统一编号规则 合同台账登记表 合同争议信息统计表 归口审核指引 一般合同审核流程图 重大合同审核流程图
HBSLSD 大学	《合同管理办法》	《合同管理办法实施细则》 《行政印章管理办法》	合同签署流程 一般合同备案申请表及审查备案表 重大合同审核会签申请表及审核会签表
LZ 大学	《经济合同管理办法》	《经济合同管理办法补充规定》 《后勤保障部合同管理办法(试行)》	1. 合同模板:通用设备、家具采购合同;教师高职岗位聘用合同;其他系列高职岗位聘用合同;实验室与设备管理处仪器设备采购合同 2. 其他: 经济合同审批表 合同(协议)情况审计调查表 后勤保障部工程合同审批表
FD 大学	《合同审核与备案规定》	《技术合同管理办法》 《对外交流与合作协议管理办法》 《基建项目合同管理办法》 《聘用合同管理办法》	修缮工程施工合同 关于基建处代理签署合同章的备忘

(二)组建合同管理组织机构,配备、组织专业人员和队伍

高校合同涉及多个领域,关乎多个高校职能部门、多个权力主体的规范和运行,对高校合同治理能力的要求越来越高。组建合同管理组织机构,配备、组织专业人员和队伍,实行"统一领导,分级负责"的管理体制,有助于合同管理的专业化、规范化,又有利于提升管理效率,学校也能从全局把控或监督合同的执行情况。合同管理组织机构应当系统化,具体来说包括领导机构、执行机构、监督机构和相

应的专业人员和队伍。各机构和人员要在各司其职的基础上积极沟通、相互配合,形成一个多层次的校内合同管理网络,发挥合力,推动学校合同的管理工作。

1. 领导机构

合同管理领导机构全面统筹、协调、指导全校的合同管理工作,具体负责拟定并修改学校《合同管理办法》,组织、参与关系学校重大利益的重要合同的审核等工作,建设合同管理信息系统、建立合同总台账,参与处理数额较大或者对学校影响较大的合同纠纷,审定合同标准模板,对其他机构合同管理工作进行业务指导和监督检查,进行合同管理授权等。

鉴于领导机构的地位,可由校长确定或授权一个部门担任领导机构,并配备专职或兼职管理人员。领导机构人员应慎重选择,一般适宜由学校领导、技术、财务、审计、纪检监察负责人、法律顾问或其他重要部门负责人共同组成,由学校领导任责任人。

2. 执行机构

合同管理执行机构具体负责制定、完善各自业务范围内的合同实施细则,进行合同立项、申报、调研、洽谈、谈判、送审、审批、签署、履行、检查、保管、存档、备案工作,分类制定合同示范文本等工作。

根据财政部《行政事业单位内部控制规范》和教育部《教育部直属高校经济活动内部控制指南》的要求,近年来高校合同管理实行归口管理的内控方法。高校应结合学校自身的办学现状和发展规划,按照新的要求精细化设置合同管理执行机构并合理分配权限,明确分工,形成相互配合、相互制约、相互监督的执行机构系统。

执行机构具体来说包括归口管理部门、合同承办部门和其他部门。归口管理部门一般涉及学校重要行政管理机构,如校园建设管理处、国有资产管理处、审计处、后勤处、招投标管理中心、人事处、科研处等,它们归口管理各自业务范围内的特定类型合同;如人事处负责涉及人力资源、人事管理、劳务等合同的管理,科研处负责各院校承担的科研项目、技术合作项目及科技成果转让合同的管理等等。合同承办部门一般为学校的二级单位如院、系、部等或其他需求部门,是合同管理的具体责任单位,往往负责合同的前期准备,如立项、申报、调研、洽谈、谈判,对对方当事人的审查,合同的履行等工作。合同承办部门和合同归口管理部门在合同业务审核、合同履行的监督等方面要实现有效的配合、制约和监督。除了归口管理部门、合同承办部门,高校也可以成立担任特殊合同管理职能和任务的其他部门,如参与特殊程序审核或合同法律问题审核的部门等,实现对归口管理部门和合同承办部门的监督。

3. 监督机构

合同签订,重在执行落实。很多合同纠纷隐患源于只重视合同的起草签订审核而忽视合同的履行和实施。监督是合同管理工作的重要内容,合同管理组织机构不应缺少监督机构。监督机构代表学校对合同执行机构在起草、签订和履行合同中执行法律、法规和学校规章制度的情况进行监督和检查,定期组织对学校合同总体履行情况进行分析评估,并将结果上报领导机构等。监督机构一般应由法律、财务、审计、纪检监察等专业人员组成。

人才是机构的关键和核心。合同管理人员素质的高低,直接影响着合同管理的质量。为了提高合同管理水平,应对合同管理机构的工作人员进行定期培训。首先,要重视对合同管理人员的道德和法治教育,使他们熟悉法律法规和学校规章制度,改变模糊认识,树立遵纪守法、勤政廉洁的理念,创造良好的合同管理工作环境;其次,要提高合同管理人员的业务水平和技能,定期集中组织专业培训会、座谈会、经验交流会,邀请业内专家来校指导、实地考察合同管理工作突出的单位等帮助相关工作人员熟悉合同管理流程、掌握合同管理制度,精通合同业务管理能力;最后,通过公开招聘、竞争上岗等多种方式选聘优秀人才来壮大管理队伍。

（三）梳理合同管理风险点,研究制定应对措施

合同的形成是一个动态的过程。合同业务根据其程序和内容,可分为合同授权、合同订立、合同履行、合同后续管理四个阶段。[①] 一个合同在形成的每一个阶段都存在潜在的风险。规范合同管理,要从思想上增强法律意识和风险防范意识。合同管理期间可以成立由专业人员组成的专门风险评估小组或指定专门的机构,联合定量、定性方式对各种风险出现概率进行判断,科学分析每个阶段可能出现的风险点,针对性地制定有效应对策略,及时规避风险。

1. 合同授权中的风险点及应对措施

合同管理执行机构要代表学校与合同对方签订合同,必须有学校的合同授权。随着归口管理内控方法的普及,合同授权也成为高校合同管理中的重要一环。合同授权中容易出现的风险点主要集中在三个方面:一是,无授权,即无合同管理规定或合同管理规定缺乏合同授权的规定;二是,有授权但授权不明,即合同管理规定对合同执行机构虽有授权但被授权部门及岗位职责不清或者仅对合同签订有授权而忽略了合同修改授权;三是,未按授权规定进行合同管理,即合同执行机构未经授权或超越职权,擅自签订或修改合同。合同授权中的风险极易造成合同订立或修改主体的瑕疵或合同管理中相互推诿责任,应对措施可以从完善合同管理规则、明确执行机构职责和加强授权审查和监督着手。

2. 合同订立中的风险点及应对措施

合同订立是促成合同成立并生效的关键。具体来说,合同订立阶段包括合同策划、合同调查、合同谈判、合同文本拟订、合同审核、合同签署六个环节。一般来

---

① 教育部经费监管事务中心:《高校内部控制风险点梳理和基本制度框架参考》,中国地质大学出版社,2017年版,第186页。

说,合同策划阶段主要风险点为合同策划与学校战略目标和发展规划矛盾;合同调查阶段主要风险点为未调查或未充分调查导致对对方当事人的主体资格、资信、履约情况等做出错误判断;合同谈判阶段主要风险点为非专业人士参与合同谈判,谈判中责任心不强做出不必要妥协;合同文本拟定阶段主要风险点为未按规定订立书面合同或错误选择合同形式,合同内容违法或违反学校规章制度,合同条款存在危及学校合法权益的漏洞或瑕疵;合同审核阶段主要风险点为未审核或审核不严;合同签署阶段主要风险点为签署人未经授权或有其他不适格的情况,未加盖印章或印章使用不当等。合同订立中的风险最为多样和复杂,是导致合同纠纷的重要因素,各个高校要根据各自不同的合同管理具体制度尽可能详尽地排查自身所有风险点,研究制定应对措施。

3. 合同履行中的风险点及应对措施

合同履行阶段是合同管理风险的常发点。履行阶段的风险有两种:不履行和不适当履行。不履行的原因有两种:其一是客观原因如出现自然灾害或疫情等不可抗力原因导致合同履行不能;其二是主观原因不履行如为了获得更多的利润而故意拒绝履行。不适当履行是指未按照合同约定的期限、数量、规格等履行。不履行和不适当履行合同都可能引发合同另一方当事人的不满从而激化为法律纠纷。这一阶段的风险防控,可以从提前协商违约责任,加强合同履行的跟踪、指导和监督等方面应对。

4. 合同后续管理中的风险点及应对措施

合同后续管理往往是指合同的保管、登记、存档、监督和评价等。合同保管、登记和存档阶段常见的风险为未保管、登记和存档或者保管、登记和存档工作不到位导致资料不全或资料丢失;合同监督和评价阶段常见的风险为未监督,评价、监督和评价流于形式或监督不力、评价不实。针对这些风险,高校可以从实施定期检查、建立责任追究制度、完善合同监督等方面应对。当然,各个高校合同管理规则和制度千差万别,合同管理的风险及其防控也存在着较大的差异。高校可根据自身情况,积极探索和尝试不同的排查合同管理风险的手段和方法,准确识别风险、防范风险,维护高校的合法权益。

(四)完善合同管理制度,建立高效的合同全过程管理体系

制度是高校管理的基石,是各方面工作有序开展的依据。高校应依据国家法律法规和近年来关于高校内部控制建设的相关要求,结合学校实际情况,完善合同管理制度。完善合同管理制度要对从合同授权、合同订立、合同履行到合同后续管理的全过程进行细致的部署,制定详细的操作规范,逐步形成完善有效、科学完整、具有可操作性,又相互监督牵制的合同管理体系,实现对合同管理全流程的监管,防范合同风险。其中,应注重以下几种制度的建设:

1. 规范合同授权制度

高校实行校长负责制,校长作为学校的法定代表人在处理繁重的行政事务之

外,面对日益纷繁复杂的合同管理事务,参与所有的合同管理流程很难实现,因此,合同管理中建立合同授权制度十分必要。

(1)授权主体。校长。除校长以外的任何组织或个人不应具有合同授权的权力。

(2)授权形式。书面。合同授权事关学校切身利益,授权宜采用书面而非口头形式。校长可通过授权委托书的方式进行合同授权。授权委托书应载明被委托人基本信息包括名称或姓名、职称职务、身份证号、联系方式、委托事项、委托权限、有效期限、委托人签名、学校公章等关键信息。

(3)授权依据。高校可以在制定总纲性的《合同管理办法》时对合同授权进行特别规定或专门制定学校授权委托管理规定对合同授权有关事项进行专门规定,作为合同授权的依据。

(4)授权内容。校长可以授权其他校领导代为签署合同;可以授权归口管理部门、合同承办部门对其业务管理范围内的合同进行管理,授权归口管理部门、合同承办部门负责人对其业务管理范围内的合同具有代为签署权力;可以授权归口管理部门、合同承办部门负责人对其业务管理范围内的合同在经审批后有代为加盖学校印章的权力;可以授权其他组织或个人实施需要代为处理的其他合同管理事项。

(5)授权行为的管理。①被授权的单位和个人必须在授权范围内诚实善意地处理授予的合同订立、审核、签署等管理工作,不得超越权限,超越权限实施的合同管理行为由各单位自行承担责任,擅自签订的合同对学校不发生效力;②被授权单位和个人应当亲自处理委托事务,不得擅自将取得的授权转授给他人;③被授权单位和个人应当按照委托人的要求,及时报告委托事务的处理情况;④专门机构负责授权委托书的制作、发放和备案等工作,其他任何部门、个人不得自行印制和办理;⑤任何人不得伪造、涂改、出借和转让授权委托书,授权委托书遗失或毁损的,应当及时申请补办;⑥获得授权的单位和个人名单由合同领导机构定期公布;⑦对于违反授权制度规定给学校造成不利影响的行为建立责任追究机制。

2. 推行合同文本规范化制度

高校合同行为中,如果经常使用对方当事人提供的合同文本,可能会因合同中一些隐含的、对己方不利的条款而给高校带来合同风险甚至造成法律纠纷。高校应加强自身的合同文本规范化建设,可以自行组织或委托专业人员制定能够切实保护自身合法权益的标准合同文本。标准合同文本的多次反复使用,能够提高合同管理的办事效率,也有助于将风险管控工作前移,维护高校经济活动的连续性和稳定性。

合同文本规范化建设应首先从经常发生经济往来而签订的合同入手,如建筑工程合同、人事聘用合同、采购合同、技术开发合同、设备维修合同等。对这些合同要根据国家相关法律、法规和学校相关规定,依托学校实际管理要求,分类制定合同范本。合同文本拟订时应做到合同标的明确,内容明确齐全、符合实际且具有可行性,主要条款均具备,双方权利义务明晰,违约责任明确具体,文字不存在冲突和歧义。标准化合同经过审核确定后,应及时公布在学校网站上,方便查看和下载。标准化合同的制定机构要根据实际使用情况和国家法律法规的变动对合同进行适时更新和修订,高校有关机构要定期对各类标准化合同的使用情况进行检查,保障标准化合同的实效性。

合同文本规范化建设除了制定标准化合同之外,对非标准化合同和合同对方当事人提供合同的选择使用也应当有所规制。对于没有制定标准化合同的,高校应当从维护学校利益出发,积极争取由校方草拟合同条款,主导合同的谈判和订立,确保合同条款最大限度的实现学校权益。确需由对方草拟合同文本的,高校应当就合同事项与合同相对方进行充分谈判、协商,共同确定文本,严格审核合同内容,完善相关条款,积极维护学校权益。

3. 建立分工明确程序规范的合同审核制度

合同审核是合同管理中必不可少的步骤和环节,合同审核制度是高校保障合同效力、实现合同管理的有效监督、防止合同纠纷的重要制度。

高校签订的合同类型越来越多样化和专业化,因此,高校合同审核不能仅局限于文意、结构等形式审核,而是应当包含更加丰富的内容审核,具体来说,包括业务审核、法律审核和专项审核。一是,业务审核是指归口管理部门、承办部门或其他部门对涉及自身业务管理范围内的合同事项进行的审查、评估与认定,如基建处对于一般的施工、监理合同,审核合同条款是否完整、规范、合理,质量、工期的要求是否明确,合同执行计划是否合理,合同价款及付款方式、结算方式表述是否合理、准确等;资产管理处对于一般采购合同,从供应商名称、产品名称、数量、价格、采购方式等方面审核合同的规范性、完整性等。二是,法律审核是指根据《合同法》、其他法律及学校的相关规定对合同内容的合法性、严密性、规范性进行法律分析与评判,对合同格式的规范性和合同条款的完备性进行专业审核,并提示合同法律风险。法律审核一般由学校的法治机构、法律顾问或其他具有法律知识的机构和人员进行。三是,专项审核是指学校的财务处和审计处对合同根据自身业务特殊要求进行的专项审核。具体来说,财务处审核合同条款是否符合国家有关财经政策和学校财务管理规定,合同签订时是否有经费来源保障,资金结算及付款方式是否可行、合理等。审计处对整个合同履行实施监督,它主要审核订立合同的主体是否合格,是否与招标文件的要求相符合;审查合同条款是否全面,结算方式是否明确、合理;合同纠纷、违约责任的处理是否按约定条款或依法进行,处理是否及时;合同是否存在损害国家、集体或第三者利益等导致合同无效的风险等。

除了明确合同审核的内容,合同审核中还应当明晰合同审核的程序。高校签订的合同种类繁多,内容千差万别。在合同审核程序的设计上,为了优化审核流程,精简审核程序,可将审核程序分为一般程序和特殊程序。对于合同标的较小、权利义务关系较为简单或对学校利益影响不大的一般合同,可适用一般程序,合同的审核由合同执行机构完成一次完整的业务审核、法律审核、专项审核既可;而对于内容较为复杂、专业性和技术性较强、合同标的较大、可能对学校利益有重大影响的重要合同,应适用特殊程序,在一次完整的合同审核的基础上进行复审,复审由高校根据自身的合同管理组织机构的设置选择由校长办公室、合同管理办公室、校法制办或其他机构完成。

4.完善全程合同监督制度

监督是管理制度有效发挥作用的保证。很多高校只重视合同的签订,在合同关系缔结初始阶段参与监管,但在合同的履行和后续阶段忽视监督,从而引发纠纷。合同管理是全程性、动态性的活动,合同监督应贯穿于合同管理的每一个阶段。

从监督内容上来看,合同监督包括更广泛的要求。一是,合同授权阶段的监督内容为:授权是否符合学校整体利益;授权职能分配是否合理等。二是,合同订立阶段的监督内容为:合同订立中是否对对方当事人的情况进行调查,调查岗工作人员是否持续关注对方当事人资信变化;合同条款是否公正、文字表述是否严谨、合同金额是否准确、合同权利义务是否明确、合同内容是否有违法违规情况以及是否符合学校经济利益;合同审核和签署程序是否违规;是否使用统一合同标准或合同模板,等等。三是,合同履行阶段的监督内容为:通过一定的方式,检查各方是否按合同约定进度、期限全面履行合同约定的名称、数量、规格、品质、金额等;检查履行过程中是否存在合同工期、设计等方面变更的情况,如有变更,应履行变更审核手续,以合同形式明确变更情况;检查是否存在违约情况并及时做出违约处理等。四是,合同后续管理阶段的监督内容为:文档的交接、借阅、归还、保管、入档是否符合规定,遵循有关程序;是否建立相关的登记制度;有无文档资料的日常维护制度;重要、涉密合同管理工作是否完善等。

从监督方式上来看,合同监督包括自我监督和外部监督。自我监督是指合同组织机构对自身合同管理业务的监督,如合同承办部门对合同另一方当事人履约资格或资质的持续追踪或进行合同管理业务自查等。外部监督是指通过其他执行机构,专门监督机构,或聘用专门人员、借助社会中介机构等对合同管理业务进行监督,如财务部门作为归口管理部门对合同承办部门合同的预算执行情况实时进行跟踪,审计部门作为归口管理部门对合同承办部门的合同执行开展审计跟踪,校长办公室作为专门监督机构对全校合同履行情况进行督促、检查,对归口管理部门、合同承办部门做出考核评价等。

从监督主体上来看,合同监督主体既可以是专门监督机构,也可以是合同管理的领导机构、执行机构。专门监督机构和领导机构的监督侧重外部监督、宏观监督,如领导机构对归口管理部门全年合同履行情况进行检查、对承办单位合同管理中违法违规情况进行年终测评等。执行机构的监督则侧重自我监督、微观监督,如合同承担部门及其负责人通过关注物流动向和尾款的支付、保持联系合作方、随时跟踪合同执行进度来监督合同履行等。

对于监督中发现的问题,属于业务管理范围的,要及时整改,如及时提醒对方、提示可能的风险或采取补救措施,如发现因实际情况的变化需要变更和终止合同的,按照规定的流程办理合同变更和终止手续等。不属于业务管理范围的,可形成自查报告,提出解决问题的意见和建议,并上报、反馈有关部门处理,将合同风险降到最低。

5. 构建合同信息化管理制度

传统主要依靠人工的合同管理方式存在着部门信息互通不及时而导致管理环节缺失或管理衔接延误、不利于对合同管理进行全程监控、合同管理整体效率不高等问题。大数据时代,随着信息技术的发展,加强合同信息化管理势在必行。合同信息化管理就是建设一个全程联动、环环相扣的合同信息管理平台,该平台结合互联网、大数据、信息技术,为高校提供一个包含合同授权、订立、履行、变更、监督、终结等全流程、系统化的数字管理平台,将相关管理要求、程序、材料内部公开化、透明化、电子化,通过智能化的手段实现信息共享、业务衔接、制约监督的便利化,做到合同管理无盲区、全过程留痕,实现合同管理的一体化、可视化管理,为高校合同的有效管理和监控提供方便。

第三章

高校师生权益救济机制研究

高校管理工作的观念导向过去主要是着眼于有效规范和维护正常的学校教育秩序,而对于如何维护管理相对人的合法权益重视不够。高校法治工作的标准不仅仅是管理效率的高低,同时还要看其能否实现对师生权益的正当、有效保障。实践中,随着依法治校理念的逐步确立,师生权利意识不断增强,高校师生因其权益被侵害与学校发生纠纷的事件时有发生,对簿公堂也屡见不鲜,而当前关于高校师生权益救济的机制还不健全,以致高校师生合法权益缺乏充分保障。高校师生权益保障有关理论的发展是促进师生权益救济制度建设和救济实践发展的基础,探讨高校的法律地位、高校与师生的法律关系以及师生权益救济机制的构建具有重要意义。本章围绕和解、申诉、行政复议、仲裁、司法救济等内容,在理论分析的基础上进行实践探索,深入探讨高校师生权益救济机制,提出相关完善对策。

第一节 概 述

法治是高校管理的重要手段,学校的制度安排、规则程序、合作参与、责任分担、利益共享等都离不开法治。只有将法治的指导原则和运作机制融入高校事务管理过程之中,才能有效克服集权制、官僚制可能造成的弊端,减少对师生权益的侵害,因此,明晰我国高校的法律地位以及其与教师、学生的法律关系,是高校领导干部和教育工作者转变观念的基础,也是高校法治工作顺利开展、师生权益有力保障的前提。

一、高校师生权益保护救济的必要性

学校的主体主要是教师和学生,注重师生这个群体的合法权益保护,对于高校

改革发展、和谐稳定具有重要现实意义。

(一)高校师生权益保护救济是高校法治工作的必然要求

依法治校、依法办学,是构建现代大学制度的内在要求,又是尊重和保障师生权利,促进师生全面发展的最佳选择。尊重和保障师生权利必须坚持依法办学,只有坚持依法办学,切实将法治精神融入日常工作的每个环节,才能在做决策、定政策时,以制度保证师生权益被充分考虑、群众意愿被充分尊重,以法治形式和手段来固化师生的各项权益实现,最大限度地防止损害师生权益问题的发生。保障和维护正当、合理的师生权益,可以说是依法治校的核心内容。在大学管理中能否做到依法治校,对于大学生个人和教师的发展来说非常关键。伴随着对外改革开放的进行,我国法治化的程度正在不断提高,衡量高校管理工作好坏与成败的标准,最重要的是要看高校走向法制化的程度,而加强法制化建设的很重要的一个方面就是要看其能否采取一些得力措施,依靠这些措施的实施来实现对师生的正当权益的有效保障。因此,能否切实保障和维护高校师生的各种正当权益,使师生的权益不受非法侵害,这应是高校学生管理工作中需要面对的一个重要问题。高校学生管理工作者必须把握好依法治校与师生权益保护的内在契合性,在积极建设法治高校的同时,加强对师生权益的保护,体现对师生的尊重与关怀。如果发生纠纷或侵权行为,快速、健全的救济机制可以为师生权益避免侵害提供最后的屏障。作为高校来说,就必须积极创造体现法治精神的育人环境,找到高校法治建设与师生权益保护及救济的结合点,切实保障和维护师生各种正当权益。

(二)高校师生权益保护救济是和谐校园建设的重要保障

和谐是指对自然和人类社会变化、发展规律的认识,是人们所追求的美好事物和处事的价值观、方法论。就教育系统来说,和谐体现为一种教育生态的平衡,对内指校园内的教育主体与教育对象之间的和谐相处;对外表现为学校与家庭、社区的和谐相处。和谐校园应该是一种办学理念,学校一切工作的出发点和归宿就是为了人的和谐发展;和谐校园是一种管理模式,这种模式的内核是人本思想,无论是学校的管理者、教师,还是学生,都能在它的催化下,发挥最大潜能;和谐校园是一种人文环境,在诚信友爱、和睦相处、充满活力的人际环境中,所有的人都得到尊重和呵护,校园的每一寸地方,洒满灿烂的人文之光。校园内的所有人与人的关系都应当是平等、尊重的,学校与师生间的关系有准确定位、师生关系的合理调整等,使师生的人格均得到健康发展。判断一个校园是否和谐并不是说全校都是一个声音才算和谐,它允许差异性的存在,对学校的建设、管理等各方面经常能听到师生们不同的想法和建议,管理层能迅速接受或反馈,对不同的声音和意见的包容才更显风范;表面整齐划一,底下暗流涌动是不能界定为和谐的。只有教育者与受教育者、教与学和谐,行政管理部门与管理对象、管理者与被管理者和谐,才能真正实现和谐校园建设目标。不要片面地认为学生起诉学校或教工就学校管理中出现的问题提出建议或意见就代表学校总体上不和谐了,这正说明师生的自我保护意识加强,学校的民主气氛才会渐浓。

二、我国高校师生权益保护救济的现状

中国改革开放以来,我国高等教育实现了跨越式发展,高校在办学规模、人才培养、教学科研、后勤服务等诸方面进行了成功的实践探索,取得了辉煌的成绩,这为高校管理工作法治化和师生权益保护和救济提供了有益的经验。

(一)大学生权益保护救济的法制进程

1. 教育法律法规体系初步建立

1954 年《宪法》是中华人民共和国第一部宪法,其为以后中国特色社会主义法律体系的形成奠定了坚实的基础。十一届三中全会之后我们党和国家十分重视加强教育立法工作,高校学生管理逐渐开始步入正轨。1980 年颁布实施的《中华人民共和国学位条例》(以下简称《学位条例》)是我国第一部颁布出台的教育法律,标志着新中国成立后我国第一部有关高校学生管理的教育单行法规的诞生,体现了以邓小平同志为核心的党中央对教育的高度重视。《学位条例》的实施标志着依法办教育新阶段的到来,也说明我国的教育法制建设迈入了正轨,为我国高校在学生管理工作中实现法治化提供了现实的指导。1982 年《中华人民国共和国宪法》的颁布,为教育领域的法制建设奠定了宪法依据。

《普通高等学校学生管理规定》(1990 年,原国家教委出台)在一定时期指导着我国高校的学生管理工作。1995 年全国人大颁布的《中华人民共和国教育法》,明确规定了大学生所享有的申诉和控告权利,首次承认了司法审查对高校管理行为的介入。1998 年《中华人民共和国高等教育法》的颁布,标志着我国从此走上了全面依法治教的轨道,使高校学生管理工作实现法治化有了坚实的法律基础与法律保障。

进入 21 世纪后,我国高校学生管理有了显著的进步。《普通高等学校学生管理规定》(2005 年,教育部颁布),进一步明确了大学生所享有的六项权利与应履行的六项义务,针对学生违纪、学生权益救济都做了较为清楚明晰的规定,向实现大学生管理法治化之路上迈出了更加重要的一步,为有效维护大学生权益提供了重要依据与保障。2016 年 12 月 16 日通过的教育部 41 号令《普通高等学校学生管理规定》(以下简称《规定》)于 2017 年 9 月 1 日起实施,新《规定》具有以下五个特点:①突出高校立德树人根本要求;②为大学生创新创业提供制度支持;③更加注重保护大学生权益;④促进大学生自我管理;⑤推进高校依法治校。新《规定》是今后大学生管理的重要法律依据,对于大学生权益保护具有重要的指导意义。

依据《规定》和《高等学校章程制定暂行办法》(2011 年,教育部颁发),各个高

校自行制定了学校章程和各种规章制度,其在一定范围内也具有法律的一般特征,具有一定的强制性,是对法律规范的一种补充或完善,是一种自治规则和内部管理规范。与此同时,在司法实践领域,随着高校诉讼案件越来越多,司法救济制度已经进入高教领域,高校告别无讼的历史。

2. 大学生权益保护的法治理念初步形成

近些年来,学生与高校关系不再是单纯的教育管理关系,体现为复杂的混合法律关系,因此,高校和教育管理者更加重视对学生权利的维护和保障,体现出高校管理法治化倾向日趋明显,法治观念逐步深入人心,更加尊重学生、关心学生、激励学生,尊重学生的权利价值,关心学生的权利实现,培养学生的权利意识,激励学生的权利追求。随着我国社会主义市场经济发展变化和法治建设进程的加快,大学生的法律意识、维权意识不断增强。大学生在法制观念与权利意识得到增强后,大部分学生在学习、生活和工作中懂得运用法律手段维护自身的合法权益,法治理念逐步入脑入心。

3. 大学生权益救济实践初显成效

近些年来,我国发生了一系列大学生诉母校案件,高校与大学生之间的法律纠纷屡见报端,并引起了社会的广泛关注,高校与大学生之间的法律纠纷充分反映了高校学生管理法治化工作的复杂性、特殊性,上述事件的有效解决也体现出我国高校学生管理工作法治实践初见成效。有权利必有救济,在申诉、复议等救济途径之外,司法救济是高校学生管理争议解决与寻求救济的最终渠道。司法审查作为一种外部监督,具有权威性、中立性、终极性等特征,司法裁决是最具信服力的救济。一切行政行为在法无明文禁止审查情况下,均可受到司法审查。通过田永案可知,依据当时《行政诉讼法》第二十五条第四项规定"由法律、法规授权的组织所作的具体行政行为,该组织是被告"。法院据此认为,高校是行政诉讼适格被告主体。自此,1998 年田永诉北京科技大学案,标志着高校已不再是"法治真空",高校管理行为接受司法审查,接受法律的检验,司法救济已经步入高校学生管理领域。

随着国际国内形势的变化和高等教育大众化的到来,大学生管理呈现出更为复杂的态势,工作难度加大。面对新问题和新情况,很多高校运用法治的手段,对大学生管理法治化进行了大胆尝试,纷纷出台解决问题的各种规范、制度。华东政法大学、西南政法大学、浙江大学、浙江理工大学、浙江工商大学、华北电力大学、中央民族大学等多所院校采取了大学生听证制度。听证制度具有科学性、民主性和法制性特点,兼具信息、咨询、参与、监督、控制、反馈多种功能,作为"疏导阀",它给当事者一种权利与一个机会,给管理者一个宣传管理主张的机会,增进管理者与被管理者沟通和相互理解,使管理者和被管理者能够从中获取双赢效果,使广大学生对所在高校产生强烈的心理认同感与亲和力。近些年,不少高校制定了校内申诉管理规定,为大学生申诉权的行使提供了制度支持,对申诉委员会组织构成、申诉的程序等问题进行了明确,使权益救济更加真实有效。

（二）高校教师权益保护救济的法制发展

首先，从立法的角度上看，《教师法》《教育法》和《高等教育法》三大法律规定是关于高校教师权益及其保护的专门性法律规定。它们规定了教师的基本权利、义务以及少量的救济制度。从时间上看，《教师法》施行的时间是 1994 年 1 月 1 日，2009 年 8 月 27 日修订；《教育法》施行的时间是 1995 年 9 月 1 日，2021 年 4 月 30 日第三次修订；《高等教育法》施行的时间是 1999 年 1 月 1 日，2015 年 12 月 27 日修订。在法制发展的过程中，我国持续推进高等学校教育改革和人事制度改革，高等学校的教育管理和人事管理制度发生巨大变化。教师聘任制、岗位设置管理制度、公开招聘和竞聘上岗制等人事管理制度已经基本上在高校确立起来。工资福利和社会保险制度改革也正在进行。虽然，在确认高校教师权利时，最根本的依据是《教师法》《教育法》和《高等教育法》这三大法律规定，从法律渊源和法律效力来看，它们无疑是居于高等教育部门法首位的，但是它们明显已经无法包括高校教育和人事管理制度改革而赋予教师的新权利。

其次，我国人事制度改革不断进行，国家有关部门出台了关于实施高校教师聘任制、岗位设置管理制度、公开招聘和竞聘上岗制的行政法规。自 1999 年至 2005 年是高校人事制度改革深化阶段。《面向 21 世纪教育振兴行动计划》提出，推进高校内部管理体制改革，加快高等教育体制改革步伐。随后，教育部出台《关于深化高等学校人事分配制度改革的若干意见》，强调深化高校用人制度改革，推进教师聘任制和全员聘用合同制；建立适合高校特点的工资分配制度和激励机制；改革教师管理模式，加强高校教师队伍建设；推进高校后勤社会化改革。2000 年华中科技大学、武汉大学、厦门大学、华中师范大学、东北师范大学启动高校职员制度改革试点。《关于在事业单位试行聘用制度意见》强调推进用人制度改革，全面实行公开招聘制度，规范人员招聘流程，完善聘用合同内容，依法规制解聘辞聘程序。这一阶段，在国家出台的政策法规推动下，高校人事制度改革向更广度和更深度上展开，一些著名高校率先实施校内岗位津贴制度，诸如北京大学、清华大学等，加大对教师的激励机制，引起社会广泛关注。自 2006 年至今是高校人事制度改革全面推进阶段。《事业单位岗位设置管理试行办法》强调，转换用人机制，推行岗位聘用制度，实现由身份管理向岗位管理的转变。《事业单位工作人员收入分配制度改革方案》要求改革事业单位现行工资制度，建立分级分类管理和岗位绩效的收入分配制度。高校根据各自的实际情况，在实施收入分配制度改革的同时，纷纷出台相关配套改革措施。比如，华中科技大学进行了校内综合业绩津贴分配改革；武汉大学实行了以岗定薪、优劳优酬、向优秀拔尖人才和关键岗位倾斜的校内分配办法。

最后，由于改革是一个步步推进的过程，因此在改革尚未完成的时候，与改革相关的权益保障规定无法同时出台，只能在完成一个步骤之后，出台下一步工作的指导意见。因而，一些规定呈现出零散、重叠的情况，没有形成系统的、完整的法规。以高校教师聘任制为例，关于高校教师的聘用合同的法律法规，散见于《教师法》《关于在事业单位试行人员聘用制度的意见》《关于进一步深化高等学校人事制度改革的实施意见》《事业单位人事管理条例》和《劳动合同法》之中，而且相关规定彼此之间还存在着法条的竞合。由于没有形成系统性、专门性和权威性的法律规定，高校教师在聘任制实施过程中，权益无法得到有效保护和救济。据了解，高校教师在与学校签订聘用合同过程中比较容易发生侵权行为。因为在通常情况下，合同关系应该是一种在自愿、平等、公平原则下的通过协议一致而达成的平等主体之间的民事法律关系。但是，由于高校与教师之间既是民事法律关系，又是管理与被管理的行政法律关系，同时又没有专门的法律依据，因此高校与教师之间在签订聘用合同的过程中存在着地位不对等的情况，从而导致双方无法进行平等的协商。可见，高校教师的权益救济还存在诸多值得探讨和研究的空间。

三、我国高校与师生的法律关系

法律关系不明确，必然导致权益纠纷救济途径选择的混乱、不清晰。所以，明确高等学校的法律地位，厘清高等学校与教师、高等学校与大学生之间的关系，是分析探讨高校师生权益救济制度的基础。

（一）我国高等学校的法律地位

高校的法律地位是指由法律规定的权利义务而确立的高校在社会关系系统中的纵向位阶和横向类别，体现高校的资格和身份，决定高校的行为能力和行为方式，并进而决定高校在社会活动中的基本面貌。

1. 民事主体地位

我国现行的法律法规将公立高校界定为具有法人资格的事业单位法人，是独立的法律主体。高校的这种法律定位主要依据《民法典》的分类，以营利为目的的设立的组织为企业法人，事业单位法人、机关法人、社会团体法人的设立则不以营利为目的，是基于公益目的。鉴于高校的教育教学活动不同于专门从事商品生产的经营活动，在性质上不以营利为目的，也有别于政府机构和社会团体，因此，将其归为事业单位法人。此外，《教育法》第三十二条规定："学校及其他教育机构具备法人条件的，自批准设立或登记注册之日起取得法人资格。学校及其他教育机构在民事活动中依法享有民事权利，承担民事责任。"《高等教育法》第三十条规定：高等学校自批准设立之日起取得法人资格。高等学校的校长为高等学校的法定代表人。高等学校在民事活动中依法享有民事权利，承担民事责任。因此，我国高校具有法人资格，是独立的法律主体，属于法人的范畴。特别要注意到是，高校中非独立核算的二级学院是没有法人资格的，更没有对外签约权。有的高校将金额几百万的维修合同、学院雇佣合同工的劳动合同等让二级学院自行盖公章签订，由于没有法律效力，一旦发生法律纠纷，承担法律责任的依然是该高校。

由于高校在性质上不以营利为目的,不能专门从事商品生产和经营活动,因而属于非企业法人。但现代高校基本都有校办或参股的后勤集团、产业集团、股份公司等,但这并不影响公立高校主营业务的教育事业性。在非企业法人中,高校既不同于政府机关,也不同于社会团体,因此应为《民法典》所规定的事业单位法人。国务院发布的《事业单位登记管理暂行条例》对此也作了明确规定:事业单位是指国家为了社会公益目的,由国家机关举办或者其他组织利用国有资产举办的,从事教育、科技、文化、卫生等活动的社会服务组织。根据这些规定,高校一经教育主管部门批准成立就获得事业单位法人资格。

事业单位法人是中国特色民法上的概念,将高校定位为事业单位法人,虽然能够揭示高校所具有的公益性、非营利性等特征,但是高校基于公共利益目的为社会提供高等教育服务的公益性特征未能够得到充分体现,这种观点不利于对高校行使公权力的行为进行有效规制和对受损合法权益的法律救济。

2. 行政主体地位

《教育法》第二十二条规定:国家实行学业证书制度。经国家批准设立或认可的学校及其他教育机构按照国家相关规定,颁发学历证书或者其他学业证书。第二十三条规定:国家实行学位制度。学位授予单位依法对达到一定学术水平或者专业技术水平的人员授予相应的学位,颁发学位证书。《国务院学位管理条例》第八条规定:学士学位由国务院授权的高等学校授予。以上法律法规条文都说明高校是法律、法规授权组织,具有行政主体地位。

法律、法规授权组织是我国行政法学中的一个特有概念,是指依具体法律法规授权而行使特定行政职能的非国家机关组织。我国《教育法》在规定学校所拥有的权力,诸如招生权、处分权、颁布学业证书权时,具有行政权力的主要特征,因而在性质上应属于行政权力或公共管理权力。公立高校既有符合授权的理由,更有授权的事实,所以公立高校属于法律、法规授权的组织。

1998 年底,北京科技大学应用科学学院物理化学系 94 级学生田永一纸行政诉状将自己的母校告上法庭,要求法庭判令学校按规定向自己颁发毕业证和学位证,办理相应的毕业手续,并赔偿因为延迟颁证所遭受的损失 3 000 元。在该案的判决中,法院明确指出了高等学校具有行政主体地位。判决书中指出:在我国目前情况下,某些事业单位、社会团体,虽然不具有行政机关的资格,但是法律赋予它行使一定的行政管理职权,这些单位、团体与管理相对人之间不存在平等的民事关系,而是特殊的行政管理关系。他们之间因管理行为而发生的争议,不是民事诉讼,而是行政诉讼。尽管《行政诉讼法》所指的被告是行政机关,但是为了维护管理相对人的合法权益,监督事业单位、社会团体依法行使国家赋予的行政管理职权,将其列入行政诉讼的被告,适用行政诉讼法来解决他们与管理相对人之间的行政诉讼,有利于化解社会矛盾,维护社会安定。所以北京科技大学颁发"两证"的权力属于代表国家行使的行政权力,是代表国家行使对受教育者颁发"两证"的行政权力,其与原告的争议可以适用行政诉讼来解决,属于行政诉讼法的调整范畴。该判决宣告了学校与学生之间在某些事项上"不存在平等的民事关系,而是特殊的行政管理关系"。它所行使的是法律赋予的行政管理职权。该案开辟了对高校内部管理行为进行司法审查的先例,以授权理论来解决公立高等学校在行政诉讼中的被告主体资格问题,认定了高等学校作为法律法规的授权组织,具有行政主体资格。

3.行政相对人地位

在行政法律关系中,高等学校具有两种主体资格。它既是行政主体,又是行政主体实施行政行为的行政相对人。行政相对人是指在行政法律关系中与行政主体一方互有法定权利义务关系的相对一方公民、法人和其他组织,即行政主体的行政行为影响其权益的个人、组织。在我国高等教育活动中,政府的教育行政部门履行国家教育行政管理职能,公立高等学校的教育活动属行政部门的管理范围。政府的教育行政部门,具体来说在中央是国务院的教育部,在地方是各级教育厅、教育局,它们分别主管全国公立高等学校的教育活动,各公立高等学校处于被管理的地位。在高等教育活动中,教育行政机关的行为,直接或间接地影响到公立高等学校的权益。某些教育部直属的学校,一定要认识到与地方教育厅、教育局处理好关系的重要性,虽然地位平级,但地方教育厅、教育局是代表政府,不仅具有管理处罚权,而且掌握了大量的政府资源,这对高校的生存和发展具有重要意义。

行政相对人的法律地位主要表现在:①行政相对人是行政管理的对象,必须服从行政主体的管理,履行行政主体的行政行为为之确定的义务,遵守行政管理秩序,否则,行政主体可以对之实施行政强制或行政制裁,如学校对学生宿舍例行检查,学生就不能以侵犯"隐私权"为由拒绝校方的检查;②行政相对人是行政管理的参与人,在现代社会,行政相对人不只是被动的管理对象,同时也通过各种途径、各种形式积极参与行政管理,如通过批评、建议、信访、征求意见等形式参与行政立法和各种行政规范性文件的制定与实施;③行政相对人在行政救济法律关系和行政法制监督关系中可以转化为救济对象和监督主体,如教师在职称评定过程中受到不公正待遇,他可以向学校高评委或校职称工作小组提出异议,要求复审材料等。

在高等教育活动中,高等学校必须服从其教育行政主管部门的管理,即按《教育法》《高等教育法》以及行政法规、规章规定的教育方针、教学质量培养国家和社会所需的各类高级专门人才,自觉遵守高等教育行政管理秩序,否则,教育行政机关可以取消其办学资格、撤销学位授予权的资格。

(二)高校与教师的法律关系

高校与教师在教师资格制度、教师职务制度和教师聘任制度这三大基本制度中有不同性质的法律关系。

1.教师资格制度中的行政法律关系

教师是履行教育教学职责的专业人员,承担着教书育人、培养社会主义事业建设者与接班人、提高民族素质的使命。对从事教师工作的资格予以法律规定是符合国家利益和社会公共利益的。《教师法》《教师资格条例》中规定国务院或省、自治区、直辖市教育行政部门是高等学校的教师资格认定机关,另外,一些具备条件的高校,在受前述行政部门委托的情况下可以认定在本校任职的人员和拟聘人员的高校教师资格。具备研究生或者大学本科学历的公民向教育行政部门或者受委托的高校提出申请,经审查,对符合条件的,在一定期限内颁发教师资格证书,因此,在高校教师资格的认定过程中,具备条件的高校作为受托人,在委托机关委托的范围内,以委托的教育行政机关的名义可以实施高校教师资格认定。

上述教师资格制度的各种规定表明,在教师资格认定和取得的过程中所形成的法律关系,是教育行政部门与教师之间的行政法律关系。高校在教育行政部门委托的情况下,与教师之间发生的是委托性质的行政管理关系。在这种关系中,教育行政部门是委托主体,高校是被委托主体,被委托主体的行为结果归属委托主体承担,因此,高校对教师资格的认定实质上是代表国家对教师资格的确认,在教师资格认定过程中高校与教师的关系属于行政法律关系。

2. 教师职务制度中的行政法律关系

高校教师职务评定是一种行政管理权力。《教师法》第十六条规定:"国家实行教师职务制度,具体办法由国务院制定。"《高等教育法》第四十七条规定"高等学校实行教师职务制度……高等学校教师职务的具体任职条件由国务院制定"。《高等学校教师职务试行条例》第十四条和十五条明确规定,国家教育委员会指导全国高等学校教师职务任职资格评审工作。省、自治区、直辖市成立高等学校教师职务评审委员会,负责本地区的高等学校教师职务资格的评审工作。

在教师职务资格审定活动中,教育行政部门和学校所起的作用不尽相同,因而学校与教师的法律关系不能一概而论。一般说,教师职务资格审定仍是一项行政管理权,高校只是有条件地享有部分审定权,即高校对助教享有完全的审定权,对讲师部分高校享有审定权(不包括没有成立教师职务评审委员会的学校)。没有得到授权的高校不享有副教授、教授的审定权,因此,应根据高校在教师职务评定活动中所起的实际作用确定高校与教师的法律关系。如果教师职务资格的审定依据授权由学校决定,那么学校便与教师形成行政法律关系;如果学校起辅助作用,教育行政部门起决定作用,那么不是学校与教师的行政法律关系,而是教师与教育行政部门的行政法律关系。

3. 教师聘任制度中法律关系的多重性

法律对高校和教师权利义务的设定具有行政色彩。《教育法》规定,学校具有聘任教师及其他教职工,实施奖励或处分的权利;而没有规定教师有拒聘的权利。又如《教师法》规定,学校及其他教育机构根据国家规定,自主进行教师管理;而对教师仅仅规定,教师要贯彻国家的教育方针,遵守规章制度,执行学校的教学计划,履行教师聘约,完成教育教学任务。这种不对等的规定,实际隐含了学校是管理者,教师是被管理者的预设,从而造成了聘任过程中学校与教师的权力失衡。随着经济的发展,教师科技成果转化力度的加强,弃教从商或做实业的老师也越来越多,高校也要通过提高教师地位、给教师宽松的教学科研环境,让教师充分享受到其应有的民主权利,相适宜的福利待遇,以及在三尺讲台上的成就感及尊严而安心教师岗位。

教师聘任制度是与教师资格制度及职务制度联系在一起的。在教师的资格认定和职称授予的过程中,学校或教育行政机构具有决定性的影响力,尤其是一些具有职称授予权的高等学校更是如此,因此在受聘的过程中,教师很难以平等的身份与聘任的学校或教育行政机构签订聘用(任)合同。正是这种管理者与聘任者合二为一的身份,使聘任双方处于不对等的地位。如某高校对一些非"985"学校教师来应聘本校教师要实行"职称重新认定制",这就是一种对某些教育部门职称评定标准的怀疑,这种做法是否合法还有待斟酌。

高校与教师构成聘用关系时,其法律性质需要依据聘任合同的性质判断。如果合同所建立的是行政管理关系,那么这个合同应视为行政合同,而如前所述,教师聘用(任)合同签订后,教师与高校建立了一种人事关系,它属于行政管理关系,因而从这个角度来讲,教师聘用(任)合同也满足行政合同的特征,因此,教师聘用(任)合同更多地具有行政合同的特征,教师聘任关系是教师与高校之间构成的一种特殊的行政关系。

(三)高校与大学生的法律关系

高校与大学生的法律关系因其特殊性备受社会关注,学界对这种法律关系性质的研究也众说纷纭,至今仍无定论。目前就高校与大学生的法律关系,一般可以分为四种理论,即民事法律关系、行政法律关系、准行政法律关系及特别权力关系。

1. 民事法律关系

持这种观点的学者认为,高校根据法律规定及政策要求,发布招生章程,设定入学条件,大学生根据高校要求缴纳学费,接受管理。高校与大学生均为意思表达真实的双向选择,高校不能强迫大学生入学,大学生也不能强迫高校提供教育服务。高校与大学生之间虽然没有签订明确的书面合同,但通过录取通知书或其他实际履行的方式,双方事实上一直在维系着合同关系,如高校发布招生章程为要约邀请,学生根据自身条件及高校情况选择报考则为要约,高校寄出录取通知书,实为承诺,大学生缴纳学费,办理入学手续,高校制定培养计划,大学生接受学校安排,均为共同履约行为。该理论认为,高校与大学生之间的关系是平等主体之间的民事法律关系,根据国家相关的规定,高校是提供教育服务的事业单位法人,"高校与学生是建立在平等、自愿基础上提供服务和接受服务的法律关系,二者之间是一种对等的权利义务关系"①。与大学生之间关系的实质是服务合同关系,关系的内容是提供和接受教育服务,高校收取学费,为大学生提供高等教育服务;大学生缴纳学费,接受高等教育服务,双方关系的实质是一种民事法律关系。孙桂丽对此认为,"从消费和服务的角度看,学生通过缴纳学费来享有教育服务以及各项权利,事实上就是在扮演消费者的角色,学校收取学生学费,并对其提供教育服务,则是作为固定的消费场所和产品、服务的提供者"②。

2. 行政法律关系

高校是依法对大学生进行管理的机构,高校对学生具有颁发学位学历证书、管理学生学籍及处分学生等权力,具备行政主体资格,与大学生是管理与被管理的关系,即属于行政法律关系,如周莹认为,"通过法律、法规的授权,高校对学生管理的权力是一种行政权"③。陶若铭提出,"高校通过法律法规的授权,建立规章制度来规范和教育在校大学生,这种规范和教育具有权威性,大学生处于绝对服从的地位,这种权威性和服从地位不能因大学生交了教育费用而有所改变,高等教育的任务是培养高级专门人才、提高全民族的科学文化水平,体现了国家意志,高校与大学生之间的法律关系是行政法律关系,而且属于外部行政法律关系。"④持这种观点的学者主要有以下理由:一是法律法规的明确授权。我国《教育法》《高等教育法》及学位条例通过法律授权的方式,明确给予高校对大学生的行政管理权,赋予了高校行政主体地位。二是在高校的招生上,我国仍然奉行"计划内招生"政策,高校代表国家行使教育功能,因此,从入学之日起,便构成了高校与大学生之间的行政法律关系。三是高校长期以来的行政化管理带来的惯性,国家办学为社会提供教育,决定了高校对大学生的管理带有明显的行政性质,与大学生之间的关系是明显的公法性质,大学生如果权利受到侵害只能通过行政复议或行政诉讼的机制获得救济。

3. 准行政法律关系

当前学界被大多数人所接受关于高校与大学生法律关系的观点是准行政法律关系。该观点采取折中的态度,认为不能简单地认为高校与大学生之间的法律关系为民事法律关系或者是行政法律关系。在高校的日常管理中,高校与大学生之间的关系纷繁复杂,既是平等的民事法律关系,也是管理与被管理的行政法律关系,所以将高校与大学生的法律关系定位"准行政法律关系"。持这种观点的学者认为,可以从两方面来理解高校与大学生之间的法律关系:首先,我国《教育法》

---

① 王名扬:《论比例原则》,《时代法学》2005年第4期,第20页。

② 孙桂丽:《产权、消费权与高校学生权益保护》,《经济研究导刊》2008年第2期,第109页。

③ 周莹:《高校学生管理权之行政法思考》,《中国成人教育》2008年第3期,第36页。

④ 陶若铭:《高校学生工作中的法律问题及对策》,《统计教育》2007年第S1期,第94页。

《高等教育法》等法律对高校与大学生的权利义务都有明确规定,为高校与大学生在教育活动中的行为提供了法律依据,高校是教育机构,大学生是受教育者,高校与大学生之间是教育和被教育的关系;其次,根据法律规定,高校对大学生具有组织管理的职能,是一种组织管理系统,而大学生具有服从高校管理的义务,是该组织管理系统中的一要素,即高校是管理者,大学生是被管理者,高校和大学生是管理与被管理的关系。

高校作为代表国家行使教育职能的特定机构,在法律规定的范围内依法享有自治权,有权制定规章制度并要求大学生遵守,大学生具有听从和认可高校管理的义务。在作为教育法律关系主体的同时,大学生也是具备完全行为能力的自然人,大学生一般都已满18周岁,具备民事权利能力和完全的民事行为能力,可以对自己的行为负责,在服从高校管理的同时,毋庸置疑地与高校存在一些平等的契约关系,因此,高校与大学生的法律关系兼具民事法律关系和行政法律关系特点,是准行政法律关系。劳凯声认为,"高校与学生之间的法律关系一方面既具有行政管理权力特质,另一方面又具有民事管理权利特质,具有行政与民事的双重属性,是一种复合性的管理权"[1]。准行政法律关系说在我国当前学界受到众多学者的支持。

4. 特别权力关系

特别权力关系理论最早出现在德国,我国虽然没有明确采用"特别权力关系"的概念,但在立法与司法实践中,深受该理论的影响。特别权力关系是与一般权力关系相对应的,在特别权力关系,权力主体享有自定管理规则和自主实施处分的权力,行为相对人的义务并不确定,当事人之间的权利义务并不完全对等。在我国,高校享有的自主管理权是得到法律授权的,换句话说,高校为了实现教育目标,对自身的各项事务享有自由裁量权,包括学位学历证书颁发、学籍管理及学生处分权等,因此,有学者认为,高校与学生之间的法律关系的性质应该确认为一种公法人内部的特别权力关系。

第二节　和　解

"救济"一词根据《牛津法律大辞典》的解释,是指"纠正、矫正或改正发生或业已造成伤害、危害或损害的不当行为"[2]。权利的基本法则告诉我们,"有权利必有

---

① 劳凯声:《教育体制改革中的高等学校法律地位变迁》,《北京师范大学学报》2007年第2期,第13页。

② 杨春福:《权利法哲学导论》,南京大学出版社,2000年版,第162页。

救济""有损害必有赔偿"。权利救济既是权利实现的保障,同时它本身也是一种权利。德国著名法学家耶林说:"无论个人的权利,还是民族的权利,但凡一切权利都面临着被侵害、被抑制的危险——因为权利人主张的利益常常与否定其利益主张的他人的利益相对抗。"①大学生的权利也有与所在学校的利益存在着"对抗"的一面,大学自治理念的发展和自治能力的提升,以及降低救济成本的需要,都使得与学校进行协商和解应该成为大学生权利救济的首选途径。

一、和解的概念

和解作为一种常见的纠纷解决机制,是指纠纷双方当事人通过直接沟通达成一致意见,最终使纠纷得到解决的一种解纷方式。协商和谈判的过程就是一种和解的过程,通过不断地协商和谈判,双方最后获得一致意见。②

协商和解是解决问题最简便、最经济的方式。这种方式建立在大学生与高校双方自愿、互谅、互让的基础上,根据法律规定和约定,通过平等的对话、协商、妥协等温和的、建设性的方式,就消除争议达成一致意见。这种方式对双方都损害较小,节省时间和精力,程序简单。大学生权利未能得到实现的时候,如果给大学生与学校平等对话的机会,根据法规共同商量出补救办法,无疑对学生和学校都是理想的途径。比如,一位学生由于学习甲专业非常困难,已经有两门课程不及格,要从甲专业转到乙专业就读,因乙专业人数太多不能实现他的要求,就损害了他的选择专业权。此时,如果学校能与学生协商,介绍与乙专业相近的丙专业情况,让其对丙专业有更多的了解,最后该学生愿意转到丙专业就读,就能使自己的选择专业权得以补救实现,最终实现学生的成长和学校管理的双赢。因为教师与高校之间特殊的人事管理关系,如果两者发生纠纷可以通过调解的方式来解决,而不会考虑和解,因为和解需要双方的让步,这对高校管理的科学性就带来较大挑战,也不符合高校法治的精神。

二、校生和解的范围

哪些校生纠纷可以通过和解的方式加以解决,往往与纠纷的种类有关。按照纠纷解决理论,可以通过和解的方式解决的校生纠纷,主要是民事纠纷。作为一种合意的纠纷解决方式,和解解决纠纷的前提是纠纷双方当事人有权处分自己的权利。校生纠纷中的民事纠纷,由于当事人双方的权利都是私权利,根据民事权利的

---

① 鲁道夫,冯·耶林著,胡宝海译:《为权利而斗争》,中国法制出版社,2004年版,第15页。
② 沈恒斌:《多元化纠纷解决机制原理与实务》,厦门大学出版社,2005年版,第101页。

处分原则,纠纷双方可以经过协商、谈判,做出妥协和让步,最终达成和解。司法实践中,校生纠纷的当事人也正是基于对自己权利的退让,而解决校生纠纷的。但是,在校生纠纷中,有一部分是高校在行使行政管理权过程中发生的,性质上属于行政纠纷,如招生录取、颁发学业证书、开除学籍等,这类具体行政行为如果发生校生纠纷,则不属于和解范畴。对于行政相对人而言,行政权是一种权力,而对于行政主体而言,行政权是一种义务,行政机关必须履行,不得放弃和妥协,否则就是失职行为,也就是说,行政权作为行政机关的一种义务,行政机关没有处分的权利,而作为和解的前提就是当事人对自己的权利拥有处分权,因此,校生纠纷中行政纠纷不在和解的范围。

三、校生和解的内容及效力

学生与学校协商救济时,学生可以主动提出救济要求,表达和解意愿。属于学生个人的权利救济由个人提出,属于群体性的权利救济应该由被侵权群体的全体人员或部分代表提出。同时,应发挥学生会在纠纷处理中的积极性。提出的方式可以根据需要采取口头或书面形式,接受请求和参与协商者必须是能代表学校处理问题的院(系)、处或部门。当然,和解意愿的表达也可能来自学校一方,当学生提出复议或诉讼之时,学校可以主动与学生和解,从而阻止更多的救济程序启动。

在协商和解的过程中,学校不能依仗自己的地位与权力,对学生的请求置之不理或采取拖延的办法,不能敷衍学生,更不能借和解之名行威胁或压制学生之实,不能给大学生造成新的无形压力。为了让协商和解达到理想效果,学校要本着积极帮助大学生获得救济的态度,公平合理,实事求是,努力解决纠纷,提倡运用行政法上的比例原则,在管理目标与维护权利之间尽量减少对权利维护的不利影响。如果属于学校规章制度的不当或管理中存在的缺陷,要有改正错误的勇气。学校要主动指导大学生准备翔实、充足的证据和必要的证明材料,鼓励学生大胆主动向学校一方陈述事实、讲清困难、说明理由。在协商和解中,要建立和解笔录制度。鼓励通过学生会组织与学校事先沟通。对于学校确实难以救济的权利,可以利用协商的机会解释,摆明原因,分析事实,以得到大学生的谅解。

但是,就是这样一种不管是校生纠纷还是民间其他纠纷都运用的十分广泛的一种纠纷解决方式,和解的效力没有得到相关法律法规的认可,使得和解的价值在解决纠纷的过程中没有得到应有的体现。在校生纠纷解决的实践中,由于和解的效力没有得到法律的明确认可,和解的作用也大打折扣。一旦一方当事人反悔,起诉到法院的话,法院会重新启动调查程序查明事实做出判决。之所以会出现这样的情形,一个重要的原因就是我国法律对和解协议的效力没有做出明确规定加以认可。利用和解的形式达成的和解协议实际上也是一种民事合同,双方当事人在缔结和解协议的过程也是意思自治表现的过程,依照合同自由的原则,理应保护和解协议的效力。如此,校生纠纷中绝大多数通过协商达成的和解协议,就像其他合同一样有了法律效力,校生解决的效率会更高,成本会更低。

第三节 申 诉

申诉从法律上讲是指公民对国家机关做出的涉及个人权益的处理决定不服,依法向原处理机关或其上级机关或法定的其他专门机关声明不服、述说理由并请求复查和重新处理的行为,是公民维护个人合法权益的重要救济手段。每个公民都享有属于自己的申诉权,这是宪法中赋予每一位中国公民最基本的权利。《宪法》第四十一条规定:中华人民共和国公民对于任何国家机关和国家工作人员,有提出批评和建议的权利;对于任何国家机关和国家工作人员的违法失职行为,有向有关国家机关提出申诉、控告或者检举的权利。在使用申诉权的时候,需要满足如下两个条件:一是要形成个体权利,二是需要有公共权力产生。当政府部门或相关机关在使用某些公共权力的时候,可能会对公民利益带来积极影响,也可能会损伤其权益。因此需要对公共权力的使用做一定的限制,并且在伤害发生的时候,还要制定相应的救济制度,对公民进行补偿。高校也会因为其管理行为对教师、学生造成侵害,因此学生与高校教师的申诉权行使也是其权益救济的重要途径。

一、大学生的申诉权

大学生的申诉权是公民申诉权在教育领域的具体体现。教育法规已经使大学生的申诉权得以明确化。2021 年修订的《教育法》第四十三条规定,受教育者对学校给予的处分不服时,有权向有关部门提出申诉;对学校、教师侵犯其人身权、财产权等合法权益时,可以提出申诉或者依法提起诉讼。《普通高等学校学生管理规定》第五条也明确了这一权利。对于大学生来说,当他们在接受高等教育服务的过程中,对学校给予的处分或处罚不服,或认为某些合法权利受到侵害时,就有表达自己意志,进行申辩、陈述理由的正当途径。这有利于化解学生与学校的矛盾,恢复或补救其合法权利,是人本理念的充分体现,也符合民主社会建设的要求,能促进高等教育法制化进程。大学生申诉制度分为两个层次:一是向所在学校申诉,二是向教育行政主管部门申诉。

(一)校内申诉

早在 1995 年 8 月 28 日国家教委发布的《关于开展加强教育执法及监督试点工作的意见》中就提出:校内申诉制度是教师、学生、职员因学校或者其他教育机构有关处理决定不服,或认为其有关具体行为侵犯了自身权益,申请学校或者其他教育机构依照规定程序进行审查处理的制度;建立校内申诉制度,可依托校内有关部门,如学生管理部门、教师管理部门;学校申诉工作程序包括申请审查、受理、直接听取争议双方的意见和理由,进行必要的调查工作,在此基础上依多数意见形成处理意见书,经学校管理机构批准后,正式做出申诉处理决定。这些意见在十多年的高等教育管理实践中得到响应,并成为法律规定,但具体运行尚在探索之中。为了建立学校内的申诉救济制度,至少要明确以下4个问题:

1.建立专门的受理学生申诉的机构,制订具体的申诉办法

向学校申诉自然要有可以申诉的机构。这就要求学校成立申诉处理委员会。按照《规定》第五十九条规定,"学校应当成立学生申诉处理委员会",学校的"学生申诉处理委员会应当由学校负责人、职能部门负责人、教师代表、学生代表组成"。具体人数和日常事务机构及运行体制由学校规定。根据一些学校的机构组成实际情况,多数是5~9人,如湖南大学的学生申诉处理委员会由与申诉事项有关的分管学校领导,学生工作部、教务处、校长办公室,校法律事务办公室等相关部处负责人,以及教师和学生代表(1名研究生会主席,1名校学生会主席)组成。从一般学校的申诉委员会成员组成情况看,民主程度多有欠缺,学生代表和家长代表少,依然是学校责任部门的负责人,事实上许多纠纷就是这些部门的工作不当引起的,由他们自己来进行再决定,影响申诉的公正性。

学生申诉委员会应该制定申诉管理办法,对学生申诉的受理、申诉的处理、听证、答复的效力要明确规定。再以《湖南大学学生申诉管理办法》为例,该办法共六章二十五条;第一章是总则,第二章是学生申诉处理委员会,第三章是申诉的受理,第四章是申诉的处理,第五章是听证,第六章是附则,对学生申诉处理委员会、申诉的受理、申诉的处理、听证,都做了规定。

台湾地区所制定的学生申诉制度较为详细,尤其在人员配置方面的经验十分值得我们学习。在人员上,规定了教师与学生的人数占比都要处于1/3以上。对于决定当事人来说,需要回避各种决定的给予,其制定的回避制度较为完善。

2.要明确相应的申诉受理范围

根据《规定》第六十条规定,学校申诉处理委员会负责受理学生对处理或者处分决定不服提起的申诉。学校可以在这个基础上根据自主权制定更具体的受理范围,如《湖南大学学生申诉管理办法》中规定受理申诉的范围包括"对学生本人做出的取消入学资格、退学处理的处理决定"不服,"对学生本人做出的警告、严重警告、记过、留校察看"不服,可以向学校申诉处理委员会提出申诉。

3.规范申诉的程序与时限

申诉在学校对学生做出处理决定已经生效的情况下才能进行。按照《规定》第六十条规定,学生应该在接到学校有关权利的决定书之日起10个工作日内依据事实向学校申诉委员会提出书面申诉,超过申诉期限学校可以不予受理。学生申

诉处理委员会对学生提出的申诉进行复查,并在接到书面申诉之日起 15 日内做出复查结论并告知申诉人。情况复杂不能在规定限期内做出结论的,经学校负责人批准,可延长 15 日。学生申诉处理委员会认为必要的,可以建议学校暂缓执行有关决定。经过复查,如果学生申诉处理委员会认为学校的处理不当或者处分的事实不当、依据不当、程序不当等,对做出的复查意见可以提出撤销或者变更的建议,对相关部门提出予以研究的要求,向专门会议或者校长办公会重新提交并做出相关决定。

4. 明确学校申诉结果的法律效力

作为一项法定的制度,我国的学校申诉救济制度是针对学生与学校法律纠纷,由学校来行使行政裁决权进行解决的合法途径。不过,学校申诉处理委员会本身并不具有改变被申诉行为的权力,需要改变时,应该由学校来决定。对于学校的申诉处理结果,如果学生不满意,可以向行政主管部门再次提起申诉,也可以根据情况提起行政复议或向法院提起诉讼,也就是说,学校申诉处理的结果不具备学生权利救济的终局效力。目前,我国许多高校建立了大学生申诉制度,比如有的高校制定了《学生申诉管理办法》,对学生校内申诉的受理和处理程序、听证的程序和要求等内容做出明确规定。虽然学校申诉委员会是学生权益维护的核心部门,它能对学校行使管理权力的行为起到一定的监督作用,但是,实际运行中难免会存在权力行使受到学校管理部门干涉的现象。虽然申诉委员会的组成中有学生代表,但无论是人数、地位,还是分析问题的能力,学校一方都占绝对优势,容易导致服从维护学校原来的决定,因此,大学生申诉权的实现还需要校外申诉制度的助力。

(二)校外申诉

史蒂芬·霍尔姆斯说:"只有当个人遭受的侵权通过政府公平而可预期地得到了矫正,个人才能在法律而不是在道德意义上享受权利。"[1]公民权益的保护是政府产生并得以生存的前提与基础,政府正是在履行自己法定职责的过程中证明自己的合法性与正当性,因此,当公民或组织的合法权益受到违法或不当行为的侵害时,政府应当供给合理的救济途径,以便其合法权益受到保护。如果大学生的权利受到学校的侵犯,而不能通过与学校协商或申诉的办法加以救济的时候,寻求上级行政主管部门或政府的行政救济,是一条重要的维权之路。

大学生的申诉权既包括向自己所在学校申诉的权利,也包括向省级教育厅甚至教育部申诉的权利。因为学校的不愿意或者权能限制,有些侵权行为可能通过学校申诉难以获得救济。比如:某省规定专升本的时候要有省级计算机等级证书,而某高职学院没有在省级计算机考试之前将该文件精神传达到学生,并且组织

---

① 史蒂芬·霍尔姆斯,凯斯·R.桑斯坦著,毕竟悦译:《权利的成本:为什么自由依赖于税》,北京大学出版社,2011 年版,第 26 页。

学生参加了国家的计算机等级考试,在专升本报名时又让一些只有国家计算机等级证书的学生报名参加了考试。结果到录取的时候,省教育厅对录取学生进行证书核实,发现这些学生不具备参加升学考试的条件,于是取消了他们的录取资格。这是由于学校没有让学生实现知情权的结果,但在学校的权限内无法补救,如果学生向学校申诉,并进一步向省教育厅申诉,省教育厅则有权力和能力补救这一权利。

再比如,某大学公布的《学生行为道德规范管理条例》,大学生不得做出接吻、勾肩搭背、手拉手等有损形象的行为,女学生不得穿裸露装,不然会对违例学生进行扣分并采取其他惩罚措施。若学生被扣 30 分,则学校可强制令其退学,而牵手、搂腰、拥抱、接吻是道德行为规范,是公德的问题,虽然学校可以不提倡,或进行一些劝导,但作为大学生的人格尊严应该受到尊重,不能成为限制甚至剥夺其教育权的依据。如果一个学生在此情形下被剥夺接受教育的资格,他向学校申诉并不容易获得救济,应该赋予他向上级主管部门申诉的权利。

一般来说,向上级主管部门申诉前要先经过学校的申诉。《规定》第六十二条要求:学生对复查决定有异议的,在接到学校复查决定书之日起 15 个工作日内,可以向学校所在地省级教育行政部门提出书面申诉。省级教育行政部门在接到学生书面申诉之日起 30 个工作日内,应当对申诉人的问题给予处理并做出决定。《规定》第六十四条规定:自处理、处分或者复查决定书送达之日起,学生在申诉期内未提出申诉的视为放弃申诉,学校或者省级教育行政部门不再受理其提出的申诉。处理、处分或者复查决定书未告知学生申诉期限的,申诉期限自学生知道或者应当知道处理或者处分决定之日起计算,但最长不得超过 6 个月。这就明确了学生向省级教育行政部门申诉的权利和时间期限要求。

目前,省一级教育主管部门大多成立了由省教育厅领导为负责人的申诉处理委员会。比如,湖南省成立了任期三年的湖南省普通高等学校学生申诉处理委员会,由 13 人组成,主任是省教育厅分管高等教育的副厅长,委员包括省教育厅高等教育处处长、副处长,教育厅学生处、学位办、政策法规处、监察室、省委教育工委等方面的行政人员和中南大学学生工作处,还有湖南大学法学院、湘潭大学法学院、湖南师范大学法学院的四位教授。该委员会制定并颁布了《湖南省普通高等学校学生申诉处理委员会章程》,明确湖南省普通高等学校、承担研究生教育任务的科学研究机构的研究生和本科、专科学生认为学校对其进行的处理侵犯其合法权益时,可以依照该章程向申诉处理委员会提出申诉。该章程共二十二条,其中对申诉范围规定为:"对学校取消其入学资格不服的;对学校的退学处理决定不服的;对学校做出的违规、违纪处分不服的。"同时,还规定申诉处理委员会对受理的申诉,应当成立申诉处理工作小组进行处理;申诉处理工作小组在成立之日起 10 个工作日内,向申诉处理委员会办公室提出处理意见;省教育厅根据申诉处理工作小组的处理意见做出处理决定,形成申诉处理决定书。在收到申诉人的书面申诉之日起30个工作日内,将申诉处理决定书送达申诉双方当事人。

目前,国家教育行政部门没有建立统一的《学生申诉条例》,省级之间申诉制度在受理申诉的机关、申诉范围、申诉处理程序、申诉结果效力等方面在差异。学生校外申诉制度的完善要处理好两个基本关系:一是省级申诉范围与学校申诉范围的关系。按照规定,向省教育行政部门申诉之前先要向学校申诉,只有在学校申诉未能得到救济时才向省教育行政部门申诉。于是,学校的申诉范围要大于省教育行政部门的申诉范围。可以鼓励学校根据实际适当放宽申诉范围,省教育行政部门的申诉范围则要考虑全省的实际进行统一协调。二是维护学校权益与救济学生权利的关系。尽管学校是独立法人,但由于学校和教育行政部门的关系与学生跟教育行政部门的关系相比要密切得多。省教育行政部门要照顾学校的管理实际,要考虑不引发其他高校类似事件的发生,容易出现感情倾斜,因此,在向省教育行政部门申诉的过程中,与案件有关系的人员要回避,尽量避免权力干涉和人情干扰。总而言之,大学生的申诉救济仍处在探索发展阶段,不妨拓展申诉范围,优化申诉程序,容纳更多的案件推动申诉制度实践中的改进和完善。

二、高校教师的申诉

(一)高校教师申诉制度的概念

教师申诉制度是指教师在其合法权益受到侵害时,依照法律、法规的规定,向主管的行政机关申诉理由、请求处理的制度。教师申诉制度是《教师法》确立的一项专为教师制定的、与教师教育教学等权利有关的法律救济制度。我国高校教师申诉制度有如下三个方面的含义:

第一,高校教师申诉制度是一项法定的申诉制度。出台于20世纪90年代的《教师法》首次通过第三十九条的规定正式创设了教师申诉制度,①明确了教师申诉的对象、申诉的缘由和申诉的期限,这是宪法关于公民申诉权利的规定在教师身上的具体体现,使教师的合法权益能够及时得到保障。同时,各级人民政府及有关部门授予高校具有独立解决纠纷的权力,此权力同样具有法定性。

第二,高校教师申诉制度是一项专门保护教师权益的法律救济制度。对比其他行业专业技术人员的立法,如执业医师、律师、警察等,这些行业的基本法律多为

---

① 我国《教师法》第三十九条:教师对学校或者其他教育机构侵犯其合法权益的,或者对学校或者其他教育机构做出的处理不服的,可以向教育行政部门提出申诉,教育行政部门应当在接到申诉的三十日内,做出处理。教师认为当地人民政府有关行政部门侵犯其根据本法规定享有的权利的,可以向同级人民政府或者上一级人民政府有关部门提出申诉,同级人民政府或者上一级人民政府有关部门应当做出处理。

业务管理要求而鲜见专门的申诉或类似的制度设计,《教师法》对于教师申诉的专门性规定则体现出国家对教师群体权益保障的高度重视。简言之,教师申诉制度的创设不仅宣示了尊师重教的立场和价值,而且为其权利救济提供了制度化、专门化的实践路径,这是教育立法的重要成果。

第三,高校教师申诉制度是非诉讼意义上的行政申诉制度。教师申诉制度是由行政机关根据法定行政职权和程序,依法对教师的申诉做出行政处理的制度。其行政处理决定具有行政法上的效力,但有别于诉讼法上申诉制度的效力。诉讼意义上的申诉包括刑事诉讼中的申诉、民事诉讼中的申诉和行政诉讼中的申诉,相对于教师申诉来说,其解决纠纷的方式更为严肃,程序更为严格,采取两审终审制,是一种司法活动。高校教师申诉制度属于教师申诉制度的一种,是教育行政部门为保障高校教师制定的制度。

（二）高校教师申诉制度的法律依据

长期以来,作为权利救济途径的教育申诉制度在师生群体间的运用上也呈现出不均衡的局面,我国教育治理中的权利保障更多地是以学生（受教育者）为话语对象,教师权益则往往被淡化甚或被忽视。《教师法》首次正式创设了教师申诉制度之后,《国家教育委员会关于〈教师法〉若干问题的实施意见》第二十条、第二十一条进一步明确了教师申诉权,2014年出台的《事业单位工作人员申诉规定》,填补了申诉制度在立法程序方面的空白。《事业单位工作人员申诉规定》提出:事业单位工作人员对涉及本人的人事处理不服的,可以依照本规定申请复核;对复核结果不服的,可以依照本规定提出申诉、再申诉。该规定从管辖、申请与受理的程序和范围、审理与决定、执行与监督等方面构建了一套完整的事业单位行政人员的申诉机制。

第一,从管辖上看,事业单位工作人员可以首先向原处理单位申请复核,这样的设置为原处理单位对已经做出的决定提供了一个重新审查与纠正的机会。事业单位工作人员在相关事由经复核后仍不服的,可向同级事业单位人事综合管理部门提出申诉;如果仍有异议的,可以向上级主管部门提出再申诉。

第二,在申请与受理的范围和程序方面,《事业单位工作人员申诉规定》明确了可申请复核或者提出申诉、再申诉的六大事由:处分,清退违规进人,撤销奖励,考核定为基本合格或者不合格,未按国家规定确定或者扣减工资福利待遇及法律、法规、规章规定可以提出申诉的其他人事处理。同时,申诉规定从程序上对申请复核或者申诉、再申诉的时效、申请书的内容、处理期限、受理情形、申请人撤回申请等方面做出了详细的规定。

第三,在审理与决定的规定方面更加明确。一是,在组织机构方面,《事业单位工作人员申诉规定》要求受理申诉、再申诉的单位应当组成申诉公正委员会审理案件,并严格规定了人员的组成及数量方面的要求;二是,明确了委员会应当审议的事项、处理决定的4种情形,并且赋予了申请人进行必要的陈述或者申辩的权利。同时,还规定了申诉处理决定书应当载明的内容和及时送达的程序。

第四,执行与监督。在执行方面,《事业单位工作人员申诉规定》明确了处理决定成为生效的最终决定的四种情形及执行时限。在监督方面,设置了回避制度和追责制度。

可见,《事业单位工作人员申诉规定》建立了一整套关于事业单位工作人员提请申诉的程序,从法律上为事业单位工作人员申诉提供了有力支持,使得申诉救济制度不再仅仅是一项原则上的规定,而是有具体法律程序和保障的救济办法。这项规定当然适用于作为事业单位工作人员的高校教师。《事业单位工作人员申诉规定》的出台改变了原来高校教师申诉制度只有权利规定、没有救济程序的状况,从程序法方面为高校教师维权提供了新的保障。

(三)教师申诉制度的现实运行及困境

教师申诉制度作为教师权利救济的专门性、基础性制度,无论从创设目的还是从主体规则来看,教师申诉制度的核心都在于保障教师权益。但这些年制度实践效果不明显,相关理论的正确性和有效性受到质疑,表明我国教师申诉制度仍存在诸多缺陷。其突出缺陷是:容易被行政权力干扰,制度程序执行得不到保障,缺乏中立性,和诉讼程序和复议程序混淆,降低了权利救助效果,且不利于解决纠纷。

1. 申诉受理机构地位不明确

学校申诉受理机构的地位比较尴尬。大多数高校设置了专门的申诉受理机构以满足教师的申诉需求。中国政法大学等五所高等院校专门设置了申诉受理部门,由上级人事部统筹管理,其被命名为人事争议调解机构;咸阳师范学院和汕头学院也设置了申诉受理机构,由学校监察审计部门统筹管理;武汉理工、中南财经等院校从工会中分化出申诉受理组织;北京大学设置的申诉受理机构为监察委员会,且规定监察委员会只对校长负责。以上可知,绝大多数院校将教师申诉受理组织归于其他部门,其地位并不被重视,因此无法体现出权威性。

2. 申诉受理机构人员设置不完善

未明确规定申诉审理机构的人员结构、数量等内容,少有学校在其规章制度中对申诉受理机构的人员配置有描述。在搜集到的制定内部申诉管理制度的 20 所高校中,仅有 14 所高等院校提出了具体的人员比例要求;有 13 所高校申诉制度规定了各部门代表人数占比,明确教师职工代表占比的高校有 7 所,明确教师职工维权代表的高校有 3 所,对党政领导者的占比进行限制的高校有 2 所,对人员构成有明确规定的高校有 1 所,总之,大多数高校虽然设置了申诉审理部门,但没有明确规划方案,缺少部门成员构成、人数和代表占比等详细信息,导致审理机构无法体现出权威性和公正性。有的高校对此做出明确的规定,但是在对人员进行设置方面还存在一定的不足,例如宝鸡文理学院①,在由 13 人组成的教师校内申诉处理委员会中,教师代表和法律人员仅占 4 个名额,其余三分之二以上的人员都为学校各部门的负责人;又如汕头大学②,在由 9 人组成的教师校内申诉处理委员会中,教师代表和法律人员仅占 4 个名额,其余一半以上的人员都为学校各部门的负责人。学校各部门负责人在人员构成中占据如此之高的比例,会直接强化申诉机构的行政性,从而影响申诉受理机构的独立性和中立性,进而损害申诉人的权益。总体来说,现阶段我国的大部分高校设置了教师申诉受理机构,但是在对机构进行设置时没有标准化的要求,让机构的独立性以及管束性受到影响,让机构在申诉受理过程中不能秉承公平公正的原则,从而在实践中给教师申诉带来不可避免的困难。

3. 申诉范围厘定不清晰

各高校对申诉范围的规定各不相同,宽窄程度也各不一致,但申诉范围厘定的不够清晰是其共同存在的问题,这主要包括申诉范围过于笼统、过于狭窄及具体事项不明确等缺陷。

首先,申诉范围规定的过于笼统,例如在教育部已核准公布的 92 所高校的大学章程中,就有 26 所高校仅用"教师合法权利"规定其申诉范围,这种过于笼统的规定方式虽然条文简单、内容全面,几乎所有的纠纷类型都能囊括在内,但是由于其过于笼统、模糊,从而使受案范围不能得到准确把握,因而在实践中可操作性不强。

其次,申诉范围规定的过于狭窄。在明确规定申诉范围的高校中,申诉范围存在过于狭窄的问题,例如北京大学、清华大学等 11 所高校规定只受理教师对学校处理、处分决定不服的申诉;而复旦大学、中国政法大学等 5 所高校规定只受理教师对人事纠纷的申诉。教师校内申诉制度作为高校内部处理纠纷最便捷、最直接的方式,也是最大程度保障教师权益的制度,而规定过于单一的申诉范围,不仅会使教职工的权益得不到有效维护,而且也会造成校内资源的浪费。

最后,申诉范围虽有分类,但具体事项不明确。在已出台教师校内申诉处理办法的高校中,部分高校将申诉受理事项只简单的规定为两类:一是学校侵犯教师合法权益,二是教师对学校的处理决定不服,未采用列举的方式明确哪些合法权益受

---

① 《宝鸡文理学院教职工校内申诉处理办法》第五条规定:学校成立宝鸡文理学院教职工校内申诉处理委员会,负责处理教职工申诉工作。教职工申诉处理委员会成员分别由学校领导、党委办公室、组织部、纪检委、工会、校长办公室、人事处、审计处、后勤管理处等部门负责人及教职工代表(3 名)和法律人员(1 名)共 13 人组成。

② 《汕头大学教职工校内申诉处理办法(试行)》第五条规定:学校成立汕头大学教职工校内申诉处理委员会,负责处理教职工申诉工作。教职工申诉处理委员会成员分别由学校领导、组织统战部、监察审计处、人事处、校工会等部门负责人及教职工代表(2 名)和法律人员(2 名)共 9 人组成。

侵犯可进行申诉,也未采取反向列举的方式对不予受理的事项进行明确规定。

4.申诉程序规则的粗疏制约其执行力

相较于复议或诉讼,申诉是针对教师的法定、专门、基础的救济方式,但这种法定性仅仅停留于制度依据及较为粗疏的主体框架,难以为维权活动提供更为细致的执行性规范。教育部相关的实务工作人员在研究成果中曾坦言,从多年来的实践看,教师申诉制度法律规定较为宽泛,可操作性不强。

众所周知,《教师法》涉及教师申诉制度的内容仅有第三十六、三十九条,申诉处理机构固然为政府及其教育行政部门,但具体由哪个机构专门受理及其处理程序则不甚清晰。尽管《〈教师法〉实施意见》对管辖、受理、程序等内容做出了简要的说明,但教师申诉制度依然存在着许多重要制度规范的缺失,如说明理由、回避、听证等程序性制度;教师申诉决定的种类及其适用条件也不甚健全,尤其是申请、受理、审查、决定等处理过程缺乏明确规定。例如,在"湖南大学两副教授被学校解聘"事件中,涉事教师曾向教育部提交了申诉材料,但挂号信寄出后的两个月里并无回音,他们既无法知悉处理过程,也难以针对性地诉诸后续救济手段,这显然不利于教师维权和监督。① 再如,据笔者了解,2020 年 1 月,西部某省 Q 县教师陈某曾以当地政府为被申诉人向省政府提交了申诉申请书,反映了中小学教师工资收入远低于本地公务员平均水平等问题。② 姑且不论案件事实、被申诉人的适格性,以及法律的解释和适用,该案仅在程序性处理上就呈现出不少漏洞:首先,省政府在移送管辖后,由 Q 县教育局担任申诉处理机构有违程序正义理念;其次,县教育局于 3 月 5 日做出了《信访事项处理意见书》(Q 县教信〔2020〕11 号)而非申诉处理决定书,显然将申诉与信访相混淆,其处理意见也不具有相应的法律意义;最后,整个申诉处理过程耗时两个多月,与行政复议的法定审查期限相差无几,并未体现出申诉措施的便利性。这些问题的出现固然源于法律规则的执行不力,但与相关程序性规定的粗疏也不无关系,尤其相较于复议、诉讼而言,教师申诉作为专门救济制度的操作性规范是极为薄弱的,这给教师的维权行动带来不可避免的障碍。

5.申诉处理结果的模糊影响其约束力

《教师法》没有规定申诉处理结果的种类及其适用条件,其实施意见在借鉴原来《行政复议法》第二十八条的基础上,设置了维持、变更、撤销、责令重做等四种申诉决定形式,并适用于"不同情况"。这固然从形式上做出了类型化的形态划分,但仔细来看,申诉决定的种类、适用条件及效力等都存在不少漏洞。一方面,上

---

① 腾讯网.湖南大学两副教授被学校解聘,已起诉教育部[EB/OL].[2020-04-05] https://hn.qq.com/a/20160922/032782.htm.

② 搜狐网.四川邛崃教师上书讨考核奖,启动教育问责机制势在必行[EB/OL].[2020-04-05]https://www.sohu.com/a/378718130_115860.

述四种申诉决定种类并不周延。① 首先，撤销决定没有区分全部撤销和部分撤销，难出现部分合法的申诉决定被全部撤销的情形，容易使被申诉人在二次处理时顾虑重重。其次，"责令重做"并不适宜作为独立的申诉决定类型。就逻辑关系而言，责令重做的前提在于否定或部分否定原申诉处理决定，需要与撤销（部分撤销）决定"捆绑"适用。例如，在行政诉讼中，责令重做的判决就依附于撤销或部分撤销判决，作为后者的补充措施（《行政诉讼法》第七十条）。最后，行政诉讼中原有的"维持判决"一度备受批评，教师申诉在参考该项制度设计的同时，也面临着"未能有效回应当事人诉求""袒护被申诉人"等质疑。从理论上看，维持决定意味着申诉处理机构与被申诉人做出了几近相同的事实判断和法律处理，它们在复议或再申诉中都应作为被审查对象且宜并案处理（《行政诉讼法》第二十六条在被告资格的认定上，对于做出维持决定的复议机关就采取了"共同被告"的理念），这种情形显然并不符合《教师法》及其实施意见关于申诉后续救济的制度设计。另一方面，关于申诉处理决定所对应的"不同情况"缺乏具体规定，且它的实际效力也难以得到切实保障。在《〈教师法〉实施意见》中，教师申诉决定的种类设定固然参考了《行政复议法》和《行政诉讼法》的类型化立法经验，但具体的适用条件却暂付阙如，只是留下了"根据不同情况（处理）"的模糊规定，使得申诉处理机构的自由裁量权行使既无适当的限制也无必要的保障。此外，相较于申诉处理决定种类及其适用情形的粗疏，申诉处理决定效力的模糊性进一步削弱了它的约束力。执行期限、强制执行措施，以及相关法律责任的缺位造成申诉决定在很大程度上只具有形式意义，教师仍然处于弱势地位。在实践中，若学校拒绝履行或迟延履行申诉决定的内容，教师只能另行提起复议或诉讼，使得申诉结果往往流于形式。

（四）高校教师申诉救济制度的完善

为了更好地发挥教师申诉制度的综合优势，加强教师申诉与其他救济渠道的衔接，更加高效地回应教师权益保障的紧迫需求，应当从以下几个方面予以完善：

1. 完善立法，发挥申诉在纠纷解决中的基础性作用

鉴于教育行政争议的专业性、权利救济需求的多元性，以及复议、诉讼等方式的受案范围相对有限，教师申诉制度有其存在的必要性和重要性。在教师申诉中，若以行政机关作为被申诉人，则在外观上与行政复议有相似之处；同时，若以学校为被申诉人，后续的行政复议的审查对象往往在校外申诉决定和学校的处理决定或其他侵权行为之间拿捏不准。所以，从长远角度来看，校外申诉和行政复议不排除存在整合的可能性。但就目前而言，在行政复议受理范围和审查强度相对有限的情况下，若将二者合并，则在很大程度上压缩许多涉教纠纷通过制度化渠道来

---

① 湛中乐：《论我国高等学校教师申诉制度的完善》，《中国教育法制评论》2008 年第 6 期，第 126—129 页。

解决的空间。这也从反面印证了教师申诉在教师权益保护体系中的基础性和重要性。[①]

教师申诉制度的确立有其深刻的历史渊源和社会背景,体现了立法者对教师权益保障的特殊关怀。这一立法成果在涉教纠纷与日俱增的今天更加值得珍惜尊重,而不是加以改变动摇。实践层面的实效性不彰,以及理论层面质疑声不断,很大程度上源于许多具体的规则设计与制度功能定位、目标并不相称,而非制度本身存续的正当性不足。为了进一步明确教师提起申诉的权利,强化《教师法》不同章节之间的衔接性,可以考虑在《教师法》第二章第七条的"教师享有的权利"中,增加关于"申诉权"(或者更全面地称之为"法律救济权")的规定,将教师提起申诉、复议、诉讼的权利单列出来,作为教师寻求法律救济的直接依据。同时,为了对具体的规则设计做出更为周密、规范和科学的安排,不仅要细化《教师法》关于教师申诉制度的内容,而且有必要尽快出台类似《教师申诉办法》等法规或规章。

2. 设立机构,保障高校教师申诉的独立开展

《依法治教实施纲要(2016—2020年)》提出了完善教师申诉机构设置的总体要求,此前印发的《全面推进依法治校实施纲要》则突出了教师申诉委员会构成的代表性和权威性。各教育行政部门和高校可以根据自己的实际情况,或者对原有机构进行调整、合并,或者重新设立新的机构,并明确该部门的申诉受理的职责。在教育机构内部,高校教师申诉制度的机构设置应该包括两个层面:一是在上级教育行政部门设立教育仲裁办公室。教育纠纷仲裁办公室,由高校的主管教育行政部门设置,并被赋予行政权力。该机构的职责为监督教师申诉处理的全过程,审核处理程序,批复处理意见,下达处理决定。日常工作有专人进行管理。二是在高校中设立教师申诉委员会。教师申诉委员会经高校主管教育行政部门授权,设置在高校内部,受教育纠纷仲裁办公室的宏观管理和监督(图3-1)。该机构的职责是具体受理教师纠纷案件,做好纠纷调解和有关申诉的实务工作,上报处理意见。教师申诉委员会的人员配置包括教师代表、学校代表、管理学专家、法学专家、专职秘书等。其人选要有客观性、公正性、权威性和合法性,应该由学校校务委员会任命或者由学校教代会选举产生,实行任期制,以增加纠纷的双方对教师申诉委员会的信任度。通过建立和完善高校教师申诉制度,有助于将教师和学校的纠纷在内部得到调解或解决。这种内部的沟通或化解,便于及时纠正学校的错误行为,以及对教师不公正的处理,减少了申诉的成本;同时,有国家教育行政机关的监督,加大了学校申诉机构执行的力度和效能,有力地推进了学校的依法治校。[②]

---

① 湛中乐、靳澜涛:《教师申诉制度运行的法治困境及其出路》,《湖南师范大学教育科学学报》2020年第4期,第10-11页。

② 黄琴:《高校教师申诉制度研究——基于中美高校校内申诉机制的视角》,华中农业大学,2009年版,第52页。

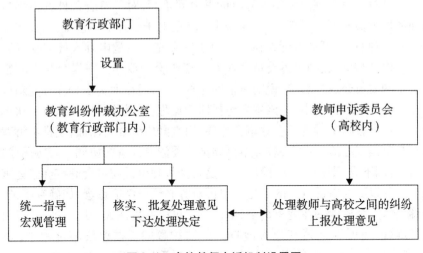

图3-1　高校教师申诉机制设置图

3.健全制度,形成高校教师申诉的有效程序

当前,我国正在逐步完善高校教师的申诉程序。一方面,在公开、公平、公正的原则基础上建立相应的制度,保证其正常运行。这些制度包括三个方面:一是体现公开原则的公布制度、说明理由制度、被告知制度、案卷制度;二是体现公平原则的听证制度;三是体现公正原则的回避制度、合议制度、调查制度、责任制度。

另一方面,建立行之有效的教师申诉程序。首先是提出申诉的程序,即高校教师对学校处理不服或者认为学校侵犯其教育权益的,可以向学校教师申诉委员会提出申诉,并递交书面形式的申诉材料。

申诉书应载明五点内容:一是申诉人的基本情况,包括姓名、性别、年龄、住址等;二是被申诉人的基本情况,包括名称、地址、法定代表人的姓名、职务等;三是申诉要求,既包括需要受理机关进行处理的要求,也包括救济措施如何落实的设想;四是申诉理由,根据申诉要求提出被申诉人的错误,以及纠正错误的法律和政策依据,并陈述理由;五是附项,写明并附交有关的物证、书证或复印证等,必要时,甚至可以提供证人、证词。

教师申诉委员会对教师申诉的受理包括四个环节:一是审查。审查申诉人的资格。只有专任或代理、代课教师才可以提出申诉。审查申诉的权益是否属于教师的权益。根据《教师法》的规定,教师的权益包括教育教学权、科学研究权、管理学生权、获取报酬权、民主管理权以及进修培训权。审查申诉的理由、条件和要求。以事实为准绳,以法律为依据,看申诉的理由是否充分,申诉的要求是否合理,申诉的条件是否恰当,比如原单位的侵权行为是否已撤销,或者对同一申诉案件,是否又以同一原因重新提出申诉。如果审查合格,教师申诉委员会三天内发出受理通知书。二是对未写明理由和要求的申诉书退回重写,对不符合条件的申诉材料应以书面的形式做出不予受理,且说明理由。三是对于受理的申诉案件,如果需要补充文件的,应同意或要求申诉人在三天内予以补充。四是申诉人接到受理通知书后的两天内,向高校教师申诉委员会或者教育纠纷仲裁办公室提交与申诉案件有利害关系的委员会成员名单,说明申请回避的理由,再按照一定程序补充新成员。

在申诉的处理程序中,应该主要包括四个流程:一是给予申诉双方一次调节的机会。在召开教师申诉委员会庭审会之前,由教师申诉委员出面,安排申诉双方的会晤。在申诉双方洽谈会上,教师申诉委员会委派专人进行协调。若协调成功,则结案,若协调不成,则进入下一阶段。二是召开教师申诉委员会庭审会。庭审会的公开与否可以听取申诉双方的意见。申诉双方必须出席庭审会,如确有困难,可聘请申诉代理人全权代理在庭审会上,申诉双方可以召集证人和质问证人,可以对质并进行辩解,还可以邀请其他人做自己的辩护顾问。在评议的过程中,全程录音,详细记录。三是申诉结果的处理。教师申诉委员会召开完庭审会之后,根据每位成员的综合评定,按照少数服从多数的原则依法做出维持或者变更原处理意见、撤销原处理意见或者责令被申诉人重新做出处理意见。再将申诉案件的处理意见下发,把"申诉处理决定书"交给申诉当事人。无论何种处理决定,一定要有"说明理由"这一条。四是申诉处理决定书自送达之日起生效。如果申诉当事人不服处理决定的,可以向教育行政部门的教育纠纷仲裁办公室申诉。如果仍然不服,可向原处理机关隶属的人民政府申请复核。申诉内容属于行政复议、行政诉讼受案范围的,可依法提起行政复议或者行政诉讼。

4. 加强申诉与其他救济渠道的衔接

伴随着教育体制改革的日趋深入,不同主体的利益博弈将更加激烈,教育纠纷的产生在所难免。鉴于争议类型的多样化、主体的多元化和案情的复杂化,所以形成多元化的教育行政争议解决机制势在必行。当然,仅仅满足形式上的多样是远远不够的,教师申诉制度必须与其他救济渠道形成有效衔接,才能使不同手段的功效实现最优化。

一方面,作为教师申诉制度在校内的延伸,我国早在1995年的《关于开展加强教育执法及监督试点工作的意见》即提出构建校内申诉制度,并在此后印发的一系列政策文件中,对建立健全校内申诉制度做了多次强调,有必要通过法律的形式予以确认和固化,并将其作为前置性程序,以便激发学校内部"自我纠错"的主动性和积极性;同时,按照现行法律规定,教师申诉(校外申诉)可以作为通向复议或诉讼的渠道,即使立法不规定校外申诉前置,大多数教师仍然会将该项便利性措施作为维权首选,因此,不妨将申诉(校外申诉)、复议、诉讼作为教师可以自由选择的三项救济渠道。换言之,教师可以申诉(校外申诉)—复议—诉讼,也可以复议—诉讼或申诉—诉讼,还可以直接提起诉讼,三者之间是并行和竞争的关系。我们还要认识到。另一方面,在自由选择的理想模式下,尤其对于"申诉—复议—诉讼"或者"申诉—诉讼"的情形而言,复议被申请人和诉讼被告可能是教师申诉委员会,这就使申诉处理机构处于裁判者和被审查者的矛盾角色中,俨然将一审法官作为二审被告。这不仅由于双重争议增加了复议机关或法院的负担,而且使得申诉处理机构因害怕承担"连带责任"而顾虑重重。为此,不妨将复议/诉讼作为再申诉(换言之,将再申诉转入复议/诉讼),亦即申诉决定做出后不管是经由复议再提起诉讼,还是径行提起诉讼,均应以学校、教育机构为被申请人/被告,审查原处理行为或其他侵权行为。这样使得申诉处理机构免于处于被审查者的位置,促使其更有效裁断相关争议(当然,这种设计还必须有赖于复议和诉讼受理范围的放开,将更多的涉教纠纷纳入审查范畴)。事实上,《〈教师法〉实施意见》曾对申诉的后续救济做了一定区分。对于申诉决定不服的可以要求复核,而复议、诉讼与申诉相衔接的前提在于原申诉内容符合二者的受案范围。这种立法倾向体现出申诉后续救济的审查重点仍然在于原侵权行为而非申诉处理机构做出的处理决定。这一点应当在未来的立法中予以明确和落实。[①]

第四节　行政复议

行政复议是一种为解决行政争议而建立的救济制度。依据《中华人民共和国行政复议法》,行政复议是指公民、法人和其他组织认为行政主体的具体行政行为侵犯其合法权益,依法向有复议权的行政机关提出申请,受理申请的复议机关依照法定程序对引起争议的具体行政行为进行审查并做出裁决的活动。在这一活动中,复议的对象主要是行政主体做出的具体行政行为,即行政主体在行使行政管理职权时做出的直接对相对人的权利义务产生法律效力的行政行为,一般的抽象行政行为不属于行政复议范围。行政复议的性质兼具行政性和司法性,受理复议的机关是行政机关,复议的程序是一种法定的行政程序,以书面审理为主,实行一级复议制。这一法律制度运用行政机关系统内部的层级监督关系,由上级行政机关对引起争议的行政行为进行审查,纠正违法和不当的行政行为,以保护相对人的合法权益,保障和监督行政主体依法行使行政职权,能为相对人的权益救济提供有效途径。

[①] 湛中乐、靳澜涛:《教师申诉制度运行的法治困境及其出路》,《湖南师范大学教育科学学报》2020 年第 4 期,第 13 页。

一、大学生的行政复议

(一)大学生提出行政复议的依据

《行政复议法》对行政复议的范围、如何申请、受理、决定,以及法律责任都进行了规定。明确"公民、法人或者其他组织认为具体行政行为侵犯其合法权益"的可以向行政机关提出行政复议。那么,在大学生的权利实现中,权利被侵犯以后,是否可以提请行政复议以获得权利救济呢?这关键要看高等学校是不是行政主体,它对大学生的制约行为是不是行政行为,所作出的具体行为是否属于行政复议的范围。

第一,高等学校是法律、法规的授权组织,具有行政主体资格。所谓行政主体,是指依法享有并行使国家行政权力,履行行政职责,并能独立承担由此产生的相应法律责任的行政机关或法律、法规授权的组织。判断公立高等学校是否是行政主体,有三条标准:一是高等学校是否享有国家行政权力的国家机关或去律、法规的授权组织;二是高等学校是否能以自己的名义行使行政职权;三是高等学校是否能独立承担法律责任。根据陈鹏在博士论文中的分析,高等学校符合上述三条标准。① 所以,虽然高等学校不是行政机关,但它具有行政主体资格,是国家法律、法规的授权组织,在依法行使国家行政权力和公共管理权力的时候,它的行为是行政行为。

第二,学校对大学生权利的侵犯属于行政复议范围。确定行政复议范围应该坚持有利于充分保护公民、法人或者其他组织的合法权益的原则,尽可能逐渐扩大复议的受案范围。《行政复议法》第六条采用肯定列举式规定了对十项具体行政行为不服可以向行政机关申请复议,包括:行政处罚行为引起的争议,行政强制措施引起的行政争议,行政主体变更,中止,撤销许可证、执照、资质证、资格证书引起的行政争议,行政主体的确权行为引发的争议……其中第九项是:"申请行政机关履行保护人身权利、财产权利、受教育权利的法定职责,行政机关没有依法履行的。"由此可以推断,学校没有依法履行义务保证大学生教育权利的实现也属于行政复议的范围。除这十项具体行为,该条款还对一些目前难以列举全面的复议案件用概括的方式在第十一项做了补充,"认为行政机关的其他具体行政行为侵犯其合法权益的"也可申请行政复议,这就为大学生权利救济申请复议留有空间。比如,损害得不到补偿、申请转专业拖一个学期也没有答复等等,可以视为是合法权益被侵犯而属于申请行政复议的范围;同时,《行政复议法》第八条采用否定列

① 陈鹏:《我国公立高等学校与教师、学生法律关系之研究》,华中科技大学博士学位论文,2004年,第30页。

举式的办法对不能提起行政复议的范围加以明确,其中也不包括大学生的权利维护行为。综上可见,可以将学校在服务提供活动中运用了行政授权并侵犯了大学生接受教育的权利而引起的争议列入行政复议的范围。

基于上述认识,尽管在实践活动中,学校与学生是平等的法律关系,但由于实际上其中同时有行政关系在发生作用,侵犯大学生权利的行为中有的是源于行政权力,因此应该赋予大学生通过行政复议获得权利救济的资格。如果大学生的权利纠纷不能寻求行政复议救济,就会使他们失去一个有效的救济途径。

(二)大学生行政复议的程序

行政复议申请人是认为学校的具体行为侵害了自己合法权益的学生,学生必须以自己的名义向行政复议机关提起行政复议;如果以他人的名义申请行政复议,则是复议代理人。申请行政复议的程序如下:

1. 提出复议申请

行政复议以申请人提出申请为前提。如果没有行政相对人的申请,就不能启动行政复议机关受理、审查的程序。大学生申请行政复议时的被申请人一般是所在的高等学校;要陈述清楚请求复议的主张,即指出学校的哪些具体行政行为违法或不当,要求行政复议机关审理和决定哪些内容;要提出侵犯了自己合法权益的事实根据。

申请行政复议可以书面申请,也可以口头申请。口头申请的由复议机关当场记录申请人的基本情况,行政复议请求,申请行政复议的主要事实、理由和时间。书面申请的要向行政机关递交复议申请书。

申请行政复议的一般期限要符合《行政复议法》的规定,自知道该具体行政行为之日起 60 日内提出行政复议申请,特殊情况要依照有关规定处理。实际上,对大学生来说,都希望尽快获得权利救济,特别是有些救济(如选择听课、转专业)超过一定时间就失去了救济的意义。

2. 做出复议受理或不受理

行政复议机关在收到复议申请以后,应当在 5 个工作日内进行审查。审查申请人的申请是否符合受案范围,是否具备复议的条件,是否符合法律法规规定的期限,是否属于本行政机关管辖的对象,是否已经向人民法院提起了诉讼。对不符合规定的行政复议申请,决定不予受理,要用书面形式通知申请人;对符合受理条件但不属于本机关受理的申请,告知申请人向有关行政复议机关提出;对符合规定受理条件的,做出受理的决定。

3. 进行复议审理

复议审理是行政复议程序的核心和关键阶段,就是对受理的争议进行合法性与适当性审查。审理前,要在受理之日起 7 个工作日内向被申请人所在学校发送复议申请书副本,学校在收到后 10 日内提出书面答复,并提交当初做出具体行政行为的证据、依据和其他有关材料。复议人员在接到学校答复以后,审阅复议材料,充分了解学生的请求、事实、理由和证据,熟悉学校提供的答辩意见、事实、理由和证据,对需要核实的材料进行核实,需要补充的材料要求补充,然后,确定审理方式、时间、地点和有关事项。

审理的主要内容是对具体行政行为是否具有合法性和适当性予以全面审查,一般不审查抽象行政行为。比如:学校的合法制度不属于复议审查的内容,但使用制度不当对大学生进行选择权限制的行为可以进行审查。对具体行政行为进行审查的依据可以是国家的法律、法规、规章、地方性法规、地方人民政府规章、行政机关的决定、文件,以及学校的合法制度。

4. 做出复议决定

行政复议决定就是复议机关对申请复议的具体行政行为的合法性和合理性做出的审查结论。复议决定结论可能情形有五种:①具体行政行为认定事实清楚,证据确凿,适用依据正确,程序合法,内容适当的,维持决定;②学校相关部门不履行法定职责的,决定其在一定期限内履行;③撤销违法或不当的行政行为,包括主要证据不足的,适用法律、法规错误的,违反法定程序的,超越法定职权的,滥用职权的,使其不再具有法律效力,从而使违法或不当的行政行为所可能产生的损害后果得以消除;④变更违法或不当的行政行为,通过复议对不当行为予以改变,或让原行政主体主动改变自己的违法行为或不当行为;⑤责令学校做出赔偿,申请人提出赔偿请求的,可能要求被申请人支付赔偿金或返回财产,造成名誉、荣誉损害的,要求消除影响,恢复名誉,赔礼道歉。

5. 执行复议决定

复议决定一经做出,应当制作行政复议决定书并加盖印章。决定书送达即发生法律效力,双方当事人必须按照复议决定书执行。被申请人不履行或者无正当理由拖延履行的,复议机关或者有关上级行政机关可以利用行政力量责令限期履行;申请人对复议决定不服的,可以在收到复议决定书之日起 15 日内向人民法院起诉。逾期不起诉也不执行的,可以由做出具体行政行为的学校或复议机关强制执行。

大学生权利救济的行政复议是教育行政复议的组成部分,它是上级行政机关对高等学校行使监督权的一种特殊的行政行为,具有内部监督的性质。它通过消除学校行使行政管理权时与学生发生的纠纷,实现对学生权利的救济。行政复议与向主管部门申诉是大学生权利维护的不同救济途径,它们的受理机构一般都是所在学校的上级教育主管部门,但两者的救济机制不同。学生申诉的教育行政部门与学校之间的关系是监督行政关系而不是上下级机关之间的隶属行政关系;教育行政复议过程中,受理复议申请的教育行政部门对学校行使的是直接的行政监督权,可以直接改变学校做出的具体行政决定。教育行政复议与申诉的受案范围与程序、要求也不相同,如《湖南省普通高等学校学生申诉处理委员会章程》规定:学生提起行政复议并已被依法受理的,不得再提起申诉;学生在申诉处理委员会受理其申诉后提起行政复议,应当告知申诉处理委员会;行政复议被受理后,申诉处理委员会应当终止审查;申诉处理委员会在规定期限内未作出处理决定的,或者当事人对处理决定不服的,可以依法提起行政复议或者行政诉讼。

二、高校教师的行政复议

当高校教师对校内教师申诉委员会做出的申诉处理决定不服,或者教师申诉委员会不及时受理申诉或受理申诉后不及时做出处理决定时,应允许其以提起行政复议的方式进行权利救济。行政复议制度作为一项行政机关内部监督与纠错的司法救济制度,其是权利救济制度中的重要组成部分。高校教师权利救济是权利救济制度中的特定部分,因而,行政复议制度完全可运用于高校教师权利救济领域,即在高校教师申请校内申诉后,其权利仍未得到救济的情况下,允许其在规定的期限内提起行政复议以寻求救济,从而使受损害的权利尽可能恢复原状。

依照《行政复议法》《教育法》《教师法》等有关法律的规定,高校教师提出教育行政复议是一项法定的程序性权利不得被非法剥夺。若其依法提出行政复议教育行政复议机关必须审查并做出复议决定以使教师受损的合法权益得到恢复或补救。行政复议主要采用书面审查方式,具有高效性和非讼性的特点,当教育行政管理相对人认为合法权益受到教育行政机关具体行政行为的侵犯时,可选择向行政复议机关申请行政复议来进行维权。高校教师行政复议的程序和学生的相似,这里不再赘述。

由于教育行政复议主要利用教育行政体系上下级领导监督关系来解决纠纷,因而十分有利于复议决定的落实,再加上行政复议不收取任何费用,对处于弱势群体地位的广大教师而言,无疑是最佳的救济途径。但是,由于我国目前教师与教育行政机构之间的关系在法律上界定不明确,这就使得规范两者在复议活动中的权利义务关系成为一个十分棘手的问题,这也是造成我国教育行政复议制度发展滞后的重要原因;同时,依据我国现行行政复议理论,一旦当事人不服行政复议决定,被诉诸法院的复议机关就成为被告,这往往使复议机关为避免风险而消极对待;另外,我国教育法律法规限定了教育行政部门对教师做出的具体行政行为可申请行政复议,而高等学校对教师的管理行为没有被教育法律法规纳入行政复议的救济范畴,这使得大量高校行政管理行为被排除在行政复议救济方式之外,削弱了高校教师维权的手段,不利于教师权益的保护,因而,要切实保障教师的合法权益,应当做到以下几点:

第一,全面扩大高校教师提出行政复议的范围。《行政复议法》对原有行政复议范围有较大拓宽,但仍有明显不足,例如局限于外部行政行为,对于高校内部教师的任免、处分以及职务评定、待遇等问题还不能申请复议,只能走一般的申诉途径。由于行政复议是行政系统内部的监督,都属于行政权的范畴,不涉及司法权干预行政权,而高校教师的职业权利属劳动权,因此从立足于公正解决行政纠纷的目标,应当允许涉及学校或教育行政机关侵犯高校教师职业权利,即教育教学权、科学研究权、指导与评价权、物质保障权、民主管理权、进修培训权以及获得教师职业资格、教师职务评定、教师聘任等的所有行政行为,都可以申请复议。若由于专业性、技术性等问题不便于进行实质审查的,可以引入正当程序原则,进行程序性审查。对复议结果不服的,当事人有权向法院起诉法院应当受理。

第二,加强复议机构和人员的独立性。复议机构在机构设置、人员任免、福利待遇等方面应加强独立性,尽量减少各种干扰。鉴于目前的实际情况,可以考虑以县级以上政府法制部门受理复议为主,可以聘请有关专家作为兼职复议人员,建立专家库,在审理具体的复议案件时随机抽取专家共同审理,以保持公正性。

第三,强化复议程序的保障。改变目前行政复议以书面审查为原则的方式,引入合议制度、回避制度、听证制度、言词审查制度、对程序轻微违法的责令补正制度等。除涉密案件外,可以公开审理,保障复议当事人质证、辩论和聘请律师的权利,接受各方监督除简易案件外,应当经过当面质证,未经当面质证的证据不得作为裁决的依据。

第四,明确违反《行政复议法》规定的法律责任问题,特别是不执行行政复议决定的被申请复议主体,要采取适当方式进行通报批评,影响恶劣的,要依法追究有关责任人员的法律责任。

第五节 仲 裁

仲裁是指纠纷双方当事人在自愿基础上达成协议,将纠纷提交具有中立非司法机构性质的第三者审理,第三者根据当事人的协议和有关法律规定,就纠纷做出对争议各方均有约束力裁决的一种解决纠纷制度或方式。我国的仲裁制度以1994 年 8 月 31 日颁布《中华人民共和国仲裁法》为标志,从一开始就是采取独立的立法体例来调整仲裁关系,改变了原来国内仲裁的行政性质,确立了仲裁的本质特征。作为从计划经济向市场经济转轨过程中建立起来的救济制度,仲裁原本调整的关系主要是合同纠纷和经济纠纷,其条款没有包括高校师生的权利救济,但这并不妨碍将仲裁救济制度的适用范围延伸至高校师生权益的救济。

一、仲裁的性质与特点

仲裁具有一定的司法性,是一种准司法活动,仲裁结果具有法律约束力,具体来看,仲裁具有以下几个特点:

第一,强调当事人双方的自主性。仲裁是以当事人的合意为基础,具有自治性、契约性,强调当事人的充分"意思自治",即是否选择仲裁、仲裁机构的选定、仲裁员的指定、仲裁程序的仲裁争议范围、仲裁的法律适用,以及是否和解等,都由当事人自主决定,可以最大限度地影响争议的解决。例如,仲裁员的指定由当事人自己决定,《仲裁法》第三十一条规定:"当事人约定由三名仲裁员组成仲裁庭的,应当各自选定或者各自委托仲裁委员会主任指定一名仲裁员,第三名仲裁员由当事人共同选定或者共同委托仲裁委员会主任指定,第三名仲裁员是首席仲裁员。当事人约定由一名仲裁员成立仲裁庭的,应当由当事人共同选定或者共同委托仲裁委员会主任指定仲裁员。"这样完全由当事人自由指定仲裁员,破除了法官的相对固定性,有利于克服徇私舞弊等不公平现象,促进争议的公正合理解决。

第二,仲裁机构具有专业性和技术性。法官的专业技术体现在"以何种程序操作诉讼"和"以何种规则认定事实并解决纠纷"等方面。但现代社会的精密分工,纠纷的复杂化趋势以及许多纠纷的发生和解决往往涉及诸多的专业性、技术性的问题,面对种类繁多、纷繁复杂的专业技术问题使得法官无所适从而难以胜任。而法官显然不能超越自己的专业知识和经验,以自己的无知去替代专家学者的专业判断,否则势必造成"外行审内行"的荒唐窘境,因此,这就需要有关各方面的专家学者和专业技术人员充当仲裁员参与解决纠纷,因为他们日常工作积累的经验知识使其在认定案件的事实上有明显的专业优势,可以驾轻就熟地解决这些纠纷。

第三,仲裁过程简便、迅捷、成本低。仲裁没有固定不变的程序,是针对具体个别的案件由当事人协商按最有利的安排选定的,只要不违背正当程序原则,当事人完全可以决定整个仲裁程序,这就避免了不必要的例行程序安排和各种浪费、拖延,可以节约时间,减少财力、人力和精力的消耗,并且仲裁实行一裁终制,有利于迅速快捷地解决当事人争议。《仲裁法》第九条规定:"仲裁实行一裁终局的制度。裁决做出后,当事人就同一纠纷在申请仲裁或者向人民法院起诉的,仲裁委员会或者人民法院不予受理。"因为在仲裁之前双方就自愿选择决定了有关的程序赋予了一锤定音的效力,一旦裁决就生效,排除了一再纠缠、久拖不断的困境。

第四,有利于保护双方的正常关系。仲裁是不公开审理和裁决案件,这种不公开性有利于当事人保护自己的秘密,促进争议的和平解决。

二、高校师生权利救济中应用仲裁的必要性和可行性

高校教师的仲裁主要是教师人事争议仲裁,大学生提出的仲裁主要是教育仲裁。教师方面,《教师法》等教育法律法规没有对教师人事争议仲裁做出相关规定,也没有与申诉等其他救济制度相衔接,仲裁程序缺乏上位法的支撑,使得高校教师人事争议仲裁在法律适用上呈现混乱局面。关于事业单位建立人事争议仲裁制度,原人事部出台了《人事争议处理办案规则》《人事争议处理规定》等部门规章。人力资源与社会保障部等多部门出台《关于进一步加强劳动人事争议调解仲

裁完善多元处理机制的意见》指出,要创新劳动人事争议仲裁机制、健全专业性劳动人事争议协调机制和完善调解、仲裁、诉讼衔接机制。

大学生方面,能否将仲裁的方式应用到高等学校解决大学生与学校的权利纠纷,还没有引起人们关注,更谈不上人们广泛接受。基于大学生与学校的纠纷仅仅是整个教育纠纷中的一部分,其仲裁救济应该是建立在整个教育仲裁制度的基础上。所谓教育仲裁,是指根据教育法律的规定,当学生与学校发纠纷时,依法向专门设置的教育仲裁机构申请,由教育仲裁委员会依据法律规定进行调解、裁决的一系列活动。教育仲裁制度作为学生申诉与诉讼的衔接制度,具有司法性和行政性双重特征,即教育仲裁除具有仲裁制度的一般法律特征之外,还具有自身特点和优势,能充分发挥教育行政机关的职能作用,及时解决教育纠纷,化解学校与学生的矛盾,保护当事人的合法权益;还有利于节约诉讼成本,减轻当事人的诉讼负担,因此,完善教育法律法规,依法建立教育仲裁制度,具有必要性。

以大学生的权益救济来分析,权益救济的方式无疑是越多越好,途径多才有选择性,随着学生与学校的纠纷逐渐从隐性、内部结构性走向显形、外在化,大学生意识和权利意识的不断增加,在权利受到侵害以后,主动寻求救济的可能性也将随之增加。为此,社会应该提供更加多样化的救助途径,为大学生提供多种救济方式。目前,虽然可以通过申诉、复议、诉讼进行救济补偿,但申诉、复议制度还不健全,诉讼困难更多,很多问题不能通过法院解决,法院也不可能解决所有的问题,有些涉及高等学校学术管理方面的纠纷即使法院受理,也会由于其本身的特殊性和专业性,以及法官的相关专业知识和实际能力的制约,使司法途径解决起来力不从心。比如,学生在申请转专业时,学校以专业学位不够,无法容纳转入人员为由,拒绝赋予学生专业选择权。如果要学生申诉,鉴于学校的权力和地位,学生难以找到证据,而由具有专业经验的仲裁员来裁决就有说服力。这就使得具有高度专业性、中立性、权威性和快捷性的仲裁能发挥独到的作用,通过简单的程序较快地达到目的,毕竟对大学生而言,许多纠纷(如转专业、选择课程、消费条件请求)要迅速给出答复才具有救济意义,"迟到的救助"就变成了无意义的救助。

同时,仲裁是各方专家学者在一起,就争议的事情进行法、理、情的论证,除了具有解决个案争议的功能外,还有间接的积极暗示、感召和倡导功能,有助于师生关系的正常发展。毕竟大学生寻求权利救济是希望通过与学校、教师的商量,使自己能更好地继续在学校学习生活或在所学专业方面得到顺利的发展,不是一个临时的交易,不是为了与学校或教师对抗,于是,双方的关系不能因为权利的救济而敌对,产生情感上的伤害。仲裁比法院诉讼对当事人的感情产生的影响要小,这也使得仲裁更有可能被引入大学生权益救济之中,而根据《仲裁法》第三条,不能仲裁的纠纷是:婚姻、收养、监护、抚养、继承纠纷;依法应当由行政机关处理的行政争议。所以,建立教育仲裁制度,专门受理教育纠纷解决是应该予以支持的,另外,教育仲裁还是确立大学生的受教育身份之后的自然结果,是大学生权益保护的合法途径。

实际上，我国政府已经明确提出了建立教育仲裁制度的观点。1995 年 8 月 18 日《国家教委关于实施〈中华人民共和国教育法〉若干问题的意见》中提出：根据《仲裁法》的规定，逐步建立教育仲裁制度。对平等主体之间发生的教育合同争议或财产纠纷，在当事人双方自愿的前提下，通过仲裁进行裁决。在各地仲裁机构调整、重新组建的过程中，教育行政部门要积极商请部门把有关的教育争议纳入仲裁机构的受理范围。1995 年 8 月 28 日国家教委发布的《关于开展加强教育执法及监督试点工作的意见》中也要求建立教育仲裁制度，并认为"可提请教育仲裁的范围为平等教育法律关系主体之间的合同争议和财产性纠纷"。在这些精神指导下，一些教育系统相继成立仲裁委员会，2003 年 7 月 11 日，武汉市仲裁委员会教育联络处在武汉市教育局成立。该联络处主要有五个方面的职能：解决各种校园伤害问题；处理教育设备购买中发生的纠纷；对教育产业权属的管理；解决在办学中发生的纠纷；还能处理一些民办、改制学校出现的种种问题等。但是，从网络上搜索发现，一般的仲裁机构接受仲裁纠纷的范围多是合同纠纷或经济纠纷。很难找到通过仲裁解决大学生权利纠纷的案例，说明教育仲裁还没有取得应有的地位，没有发挥应有的作用。

三、高校师生权利仲裁救济的构想

教师方面，建立健全高校人事仲裁制度，首先，要有法可依，完善实体法和程序法关于人事争议仲裁的相关规定，解决实体法与程序法对接的问题，依法规定人事争议仲裁机构的性质和法律地位，降低政府行政行为对仲裁的影响。同时，还要建立人事仲裁办案基本制度目录清单，实施案件分类处理，简化优化立案、庭审、调解、送达等具体程序，提高人事仲裁案件处理质量和效率。大学生方面，将教育仲裁制度的构建做以下阐述：

（一）倡导纠纷发生前达成仲裁协议

《仲裁法》第四条明确，当事人采用仲裁方式解决纠纷，应当双方自愿，达成仲裁协议。没有仲裁协议，一方申请仲裁的，仲裁委员会不予受理。第二十一条关于申请仲裁的条件也指出，必须"有仲裁协议"，《仲裁法》第五条还规定："当事人达成仲裁协议，一方向人民法院起诉的，人民法院不予受理，但仲裁协议无效的除外。"所以仲裁协议是当事人将他们之间的特定纠纷提交仲裁的意思表示，是保证当事人之间纠纷解决方式选择的合法性和正当性的必备条件，仲裁的合法性、正当性都有赖于合法、有效的仲裁协议，协议的效力得到法律的承认和保护。只有大学生与高校订有仲裁协议，才能通过仲裁解决纠纷；否则，大学生或学校想申请仲裁，另一方拒绝，使仲裁无法进行。所以，仲裁协议是整个仲裁程序启动的关键所在。但是，目前的实际管理中，大学生与学校多为实践型契约，书面达成协议的做法尚未形成通例，明确仲裁合意的情形很少。这样的话，纠纷处理时就难以达成仲裁合意。鉴于现实的局限，要使得仲裁有效应用到大学生权利的救济当中，建立合约协议制度值得探索尝试，即在大学生进入学校取得学籍的过程中与学校签订系列协议，其中包含各种纠纷解决途径的选择。

（二）建立教育仲裁机构和专业仲裁员队伍

实行仲裁先要有仲裁委员会受理，仲裁委员会的组成和成员确定要按《仲裁法》规定实行。《仲裁法》第二章规定了仲裁委员会设立的条件，明确可以在省一级人民政府所在市建立仲裁委员会，也可以根据需要在其他设区的市设立。具体到有关高校师生权利维护的教育仲裁机构，有三种设立途径：一是设立专门的教育仲裁机构；二是在已有的仲裁机构中设立教育仲裁庭；三是建立临时性的仲裁机构。这里主要讨论设立专门的教育仲裁委员会。

教育仲裁委员会作为教育学术管理纠纷解决的专门机构，由于它受理的对象具有专业性、技术性和复杂性等特点，又涉及高校办学自主权，教师和学生合法权益的保护以及国家对教育秩序的监管，因此教育仲裁委员会应当是一个独立的、中立的、专业性的机构。这个机构适宜由政府规定或授权，设立在省会城市和直辖市的教育行政主管部门或指定的教育事业单位，负责组织仲裁行政方面的工作，但与教育行政主管部门不具有隶属关系，只接受教育行政主管部门的条件保障与指导，而不受行政机关、社会团体和个人的干涉，从而使它兼有一定行政性的同时保持以民间性为主要特征，以此来保证其独立性与公正性。

教育仲裁委员会应设主任 1 人、副主任 2～4 人，委员若干，仲裁委员会主任可以由主管教育工作的负责人或政府教育行政部门的主要负责人担任，副主任和委员聘请有关方面的人员担任，委员中应有高校教师和学生的利益代表，以保证其民主性、公正性。

教育仲裁委员会仲裁员的产生及地位对教育仲裁委员至关重要。不管仲裁机构怎么建立，都要有相应的专门仲裁员队伍，没有仲裁员就无法仲裁。同样的事件、同样的法律，在同样的环境中由不同的"施法者"施行，结果可能相差不小。仲裁员是仲裁案件审理的主导，他们的素质与业务操守在较大程度上决定了仲裁活动的质量和效率。高等教育消费中的问题是专业性很强的技术性问题，需要借助各种专业知识，仲裁员应该是有良好道德修养的教育管理专家才有权威性，因此，一定要聘请具有专业知识、熟悉高等教育管理、懂得高等教育规律和教育法律的专业人士担任仲裁员，最好是有实际高等教育管理经验的专业人员，或担任过政府主管教育工作的负责人，有法律纠纷解决经验的资深人士；同时，仲裁员适宜实行固定的任期制。

（三）建立适合师生权利救济的简易仲裁规则和程序

教育仲裁委员会在设置上具有行政仲裁的特征，而运行规则上具有民间仲裁属性，基本上同民间仲裁相近，以保持仲裁的中立性和独立性。仲裁坚持一裁终局,当事人应该相信自己选定的仲裁员有能力对学术纠纷中的实质问题做出合理公正的判断和评定。当事人再不服的,不能向上一级仲裁委员会再申请仲裁,不能再向法院起诉,更不得对仲裁机构和仲裁员起诉,以保证仲裁员在独立和中立的立场进行裁决,使解决纠纷具有公正性和有效性。

高校师生的权利纠纷仲裁要简化仲裁环节和庭审方式,缩短仲裁期限,使各个环节的时间适宜且尽量缩短。为了保障当事人的程序权利并达成有效解决纠纷的目的,仲裁必须符合基本的程序规范要求,如:独立性、中立性、对抗式辩论、程序公开、准司法性,充分保障当事人申辩权和其他正当权利,重视双方的意见,努力使双方当事人都满意。如果救济不能使双方满意,救济就没有发挥作用;另外,还要尽量控制仲裁的成本。对于大学生而言,没有经济支付能力或者财力缺乏,需要付出高成本的救济是不现实的。

（四）争取仲裁过程中和解,提高仲裁效率

《仲裁法》第五十一条规定,"仲裁庭在做出裁决前,可以先行调解。当事人自愿调解的,仲裁庭应当调解","调解达成协议的,仲裁庭应当制作调解书或者根据协议的结果制作裁决书。调解书与裁决书具有同等法律效力"。可见,仲裁中允许调解,即仲裁庭可以根据仲裁当事人在仲裁开始前或仲裁过程中达成的和解协议,或者经仲裁庭主持调解达成的调解协议做出和解裁决。和解裁决因为其简捷、友好、方便执行而值得倡导,所以在大学生的纠纷仲裁中要尽量提高和解率。仲裁还要讲究效率,要低投入,高产出,快速结案。对做出裁决的争议要促使履行,特别是高等学校,相对于学生是一个强者,应该给学生一个遵守协议的良好形象,既然同意仲裁,就要自动履行仲裁结果。对不履行的当事人,仲裁机构的办事部门可以运用其行政性质,监督裁决其履行生效。教育仲裁作为一种新的权利救济机制,它的建立、完善和被高校师生接受需要一个过程。为了缩短这个过程,尽快发挥仲裁的权利救济功能,高等学校和仲裁委员会有义务宣传仲裁的特点、机构、程序,告诉师生可以提交仲裁的权利维护范围。

第六节　司法救济

司法救济是解决冲突与纠纷,使权利人权利得以保障的最后一道屏障。如果权利不能在法庭上得到承认,这样的权利只能是道德权利或习惯权利,而不是法律权利,因此,健全高校师生权益救济机制,应当对司法救济进行重点研究。

一、大学生权益的司法救济

《教育法》规定,学生有权对学校、教师侵犯其人身权、财产权等合法权益提起诉讼。《普通高等学校学生管理规定》也明确学生有权依法提起诉讼。这说明大学生通过诉讼维护自身权利是有法可依的。实践中,尽管目前许多大学生主动提起诉讼的意识和能力都还不足以达到直接运用诉讼武器救济其权利的程度,但还是应该尝试让司法介入大学生权利纠纷的解决,在实践中来探索发展之路。

(一)行政诉讼

从我国《行政诉讼法》规定内容来看,高校学生行政诉讼就是学生认为高校在学生教育管理过程中做出的行政行为侵害了其合法权益,请求人民法院进行审理的行为活动。诉讼是解决冲突与纠纷的最后救济渠道和实现社会公正的最后一道防线,是正义的最后守护神。司法审查介入高校管理行为是对高校行使教育行政权力的一种外部监督,大学生管理法治化建设必须以司法审查为保障。作为司法审查和救济途径的行政诉讼,能够有效保障大学生的合法权利,约束规范高校学生管理行为。然而,高校和大学生的法律关系问题以及行政诉讼是否可以介入大学生管理一直存有争议,导致了实践中法院受理案件上的摇摆不定。在司法实践中,高校可视为法律授权组织,是适格的行政诉讼被告,这样使得高校的部分管理行为纳入司法审查的范围,但仍然无法完全保障高等教育纠纷中当事学生的合法权益。实践当中不同法院持有不同意见,对于纠纷有的予以受理并做出判决,有的却被驳回,大学生诉讼请求权不能得到有效保护,因此,维护大学生诉讼请求权是学生管理法治化的重要任务。

针对颇受争议和质疑的教育行政诉讼问题,司法审查实践当中有待进一步完善教育行政诉讼。

1. 明确受案范围和司法审查必要限度

法律上应扩大受案范围,明确将教育行政诉讼案件纳入行政诉讼受案范围。对大学生产生重大实质性影响的高校单方管理行为应该明确规定为教育行政行为纳入到教育行政诉讼范畴,即将高校对大学生做出开除学籍、不予颁发毕业证、学位证的决定等类似行为纳入行政行为的范畴。

简化诉讼程序,要充分考虑到大学生的经济承受能力,缓解、减轻当事学生经济承受压力,满足大学生迫切愿望。法院受理类似案件,证明司法审查进入高等教育领域,那么司法权不能干涉行政权,所以司法审查介入要有必要限度。

司法审查应充分尊重学术自由,充分尊重高校办学自主权与自主管理权,仅在形式与程序上进行审查,不能肆无忌惮的介入大学生管理领域,否则不利于高校正常的教育教学管理秩序。为此要准确把控高校自主管理与司法介入二者之间的关系,司法介入必须在合法尺度与合理限度内进行。司法审查介入大学生管理领域必须有合法的尺度和合理的限度,将基点放在教育行政权方面,避免对学术权的不当干涉,不能干涉高校办学自主权与内部自主管理权。司法介入的合法尺度就是司法在自身权限和能力范围内介入大学生管理领域,法院受理、审理案件具有合法根据,在职能范围内法院行使专属司法权,把握好尺度才能实现国家司法权与高校合法办学自主权、民主管理权的平衡。司法介入的合理限度就是司法权对高校管理领域的介入不是毫无边界的,司法审查的范围和程度应当受到限制。

审查范围限定在形式与程序合法性上,审查标准以程序审查为主,事实审查为辅。审查前确定问题是属于学术问题还是法律问题。教育是个专业性较强的领域,法官不是教育专家,学术问题归大学,留给专家去认定和解决,法律问题归法官。司法机关无权也无能力决定学术问题。司法审查不干预学术权力,司法侧重审查行政权力,对高校教育行政职权进行监督。大学生管理行为对大学生的身份资格、完整受教育权有实质重大影响时,大学生可以向法院起诉高校,法院应当对大学生管理行为进行司法审查。经过法院审查,对于证据非常确凿、适用法律正确、程序正当合法的,法院判决维持高校管理行为;对于主要证据不足、适用法律错误、违反法定程序、超越职权、滥用职权的,法院判决撤销或变更高校管理行为。

2. 司法审查介入前充分利用高等教育领域内部救济手段

大学生寻求司法救济前已经充分运用了高等教育领域内救济手段。大学生教育管理是一项专业性综合性较强的工作,例如针对学生考试、毕业论文答辩、学位授予的争议,属于具有高度专业性的问题,由教育系统内部进行公正裁判,更加有利于化解纠纷。从诉讼经济角度来说,司法资源有限,司法成本较大,从立案、审理到执行,耗费掉大量的人力、物力、财力。对当事学生来讲,诉讼成本是非常昂贵的,能够以较小成本解决问题是最佳选择。从社会角度来看,可以节约司法资源,否则,诉讼案件剧增,可能会导致诉讼拥堵,浪费国家宝贵的司法资源。从高校自身来讲,可以降低或减少诉讼成本,否则会使得高校疲于应付类似诉讼,影响正常的教育教学与管理秩序。

另外,需要说明的是,大学生与高校之间因管理行为而发生的纠纷,首先启动校内学生申诉程序,大学生仍不满高校学生申诉处理委员会复查决定的,再启动校外教育行政申诉程序。大学生对校外教育行政申诉程序处理决定不服,且实质影响大学生受教育权,该案件方可启动行政诉讼程序。"于艳茹诉北京大学撤销博士学位决定案"对此具有典型示范意义。

于艳茹诉北京大学撤销博士学位决定案①

于艳茹系北京大学历史学系 2008 级博士研究生,于 2013 年 7 月 5 日取得历史学博士学位。2013 年 1 月,于艳茹将其撰写的论文《1775 年法国大众新闻业的"投石党运动"》(以下简称《运动》)向《国际新闻界》杂志社投稿,后于同年 7 月 23

---

① 最高人民法院新闻局.北大博士于艳茹诉北京大学撤销博士学位决定案[EB/OL].中国法院网,2018-01-03.

日刊登。2014年8月17日,《国际新闻界》发布《关于于艳茹论文抄袭的公告》,认为于艳茹的《运动》一文构成严重抄袭。北京大学经调查认为,《运动》一文"基本翻译外国学者的作品,因而可以视为严重抄袭,应给予严肃处理"。2015年1月9日,北京大学经调查后做出《关于撤销于艳茹博士学位的决定》。于艳茹不服,先后向北京大学学生申诉处理委员会和北京市教育委员会提出申诉,均遭到驳回。于艳茹不服,诉至北京市海淀区人民法院。海淀法院经审理,以程序违法为由撤销了北京大学做出的决定。北京大学不服一审判决,上诉至北京市第一中级人民法院。2017年,二审法院经审理认为,正当程序原则是裁决争端的基本原则及最低的公正标准,即使法律中没有明确的程序规定,行政机关应自觉遵守。本案中,北京大学作为法律、法规授权的组织,其在行使学位授予或撤销权时,亦应当遵守正当程序原则。而北京大学在做出撤销学位决定前,未能履行正当程序,构成程序违法。据此,二审法院判决驳回上诉,维持原判。

通过本案的审理,法院再次重申了正当程序原则的核心要义,即:做出任何使他人遭受不利影响的行使权力的决定前,应当听取当事人的意见。判决书还专门对正当程序原则的含义和重要性进行阐释,明确指出,正当程序原则是裁决争端的基本原则及最低的公正标准,即使法律中没有明确的程序规定,行政机关也应自觉遵守。该案判决受到实务界、学术界和社会广泛关注,获得一致好评,由此引发的对于正当程序原则的讨论十分激烈,程序权利意识得以普及和强化,对于推进我国的法治国家建设进程具有积极意义。

(二)民事诉讼

当大学生的权益受到损害时,根据侵权事实和损害结果,也可以通过民事诉讼寻求权益恢复或者补偿,这也是实施权益救济的另一条重要途径。

1. 民事诉讼中学校与学生是平等法律地位关系

任何民事活动,都应当遵循自愿、公平、等价有偿、诚实原则,当事人在实体上和程序上的地位是平等的,都有权依法处分自己的诉讼权利和实体权利。《民法典》第四条规定:"民事主体在民事活动中的法律地位一律平等。"在高等活动中,单纯教育服务视角来看学校与学生的关系,他们是平等的法律关系,所发生的权利与义务是关系主体之间在平等基础上所发生的财产关系和人身关系方面的权利和义务。当学校方侵犯了学生权利而引起学生提出民事诉讼的时候,学校不能以教育者或管理者的身份来分析问题和处理问题,只能以平等的法律关系主体参与解决矛盾。

2. 诉讼的条件准备和证据收集需要给予学生指导

按照《民事诉讼法》第一百一十九条,起诉必须符合下列条件:(一)原告是与本案有直接利害关系的公民、法人和其他组织;(二)有明确的被告;(三)有具体的诉讼请求和事实、理由;(四)属于人民法院受理民事诉讼的范围和受诉人民法院管辖。对于大学生权利救济,原告是权利受到损害的学生个体或者群体,依据《民法典》第十七条和第十八条规定:十八周岁以上的公民是成年人,具有完全民事行为能力,可以独立进行民事活动,是完全民事行为能力人。一般的大学生已经属于有完全民事行为能力的成年人,享有独立进行民事诉讼的权能,应该以自己的名义进行诉讼;被告一般是服务的提供者、权利的义务履行方,多为学校;法院受理按管辖范围要求即可,关键是如何刻画具体的诉讼请求和事实、理由。当大学生的知情权、选择权、参与管理权、消费条件权、损害求偿权等权利被侵犯的时候,用什么样的材料来表明侵权事实与理由,是一般学生不容易完成的;同时,诉讼还需要提供证据,比如,书证,物证,视听资料,证人证言,当事人的陈述,鉴定结论,勘验笔录,等等。鉴于学生的阅历和经济局限请专业律师不合算,需要有懂法律的专业部门(如学生维权中心)义务协助支持,甚至有的举证可以采取举证责任倒置的方式加大学校的责任。因为学生从学校找到证据比学校自己提供证据要难得多,而学校有帮助学生的道德义务。

3. 对处于弱势地位的大学生要予以特别关怀

作为消费争议,学生与学校的权利纠纷中双方当事人具有平等的法律地位,但实际上他们的法律地位由形式上的平等到实质的平等有一个落差,双方当事人力量悬殊。由于学生在知识拥有、处世经验、经济能力上总体处在弱势地位,无论在服务消费过程中还是在争议的解决过程中,学生与学校都不可能处于实质上的平等地位;同时,学生还要承受较大的心理压力,总觉得自己势单力薄。这要求司法机关不仅要着眼于解决具体的个别纠纷,还要从重视大学生权益保护、维护公共利益的角度出发,从关心学生成长的角度出发,在判决中渗透对学生、对弱者的关怀。

4. 尽量建立专门的简易程序,降低诉讼成本

鉴于民事诉讼程序有一审程序、二审程序、审判监督程序和执行程序,一审程序又有普通程序和简易程序的法定要求,建议针对大学生维护消费权利的诉讼实际,建立简单诉讼程序,减轻大学生诉讼的时间、精力与经济消耗,给大学生提供更加简单有效的诉讼环境。这个简易程序要体现出以下特点:一是起诉方式简便,递交一份起诉状即可;二是案件的受理程序简化,法院或法庭对当事人请求解决的纠纷争取快速答复是否,甚至可以当即表示能否受理;三是简化传呼当事人和通知其他诉讼参与人的方式,可用口头、电话或书面方式告知被告,传唤当事人、证人,不必受普通程序关于开庭前三日通知当事人和其他诉讼参与人规定的限制;四是开庭审理的程序简化,审理人员精简;五是审结案件的期限较短,根据案件情况快速判断执行,通过这种简便易行的程序,使学生的权益纠纷迅速、经济地得以解决。

5. 应提倡发挥代表人诉讼的效益

司法规则显示,在同一法律关系的众多主体因相同事实问题或法律问题而引起的争议中,允许具有共同利益的一人或数人代表其他共同利益者起诉或应诉,其

判决效力对全体共同利益人有效。在大学生争议中,当某一侵权行为的受害人为多数时,受害者可提起代表人诉讼(也称集团诉讼),由其中一人或数人代表所有该方当事人进行诉讼,诉讼结果由所有的该方当事人集体承担,并由该方当事人分担诉讼费用。这样可以节省诉讼成本,避免分开审理可能导致的相互矛盾的判决。《民事诉讼法》第五十二条明确:当事人一方或者双方为二人以上,其诉讼标的是共同的,或者诉讼标的是同一种类、人民法院认为可以合并审理并经当事人同意的,为共同诉讼。共同诉讼的一方当事人对诉讼标的有共同权利义务的,其中一人的诉讼行为经其他共同诉讼人承认,对其他共同诉讼标的发生效力;对诉讼标的没有共同权利义务的,其中一人的诉讼行为对其他共同诉讼人不发生效力。第五十三条还指出,当事人一方人数众多的共同诉讼,可以由当事人推选代表人进行诉讼。在大学生权利纠纷诉讼中,有一些权利纠纷是许多学生都面临的共同事实,属于成批性质的侵权,适宜发挥社团组织、学生会的作用,运用代表人诉讼的方式,有利于权利的诉讼。

6. 提倡诉讼与引导选取合适的救济途径有机结合

对于大学生来说,司法审查之门还仅仅只裂开一条小小的缝隙。虽然大学生走进法庭与母校对簿公堂已经屡见不鲜,但应该看到,由于法律、法规对学生的权利与保证途径有许多没有明确具体的界定,高校诉讼案件的受理、审理、裁定、判决还存在许多混乱。同一性质、同一类型的事情,可能在一个地方的法院受理,并做出判决,但到另一个地方法院却拒绝受理,认为不属该法院受理的范围;有的案件基层法院受理了,进行了判定,但到二审时,法院认为法律依据不当;有的法院将学生维护权利的诸如学业证书、学位证书、开除学籍等纠纷作为民事案件受理,有的法院则由行政庭受理。如此等等,让大学生确实不敢拿起诉讼的法宝来维护自己的权利。可是,如果大学生在被侵权后总是没有人去起诉,那就永远不能发挥诉讼程序机制的救济功能,因此,应该通过鼓励诉讼来促进司法对大学生权利的救济。

当然,诉讼的目的是为了救济大学生的权利,当他们的权利救济有更为方便、便宜的渠道时,自然要鼓励选择成本低、收效快的方式获取救济。比如,一个本科学生4年内有一门课程不合格导致没有按时毕业。延迟一个学期后,补上了这门课程,达到了毕业要求。但学校不愿意在四年半的时候办理毕业手续,要求等到5年与下一届毕业生一起办理。按照学校学籍管理办法,可选择4~6年毕业,并没有说要么4年,要么5年,要么6年。所以,学校不办理毕业手续是其内部管理权力发挥了作用,而从学校和大学生关系看,可以看作是学校对大学生选择学习进度权利的侵犯,并因影响学生的就业而损害其财产权,学生可以提起诉讼。但是,诉讼要较长的时间,从提起诉讼到获得判决,可能5年也到期了,还要花费诉讼费。这样的事情就不适宜采用诉讼维权,而应该用协商、向学校申诉、调解等快速的办法。

学校与学生在理论上是平等的民事法律关系,但导致大学生权利遭到侵犯的往往是学校的内部行政管理权力和教师的学术权力。学校与学生的多重关系交叉发挥作用,现有的教育法律救济制度又很不完善,没有形成一个良好的法治氛围,这就使得学生、法院都觉得用诉讼途径解决高等教育服务中的纠纷是一个棘手的事情。但没有救济的权利不是真正的权利,从法理逻辑来说,应该是法律赋予权利人每一项权利,在权利受到侵犯时,都应该有相应的司法救济途径。基于这种理念,我们有必要制定一部专门的《学生权益保护法》,将大学生权利的法律救济受案范围加以扩张和明确,毕竟可诉性取决于法律法规的规定,诉讼范围也是随着社会需求而发展的。

二、高校教师权益的司法救济

(一)高校教师权益司法救济的种类

在我国的司法实践中,一般将高校视为法律法规授权组织,并将高校行使的部分公共职权纳入行政诉讼的司法审查范围。教育行政诉讼是教育行政管理相对人对教育行政机关做出的具体行政行为不服,依法向法院起诉,请求给予法律补救。教育行政诉讼作为一种司法行为,是对行政行为的司法监督。高校自治接受司法审查是民主和法治的产物,但是,司法介入高校事务的范围是有限的,而不是毫无限制的介入高校的各个方面,见表3-1。

表3-1　高校教师权利行政法律救济途径

	释义	法律条款
行政申诉	高校教师对学校或学校上级主管部门做出的处理决定不服,依法向教育行政部门或相应的政府部门提出申诉,要求其做出处理	《教师法》第三十九条 《国家教委关于实施〈教育法〉若干问题的意见》第二十条、二十一条
行政仲裁	高校与教师双方因发生解除人事关系及履行聘用合同方面的争议,在双方当事人自愿的前提下,可将争议提交第三方仲裁机构裁决	《关于开展加强教育执法及监督试点工作的意见》第三部分第六条;《仲裁法》第二条;《劳动人事争议仲裁办案规则》第二条
行政复议	高校教师对教育行政机关做出的具体行政行为违法或不当侵害,向法定行政机关提出复查,要求其做出复议决定	《行政复议法》第二条、第六条
行政诉讼	高校教师对教育行政主体及其工作人员的行政行为侵害其合法权益,依法按照程序向法院提起行政诉讼	《行政诉讼法》第二条、第十二条;《最高人民法院关于适用〈行政诉讼法〉若干问题的解释》第二条

侵犯高校教师合法权益,造成损害的,依据《教育法》规定,应当承担民事责任。高校教师的人身权和财产权受到侵害的,可以根据《民法典》的规定,提起民事诉讼。基于职业身份,高校教师提起民事诉讼的情形主要有三种:一是侵犯高校教师名誉权、人身权等造成伤害的,比如,"优秀教师""教学名师"等荣誉称号被侵犯;侮辱、殴打教师造成人身伤害等情形;二是侵犯高校教师财产权,给其造成损失的,可依法请求法院,通过恢复原状、返还原物、赔偿损失等加以保护;三是侵犯高校教师知识产权的,比如,剽窃教师的智力成果,适用《著作权法》等法律予以保护。

侵犯高校教师合法权益,情节严重,构成犯罪的,可依法提起刑事诉讼。《教师法》第三十五至三十八条对侵犯教师权益,依法提起刑事诉讼的情形做了明确规定。《刑法》主要是通过对一些犯罪行为依法进行定罪处刑来保护教师的合法权益,比如,侵犯知识产权罪、教育设施重大安全事故罪、聚众扰乱社会秩序罪、寻衅滋事罪以及侵犯公民人身权利、民主权利罪等。

(二)完善高校教师的司法救济制度

1.协调司法救济与行政救济的适用范围

为使高校教师权益司法救济与行政救济接轨,必须调整司法救济与行政救济的适用范围,使之相互衔接:一是,在原有的行政诉讼受案范围基础上,适当拓宽行政诉讼受案范围,法院受理后依据不同程序审理,凡高校、教育行政机关依据职权做出的行政行为,应由做出该行政行为的高校、教育机关负责举证的案件,适用行政诉讼程序,反之,则适用民事诉讼程序;二是,在原有的行政复议受案范围基础上,强化对做出具体行政行为依据的审查,即高校、教育行政机关依职权对教师做出的行政行为,如果教师不服,可依法提起行政复议,并对做出该行政行为所依据的规章制度、规范性文件等提起审查;三是,区分人事争议仲裁和劳动争议仲裁的受案范围,以利于解决案件进入诉讼后适用程序法与实体法的矛盾与冲突,即在校内行政行为纠纷中,将人事争议仲裁受案范围限定为高校依职权做出的行政行为,民事关系方面的权益则属于劳动争议仲裁的受案范围。

2.实现司法救济与行政救济的衔接

修订现行教育法律体系,对教师在申诉、人事(劳动)仲裁、行政复议、行政诉讼等方面的救济做出明确的程序性规定;同时,在相关教育的法律法规中,明确多种救济途径的相互衔接问题,理顺这些救济途径之间的关系,使高校教师能够采取多种途径获得权利救济。将教师申诉作为其进行行政复议、行政诉讼的前置程序。但是,如果教师对申诉结果不服,可以申请行政复议或提起行政诉讼。教师可以选择申诉,然后申请行政复议或提起行政诉讼,也可不经申诉直接申请人事(劳动)仲裁,对仲裁裁决不服,可向法院提起诉讼;同时,加强人事仲裁和行政诉讼的衔接,若当事人不服仲裁裁决,依法向法院起诉,还要严格限定人事争议仲裁委员会以超过期限或主体不适格为由做出不予受理的情形。

3. 严格司法介入的标准

从法治的角度来看,司法介入对大学自治实行外部监督是不可或缺的。怎样处理大学自治和司法救济之间的关系,其关键在于学术领域如何在立法上规范、司法上如何评价。学术规则对法院也具有约束力,法院仅对学术问题程序性审查,而非实质性审查。司法介入的范围是审查高校的行为在程序上是否正当、适用依据是否符合法律法规的规定。对于涉及学术评价的案件,法院不能涉及对学术本身的判断,只能审查该学术评价的合法性问题。法院审查的依据是法律、学校章程和内部规则,对学术评价程序不合法的,则可以撤销该学术决定,责令学校重新评定。法院若在审查过程中发现学校依据的评定规则与上位法相抵触,则可宣布该规则不予适用,但不能直接宣布该规则无效,最终应由大学对该评定规则进行修改。[①]

(三)高校人事争议司法救济实证分析

随着高校人事管理体制改革的不断深入和高等教育资源的差异化配置,高校专业技术人员跨单位、跨地域流动愈加频繁,特别是中西部地区的高校教师流向东部发达地区的趋势更加明显,因此导致的高校人事争议数量也在不断增加。若高校与教师之间因人事管理发生争议,主要通过高校内部争议解决机构或外部仲裁机构予以解决,但如果高校内部争议解决机构或外部仲裁机构无法解决,则应当遵循"司法最终解决"原则,由人民法院通过司法裁判方式予以解决。利用"无讼案例"检索平台,以"大学、人事、一审、判决"为关键词,随机检索了自 2007 年 4 月至 2020 年 4 月期间的案例,共采集到 758 份判决书,经人工筛选,排除涉及大学附属医院、研究院所、小学、附属中学等人事关系案件的判决书,排除大学与其他员工之间的劳动争议案件判决书,排除民办高校与其教职工之间的劳动争议案件判决书,最终选定 168 份公办高校人事争议判决书作为有效样本开展实证研究(图 3-2)。

从高校人事争议司法程序的启动主体看,随机选取的样本案件中,高校教师启动司法程序的案件占绝大多数。在 168 起高校人事争议诉讼案件中,申请仲裁并对仲裁结果不服或在仲裁机构不予处理后,由高校教师向人民法院提起民事诉讼的案件数为 124 件,占比为 74%,由高校提起民事诉讼的案件为 44 件,占比为 26%,由高校教师主动起诉启动的人事争议案件占比较高。高校教师主动提起的人事争议案件,大多是因为主动或被动离职而提起,特别是在高校对高层次人才竞争渐趋白热化的背景下,因高校间资源分配不均衡和地域间资源分布不均衡导致高校教师流动性加大,加之高校人事管理法治化、契约化、规范化程度不足,高校对人事争议司法解决存在"厌诉"甚至"惧诉"的惯性,导致高校教师在自身诉求得不

---

① 阎峻:《法治视角下中国高校人事制度改革研究——以高校与教室的法律关系为核心》,华中科技大学出版社,2018 年版,第 165—166 页。

到满足时主动寻求司法救济提起民事诉讼也就成为必然。

图3-2　高校人事争议案件数量年度分布

　　从人事争议的案由来看,因聘用协议履行和主动离职引发高校人事争议的比例越来越高;同时,在全面从严管理和强化师德建设的大背景下,因高校教师违法、违反职业道德和职业纪律而导致的辞退纠纷案件也占高校人事争议案件的一定比例。

　　从裁判结果上看,在高校人事争议案件裁判结果中,高校教师个人胜诉的案件数量共计69件,仅占案件总量的41%,而高校胜诉的案件数量共计99件,占案件总量的59%。从具体的裁判结果看,聘用合同和聘任合同纠纷中高校教师胜诉率较低,高校胜诉率较高,辞职纠纷、辞退纠纷中高校教师胜诉率较高,高校胜诉率较低。

　　高校人事争议案件所呈现出的上述特点,也体现出高校人事管理弱法治化、非规范化和类契约化的客观事实。要强化高校法治建设,需在现有的法律体系和人事管理制度下,首先增加人事管理制度的刚性,强化聘用合同等法律文件的执行力,高校应诚实守信,增强公信力,严格执行合同条款,杜绝不履行或不适当履行合同,避免高校人事争议发生;同时,高校教师也应当树立诚信意识和法治意识,适当履行聘用合同,避免利益驱动下的违约行为发生;对于违反聘用合同的行为,无论是高校,还是高校教师,都应当依法承担相应的违约责任。其次,以法治方法实现高校治理体系和治理能力的现代化。高校要以大学章程为基准建立人事管理的制度体系,建立高校总法律顾问制度,实施规范性文件第三方合法性评估制度,建立和运行规范性文件的合法性审查和定期清理制度,建立和运行人事管理制度废、改、立、释常态化制度,凡违反上位法的人事管理制度必须予以废止或修改后适用,避免发生因职称评聘设定服务期等违反上位法的规范性文件适用所引发的高校人事争议发生。①

---

　　① 宋汉林:《高校人事争议司法救济实证研究——以168份民事判决书为样本的考察》,《河南科技学院学报》2022年第4期,第32-36页。

第四章

高校法治工作保障体系研究

习近平总书记指出,法治建设是一项系统工程,具有整体性、系统性和协调性特点,必须要上下融通、同频共振。高校法治工作涉及方方面面,事关高校改革发展稳定。当前,随着我国高等教育进入普及化阶段,内外环境的不断变化对新时代高校法治工作提出了新的挑战。新形势下加强高校法治工作,需要以更高的政治站位、更为宽广的治理视野来谋划推进。既要贯彻落实全面依法治国部署要求,通过深入开展法治教育、强化法律风险防控、健全师生权益救济机制来不断完善高校法治工作体系,也要贯彻落实全面从严治党决策部署,通过加强党对高校工作的全面领导、营造风清气正的良好政治生态、防范化解权力运行廉政风险,为高校法治工作高质量发展提供有力保障和有利环境。

第一节 坚持和加强党的全面领导

党的领导是社会主义法治最根本的保证。习近平总书记在中央全面依法治国工作会议上强调,要坚持党对全面依法治国的领导。党的领导是推进全面依法治国的根本保证。国际国内环境越是复杂,改革开放和社会主义现代化建设任务越是繁重,越要运用法治思维和法治手段巩固执政地位、改善执政方式、提高执政能力,保证党和国家长治久安。高校推进依法治校、加强法治工作必须坚持和加强党的全面领导,始终把党的领导摆到首要位置。党委领导下的校长负责制是中国共产党对国家举办的高等学校领导的根本制度,在我国高校管理体制、治理体系中处于根本性、决定性和指导性地位。研究党委领导下的校长负责制这一事关高校改革发展稳定的根本制度,对于完善中国特色现代大学制度、保障高校实现依法治校目标、推进高校治理体系和治理能力现代化建设具有重要意义和深远影响。

一、实行党委领导下的校长负责制的历史沿革

高校治理不同于政府治理、社会治理、企业治理,有其独特的治理理念、治理规律、治理结构和治理模式。我国现行的高校治理体系形成于新中国成立后的高校院系调整时期,巩固、发展于计划经济年代,改革、改进于改革开放和社会主义现代化建设新时期。伴随着国家经济、政治宏观背景的演变,适应不同时期经济社会发展的需要尤其是高校自身发展的实际,我国高校的领导体制经历了多次变革,概括起来总体可分为七个阶段:

1950—1956 年,实行校长负责制,在这种体制下,校长直接由中央人民政府任命,领导并负责学校内部的所有工作,代表学校直接向政府负责;1956—1961年,实行党委领导下的校务委员会负责制,党委全面领导学校的工作,校长的作用被大大削弱,校务委员会的职能未能完全体现;1961—1966 年,实行党委领导下的以校长为首的校务委员会负责制,校长和校务委员会在党委的领导下开展工作,对于学校的一些重大问题,由校长提交校务委员会讨论决定,再由校长执行,这种体制是在前一种体制上的改进,既充分发挥了党委的统一领导核心作用,同时又兼顾了校长的作用和行政系统的作用,调动了广大职工的积极性,提高了办学效益;1966—1978 年,"文化大革命"开始后,教育战线受到严重冲击,高校的领导体制实行党委领导下的以工宣队为主的革命委员会负责制,这种体制取消了校长,否定了知识分子的作用,在一定程度上也破坏了党委的集体领导;1978—1985 年实行党委领导下的校长分工责任制,这种体制加强了党委的领导地位,同时也增加了校长的责任感与使命感,在行政事务上主要由校长负责,但这种体制导致了正副校长都对党委负责的错误理解,没有明确校长的职责,且在一定程度上存在党政不分的状况;1985—1995 年,校长负责制和党委领导下的校长负责制并存,在 1989 年政治风波之前多数高校试行校长负责制,之后则以党委领导下的校长负责制居多;1995 年至今,国家举办的高校实行党委领导下的校长负责制。

经过长期的探索运行,1999 年颁布的《中华人民共和国高等教育法》(2015 年、2018 年分别进行修订)明确提出,"国家举办的高等学校实行中国共产党高等学校基层委员会领导下的校长负责制",以法律的形式将党委领导下的校长负责制固定下来。从我国高校领导体制的制度变迁可以看出,党委领导下的校长负责制是我国高校领导体制艰辛探索的必然结果,是符合我国国情和高校实际的历史选择,是具有中国特色的高等教育领导体制。党委领导下的校长负责制实施以来,对于加强党对高校工作的全面领导,全面贯彻党的教育方针,坚持社会主义办学方向,保障高校改革发展稳定,发挥了极其重要的政治和组织保证作用。坚持和完善党对高校的领导,是我国高校社会主义本质属性的重要体现。为了完善党委领导下的校长负责制,着力提高高校依法治校和党建科学化水平,2014 年 10 月,中共

中央办公厅印发《关于坚持和完善普通高等学校党委领导下的校长负责制的实施意见》指出,党委领导下的校长负责制是中国共产党对国家举办的普通高等学校领导的根本制度,是高校坚持社会主义办学方向的重要保证,必须毫不动摇、长期坚持并不断完善。习近平总书记在全国高校思想政治工作会议上深刻指出,办好我国高等教育,必须坚持党的领导,牢牢掌握党对高校工作的领导权,使高校成为坚持党的领导的坚强阵地。党的十九届五中全会明确提出到 2035 年建成教育强国的远景目标。"十四五"时期,面对建设高质量教育体系、推进教育现代化、办好人民满意的教育等新时期新目标新要求,面对高校改革发展稳定的新形势、新任务、新情况,必须坚持和完善党委领导下的校长负责制,并将这一制度优势转化为办学治校的强大效能,进一步强化党对高校工作的全面领导,加快推进高校治理体系和治理能力现代化建设,为建设世界一流的中国特色社会主义大学提供坚强有力保障。

二、完善党委领导下的校长负责制的实践进路

2014 年以来,中共中央办公厅印发的《关于坚持和完善普通高等学校党委领导下的校长负责制的实施意见》,对于高校贯彻落实党委领导下的校长负责制起到了重要指导和规范作用,但是近年来随着党中央对高等教育不断做出新部署、提出新要求,特别是当年制定《关于坚持和完善普通高等学校党委领导下的校长负责制的实施意见》所依据的《中国共产党章程》《中华人民共和国高等教育法》《中国共产党普通高等学校基层组织工作条例》等有关规定相继进行修订,比如 2017年《中国共产党章程》修订、2018 年《中华人民共和国高等教育法》修订、2021 年《中国共产党普通高等学校基层组织工作条例》修订,实施意见的部分内容已经不能适应新形势新要求,亟待尽快修订完善。2020 年以来,部分高校根据新修订的《中国共产党章程》《中华人民共和国高等教育法》《中国共产党普通高等学校基层组织工作条例》和教育部、中组部印发的《关于普通高等学校党委常务委员会会议和校长办公会议(校务会议)议事规则示范文本》(教党〔2019〕48 号)文件,对贯彻落实党委领导下的校长负责制的相关制度作了修订。本书通过文献收集整理,以江苏省部分高校的制度实践为基础,进一步提出完善党委领导下的校长负责制的思路。

(一)完善党委领导下的校长负责制的总体要求

新时代坚持和完善党委领导下的校长负责制,必须将习近平总书记关于加强党的全面领导的重要论述、关于教育的重要论述作为指导思想和根本遵循,将以习近平同志为核心的党中央对于教育特别是高等教育做出的重要决策部署纳入完善制度设计的总体要求。新时代贯彻落实党委领导下的校长负责制,必须高举中国特色社会主义伟大旗帜,以马克思列宁主义、毛泽东思想、邓小平理论、"三个代

表"重要思想、科学发展观、习近平新时代中国特色社会主义思想为指导,增强"四个意识"、坚定"四个自信"、做到"两个维护",坚持和加强党对高校工作的全面领导,全面贯彻党的基本理论、基本路线、基本方略,全面贯彻党的教育方针,坚持社会主义办学方向,坚持教育为人民服务、为中国共产党治国理政服务、为巩固和发展中国特色社会主义制度服务、为改革开放和社会主义现代化建设服务,坚守为党育人、为国育才,落实立德树人根本任务,培养德智体美劳全面发展的社会主义建设者和接班人,切实把党的领导贯穿管党治党、办学治校全过程。

(二)厘清高校党委的职责

高校党委全面领导学校工作,承担管党治党、办学治校主体责任,把方向、管大局、作决策、抓班子、带队伍、保落实,支持校长按照《中华人民共和国高等教育法》的规定积极主动、独立负责地开展工作,保证以培养人才为中心的教学、科研、行政管理等各项任务完成。其主要职责应当包括以下九个方面:①宣传和执行党的路线方针政策,宣传和执行党中央以及上级党组织和本组织的决议,坚持社会主义办学方向,依法治校,依靠全校师生员工推动学校科学发展,培养德智体美劳全面发展的社会主义建设者和接班人;②坚持马克思主义指导地位,组织党员认真学习马克思列宁主义、毛泽东思想、邓小平理论、"三个代表"重要思想、科学发展观、习近平新时代中国特色社会主义思想,学习党的路线方针政策和决议,学习党的基本知识,学习业务知识和科学、历史、文化、法律等各方面知识;③审议确定学校基本管理制度,讨论决定学校改革发展稳定以及教学、科研、行政管理中的重大事项;④讨论决定学校内部组织机构的设置及其负责人的人选,按照干部管理权限,负责干部的教育、培训、选拔、考核和监督,加强领导班子建设、干部队伍建设和人才队伍建设;⑤按照党要管党、全面从严治党要求,加强学校党组织建设,落实基层党建工作责任制,发挥学校基层党组织战斗堡垒作用和党员先锋模范作用;⑥履行学校党风廉政建设主体责任,领导、支持内设纪检组织履行监督执纪问责职责,接受同级纪检组织和上级纪委监委及其派驻纪检监察机构的监督;⑦领导学校思想政治工作和德育工作,落实意识形态工作责任制,维护学校安全稳定,促进和谐校园建设;⑧领导学校群团组织、学术组织和教职工代表大会;⑨做好统一战线工作,对学校内民主党派的基层组织实行政治领导,支持其依照各自章程开展活动。支持无党派人士等统一战线成员参加统一战线相关活动,发挥积极作用,并加强党外知识分子工作和党外代表人士队伍建设。加强民族和宗教工作,深入开展铸牢中华民族共同体意识教育,坚决防范和抵御各类非法传教、渗透活动。

(三)厘清高校党委书记的职责

高校党委书记主持学校党委全面工作,协调党委领导班子成员工作,主动协调党委与校长之间的工作关系,支持校长依法独立负责地行使职权、开展工作。其主要职责应当包括以下八个方面:①组织学习、宣传和贯彻执行党的路线、方针、政策及上级的指示精神;②履行全面从严治党第一责任人的职责,落实党建工作和党委意识形态工作责任制,主持制定和组织实施学校党的建设规划;③组织研究学校改革发展稳定中的重大问题和重要事项,负责督促检查党委决议的贯彻落实情况;④按照干部管理权限,负责组织学校干部的选拔、教育、培养、考核和监督,按有关规定向上级组织推荐干部;⑤负责协调学校党、政、群团等组织之间的关系;⑥负责抓好党委领导班子自身建设,组织党委理论学习中心组学习,主持开好班子民主生活会,做好班子成员的思想政治工作;⑦履行党风廉政建设和反腐败斗争第一责任人的职责,保证学校各项工作健康有序开展;⑧代表党委常委会定期向党委全委会、党员代表大会及上级党组织报告工作。

（四）厘清高校校长的职责

校长是高校的法定代表人,在校党委的领导下主持学校行政工作,贯彻党的教育方针,组织实施校党委有关决议,行使法律规定的各项职权,全面负责教学、科研、行政管理等工作。其主要职责应当包括以下十个方面:①组织拟订和实施学校发展规划、基本管理制度、重要行政规章制度、重大教学科研改革措施、重要办学资源配置方案,组织制定和实施具体规章制度、年度工作计划;②组织拟订和实施学校内部组织机构的设置方案,按照国家法律和干部选拔任用工作有关规定,推荐副校长人选,任免内部组织机构的负责人;③负责学科、专业建设,组织开展教学活动和科学研究,创新人才培养机制,提高人才培养质量,推进文化传承创新,服务国家和地方经济社会发展;④组织开展思想品德教育,负责学生学籍管理并实施奖励或处分,开展招生和就业工作;⑤组织拟订和实施学校人才发展规划、重要人才政策和重大人才工程计划,并负责教师队伍建设,依据有关规定聘任和解聘教师以及内部其他工作人员;⑥组织拟订和实施学校重大基本建设、年度经费预算等方案,并加强财务管理和审计监督,管理和保护学校资产;⑦做好学校安全稳定和后勤保障工作;⑧组织开展学校对外交流与合作,依法代表学校与各级政府、社会各界和境外机构等签署合作协议,接受并合理使用社会捐赠;⑨向学校党委报告重大决议执行情况,向教职工代表大会报告工作,组织处理教代会、学代会、工代会、团代会有关行政工作的提案,并支持学校各级党组织、民主党派基层组织、群众组织和学术组织开展工作;⑩履行法律法规和大学章程规定的其他职权。

（五）健全高校党委与行政议事决策规程

按照2021年修订实施的《中国共产党普通高等学校基层组织工作条例》,高校党委由党员大会或者党员代表大会选举产生,每届任期5年。党委对党员大会或者党员代表大会负责并报告工作。党员代表大会代表实行任期制。高校应按期召开党员大会或者党员代表大会,选举产生党的委员会（以下简称"党委"）。规模较大、党员人数较多的高校,根据工作需要,经上级党组织批准,党委可以设立常务委员会（以下简称"常委会"）。常委会由党委全体会议选举产生,对党委负责并定期报告工作。设立常委会的党委每半年至少召开 1 次委员会全体会议,遇有重要情况可以随时召开。设立常委会的高校党委,一般设党委委员 15~31 人,常委会委员 7~11 人;不设常委会的,一般设委员 7~11 人。根据学校实际,经上级党组织批准,可以适当增减常委会委员或者不设常委会的委员职数。

高校党委全委会在党员大会或者党员代表大会闭会期间领导学校工作,主要对事关学校改革发展稳定和师生员工切身利益及党的建设等全局性重大问题做出决策,听取和审议常委会工作报告、纪委工作报告。会议由常委会召集,议题由常委会确定。全委会必须有三分之二以上委员到会方能召开。表决事项时,以超过应到会委员人数的半数同意为通过。

高校党委常委会主持党委日常工作,主要对学校改革发展稳定和教学、科研、行政管理及党的建设等方面的重要事项做出决定,按照干部管理权限和有关程序推荐、提名、决定任免干部。常委会会议由党委书记召集并主持。会议议题由学校领导班子成员提出,党委书记确定。会议必须有半数以上常委到会方能召开;讨论决定干部任免等重要事项时,应有三分之二以上常委到会方能召开。表决事项时,以超过应到会常委人数的半数同意为通过。不是党委常委的行政领导班子成员可列席会议。不设常委会的党委,其会议制度和议事规则参照常委会会议有关规定执行。

校长办公会议是高校行政议事决策机构,主要研究提出拟由党委讨论决定的重要事项方案,具体部署落实校党委决议的有关措施,研究处理教学、科研、行政管理工作。会议由校长召集并主持。会议成员一般为学校行政领导班子成员。会议议题由学校领导班子成员提出,校长确定。会议必须有半数以上成员到会方能召开。校长应在广泛听取与会人员意见基础上,对讨论研究的事项做出决定。高校党委书记、副书记、纪委书记、工会主席等可视议题情况参加会议。

高校党委会会议和校长办公会议应当科学决策、民主决策、依法决策,严格执行"三重一大"制度规定,坚决防止个人或少数人专断,坚决防止议而不决、决而不行。讨论决定学校重大问题,应在调查研究基础上提出建议方案,经领导班子成员沟通酝酿且无重大分歧后方可提交会议集体讨论决定。对干部任免建议方案,在提交党委会议讨论决定前,应在党委书记、校长、分管组织工作的副书记、纪委书记等范围内进行充分酝酿。对专业性、技术性较强的重要事项,应当经过专家评估及技术、政策、法律咨询。对事关师生员工切身利益的重要事项,应当通过教职工代表大会或其他方式,广泛听取师生员工的意见建议。对会议决定的事项如需变更、调整,应当根据决策程序提交会议进行复议。

(六)健全党委领导下的校长负责制协调运行机制

党委领导下的校长负责制是一个密不可分的有机整体,必须坚持党委的领导地位,保证校长依法独立负责行使职权,建立健全党委统一领导、党政分工合作、协调运行的工作机制。高校党委书记和校长要强化政治意识、大局意识,充分信任,加强团结。在沟通协商常委会、党委会、校长办公会议题时,对意见不一致的暂缓上会,待进一步交换意见、取得共识后再提交会议讨论。

贯彻民主集中制原则。凡涉及学校改革发展稳定及"三重一大"事项,高校党委和行政都要按照"集体领导、民主集中、个别酝酿、会议决定"的要求,集体讨论,做出决定。党委书记和校长要以宽阔胸襟发扬民主,以科学方法正确集中,充分尊重领导班子成员意见,注重发挥每个成员的积极性和创造性。

实行集体领导与个人分工负责相结合的工作制度。高校党委领导班子成员都要坚持集体领导,分工合作,下级对上级负责,个人对集体负责。高校党委要合理确定领导班子成员分工,明确工作职责。领导班子成员要认真执行集体决定,按照分工积极主动开展工作。领导班子成员要相互信任、互相理解、互相支持,对职责分工交叉的工作,要加强协调配合。

落实校级党员领导干部双重组织生活会制度。高校党委要坚持高标准严要求,严肃认真开好领导班子民主生活会。会前广泛征求师生员工意见,以党性分析及作风状况为重点,认真撰写对照检查材料。会上党委书记要带头查摆问题,带头开展批评和自我批评,其他领导班子成员也要严肃开展批评和自我批评,深入分析问题根源,提出整改措施。校级党员领导干部要以普通党员身份参加所在党支部活动,自觉接受党组织和党员监督。

健全谈心谈话制度和定期沟通制度。高校领导班子成员特别是党委书记和校长之间要经常沟通情况,交换意见,定期相互谈心,定期同其他领导班子成员谈心,对在思想、作风、廉洁自律等方面出现的苗头性、倾向性问题,要早提醒、早纠正。领导班子成员之间应经常交流思想、互通情况、交换意见,努力营造团结共事的和谐氛围。集体决定重大事项前,党委书记、校长和有关领导班子成员要个别酝酿、充分沟通。

建立会议议决事项复议制度。对党委常委会、校长办公会的议决事项,在执行过程中确有特殊情况或困难,可申请进行复议。如提出复议,必须有1人动议,并在会前征得半数以上应出席会议成员的同意方可复议。复议事项一般仍由做出决定的相同会议进行复议。

完善学术事务管理制度。高校要注重加强学术组织建设,健全以学术委员会为核心的学术管理体系与组织架构,合理确定学术组织人员构成,制定学术组织章程,保障学术组织依照章程统筹行使学术事务的决策、审议、评定和咨询等职权,充分发挥其在学科建设、学术评价、学术发展和学风建设等事项上的重要作用,积极探索教授治学的有效途径。

健全民主管理和监督制度。高校要进一步健全和规范常委会向全委会定期报告工作并接受监督制度。完善教职工代表大会制度和学生代表大会制度,依法保障和实现师生员工参与民主管理和民主监督的权利。凡是应当由教职工代表大会审议通过的重要事项,经党委常委会或党委会、校长办公会研究后提交教职工代表大会审议或通过。推进党务公开和校务公开,健全重大事项公示和重点工作通报制度,及时向师生员工、群团组织、民主党派、离退休老同志等通报学校重大决策及实施情况。

三、准确把握党委领导下的校长负责制的关系定位

党委领导下的校长负责制在现代大学制度体系中处于核心地位,系统构建了现代大学治理的领导体系。新时代高校坚持和完善党委领导下的校长负责制,要注重总结实践经验,深刻把握工作规律。本书结合工作实践对高校贯彻落实过程中需要重点关注和准确把握的几个关系进行探析。

(一)准确把握党委领导和校长负责的关系

在党委领导下的校长负责制这一制度安排中,"党委领导"和"校长负责"之间的关系是制度的核心问题,两者是辩证统一、相辅相成、不可分割的有机整体。《中国共产党章程》规定:"实行党委领导下的行政领导人负责制的事业单位中党的基层组织,对重大问题进行讨论和做出决定,同时保证行政领导人充分行使自己的职权"。这与《中华人民共和国高等教育法》中"中国共产党高等学校基层委员会按照中国共产党章程和有关规定,统一领导学校工作,支持校长独立负责地行使职权"的规定是一致的。这是党章和法律对"党委领导""校长负责"两者关系的权威界定。依据制度安排,党委在学校处于领导地位,校长是学校的法定代表人。"党委领导"就是要充分发挥高校党委总揽全局、协调各方的全面领导作用,履行好把方向、管大局、作决策、抓班子、带队伍、保落实的重要职责;"校长负责"就是要在党委领导下,支持校长依法独立负责地行使职权,充分发挥校长的积极性主动性创造性,保证以培养人才为中心的教学、科研、行政管理等各项任务顺利完成。高校党委和校长都要强化依法治校,以《中国共产党章程》《中国共产党普通高等学校基层组织工作条例》《中华人民共和国高等教育法》等规定的职责权限为遵循,既要围绕立德树人根本任务和高质量发展共同目标团结奋斗,也要明确职责分工,做到各司其职、各尽其责。高校党委要充分尊重和支持校长依法独立负责行使职权,不能越俎代庖、包办代替,同时校长要自觉维护党委的领导地位和权威,不能削弱更不能脱离党委的领导。

(二)准确把握党委书记和校长的关系

在现代大学治理结构中,处理好党委书记和校长党政"一把手"的工作关系,是党委领导下的校长负责制有效运转的关键因素。党委书记和校长团结协作、配合默契,不仅可以提升党委领导班子的凝聚力领导力战斗力,而且能在全校形成以上率下的引领示范作用。从实践来看,一个高校如果党委书记和校长各拉各的琴、各吹各的调,互不买账、互不相让,过于计较"谁说了算""谁的影响大",势必造

成领导班子人心涣散,影响工作开展和事业发展,也会影响整个学校的政治生态。要处理好党委书记和校长的关系,首先要注重提高两者的党性修养、法治素养和个人素质。2021年4月16日,中共中央修订出台的《中国共产党普通高等学校基层组织工作条例》明确提出:"按照社会主义政治家、教育家标准,选好配强高校党委书记、校长。"这个标准同时从政治和业务两个方面对高校的党政"一把手"提出了更高要求。高校党委书记和校长要胸怀"国之大者"、心系"国之大计",增强政治意识、强化使命自觉,按照社会主义政治家、教育家的标准不断提高自身综合素质,提升政治判断力、政治领悟力、政治执行力,牢牢把握社会主义办学方向。实际工作中,高校党委书记要更多地从政治上看问题,同时也要立足于教育讲政治;校长要更多地从教育上看问题,同时也要立足于政治看教育。此外,党委书记和校长要强化法治意识,重大决策都要按照规定程序集体讨论决定,严格按制度规范办事,决不能不讲规矩搞个人专断。其次要建立健全定期沟通谈心机制。现实工作中,由于党委书记和校长各自担负的角色不同、思考问题的角度不同、占有信息的程度不同甚至性格的个性差异等,难免对一些问题的看法、对一些事情的处理会有分歧,但只要想问题办事情的出发点有利于学校事业发展,出于公心、开诚布公,换位思考、交流交心,相互理解、相互信任,是可以在求同存异中处理好两者关系的。在这个过程中,党委书记和校长的日常工作交流沟通非常重要,平时应定期谈心谈话、坦诚交流思想、交换意见,特别是研究决定重大事项前,更要充分酝酿、深入沟通,带头营造团结共事的氛围。

（三）准确把握民主和集中的关系

坚持和完善党委领导下的校长负责制,必须严格贯彻执行民主集中制。民主集中制是党和国家的根本组织原则和领导制度,也是贯彻落实好党委领导下的校长负责制的制度保障。中共中央办公厅印发的《关于坚持和完善普通高等学校党委领导下的校长负责制的实施意见》对坚持民主集中制提出明确要求,就集体领导和个人分工负责的管理权限、党委常委会议和校长办公会议议事规则、"三重一大"事项的决策程序、专家咨询制度和征求群众意见制度、民主决策和管理制度等,既提出了原则性的指导意见,又做出了操作性的具体规定,强调要坚持集体领导和个人分工负责相结合,按照"集体领导、民主集中、个别酝酿、会议决定"的原则研究决定重大事项,做到科学决策、民主决策、依法决策。领导班子集体议事决策要注重发挥班子成员的积极性、主动性、创造性,在事关学校改革发展的大事要事上共商共议、群策群力、达成共识,坚决防止个人或少数人专断。对于领导班子集体做出的决议和决定,班子成员要强化大局意识,按照分工勇于担当负责、积极贯彻执行,决不能敷衍塞责、推诿扯皮,坚决防止议而不决、决而不行,切实做到同心同向、协同发力。

第二节 营造风清气正良好政治生态

政治生态是党风、政风、社会风气的综合反映,是推进国家治理体系和治理能力现代化的重要保障。党的十八大以来,习近平总书记深刻把握我们党长期执政规律和新时代党的建设规律,创造性提出净化政治生态这个重大命题,多次阐释营造风清气正良好政治生态对于维护党中央权威和集中统一领导、推动全面从严治党向纵深发展、确保改革发展目标顺利实现的极端重要性。党的十九大将"营造风清气正的良好政治生态"写入党章,党的十九届六中全会将"推动营造风清气正的良好政治生态"写入《中共中央关于党的百年奋斗重大成就和历史经验的决议》,营造风清气正良好政治生态在新时代党的建设新的伟大工程中的地位提升到了新高度。在全面建设社会主义现代化强国的新征程上,必须持续营造风清气正良好政治生态,为实现第二个百年奋斗目标提供坚强政治保证。高等教育是中国特色社会主义伟大事业的重要组成部分,高校是培养担当民族复兴大任时代新人的重要阵地,营造风清气正良好政治生态对于高校事业高质量发展意义重大、影响深远,因此,深入开展高校政治生态研究是一项重要的任务。

一、高校营造风清气正良好政治生态的时代要求

党的十九届五中全会擘画了我国新发展阶段的宏伟发展蓝图,对教育事业高质量发展做出安排部署。党的十九届六中全会全面总结建党百年重大成就和历史经验,对新征程上推进党的建设新的伟大工程提出明确要求。十九届中央纪委六次全会深刻总结新时代党的自我革命的成功实践,对坚持不懈把全面从严治党向纵深推进做出战略部署,特别是习近平总书记发表的一系列重要讲话重要论述,为高校纵深推进全面从严治党,不断深化自我革命,大力营造风清气正良好政治生态,引领保障高等教育事业高质量发展提供了根本遵循。新形势新任务既赋予高校政治生态丰富时代内涵,也对高校营造风清气正良好政治生态提出了新的更高要求。

(一)营造风清气正良好政治生态是高校加强党的全面领导的政治要求

坚持党的领导关乎党和国家前途命运,关乎人民根本利益。《中共中央关于党的百年奋斗重大成就和历史经验的决议》把"明确中国特色社会主义最本质的特征是中国共产党领导,中国特色社会主义制度的最大优势是中国共产党领导,中国共产党是最高政治领导力量,全党必须增强'四个意识'、坚定'四个自信'、做到

'两个维护'。"①摆在习近平新时代中国特色社会主义思想"十个明确"的首位,将
"坚持党的领导"作为党百年奋斗历程的第一条历史经验,进一步强化了中国共产
党的领导核心地位,凸显出中国共产党是领导中国特色社会主义事业的核心力
量,也昭示着新征程上必须坚持和加强党的全面领导。习近平总书记指出,"中华
民族近代以来180多年的历史、中国共产党成立100年以来的历史、中华人民共和
国成立以来70多年的历史都充分证明,没有中国共产党,就没有新中国,就没有中
华民族的伟大复兴。"②回顾我国高等教育发展历程,之所以能取得显著发展成
就,根源就在于始终坚持中国共产党的领导,党的教育方针在高等教育领域得到全
面贯彻。坚持党的领导是办好中国教育的最大政治优势,也是新时代高等教育高
质量发展的根本保证。坚持和加强党的全面领导,必须通过营造风清气正的良好
政治生态,不断增强党的政治领导力、思想引领力、群众组织力、社会号召力。新征
程上,高校要坚持不懈营造风清气正良好政治生态,引领广大干部师生自觉在思想
上政治上行动上同以习近平同志为核心的党中央保持高度一致,牢牢巩固党在高
校的领导地位和执政基础,坚决把"两个维护"落实到管党治党、办学治校具体行
动当中,确保高校始终沿着中国特色社会主义办学方向开拓前进。

(二)营造风清气正良好政治生态是高校推动全面从严治党 向纵深发展的内在要求

全面从严治党是新时代党的建设的鲜明主题,是新时代党的自我革命的伟大
实践。党的十九届六中全会充分肯定党的十八大以来全面从严治党取得的历史
性、开创性成就,提出"全党必须铭记生于忧患、死于安乐,常怀远虑、居安思危,继
续推进新时代党的建设新的伟大工程,坚持全面从严治党,坚定不移推进党风廉政
建设和反腐败斗争"③的新要求。习近平总书记在十九届中央纪委六次全会上发
表重要讲话强调,要"坚持严的主基调不动摇,坚持不懈把全面从严治党向纵深推
进"④。这些新部署新要求,充分彰显了以习近平同志为核心的党中央将全面从严
治党进行到底的坚定决心和顽强意志。营造风清气正良好政治生态,是全面从严
治党题中的应有之义,是新时代党的建设的基础工程。立足新的历史起点,进行伟
大斗争、推进伟大事业、实现伟大梦想,必须坚定不移推进全面从严治党,刀刃向内

---

① 《中共中央关于党的百年奋斗重大成就和历史经验的决议》,《人民日报》2021年11月
17日第1版。

② 《习近平在庆祝中国共产党成立100周年大会上的讲话》,《人民日报》2021年7月2日
第2版。

③ 《中共中央关于党的百年奋斗重大成就和历史经验的决议》,《人民日报》2021年11月
17日第1版。

④ 《习近平在十九届中央纪委六次全会上发表重要讲话强调 坚持严的主基调不动摇 坚
持不懈把全面从严治党向纵深推进》,《人民日报》2022年1月19日第1版。

深化党的自我革命,不断清除一切损害党的先进性和纯洁性的因素,不断清除一切侵蚀党的健康肌体的病毒,大力营造风清气正的政治生态,以全党的强大正能量在全社会凝聚起推动中国发展进步的磅礴力量。这是我们党在新征程上把握历史主动、实现历史使命的必然要求。高校党的建设事关"培养什么人、怎样培养人、为谁培养人"这一根本问题,在新时代党的建设新的伟大工程中具有特殊地位和作用。新征程上,高校各级党组织要坚决贯彻落实党中央推进全面从严治党向纵深发展的决策部署,始终保持全面从严治党永远在路上的高度清醒,坚定执着把严的主基调一以贯之坚持下去,把全面从严的要求贯穿于高校党的建设各个方面,积极营造风清气正良好政治生态,为高校各项事业高质量发展提供坚强有力的政治引领和政治保障。

(三)营造风清气正良好政治生态是高校推进治理体系和治理能力现代化的迫切要求

治理体系和治理能力是紧密相连、相辅相成的有机整体,是制度体系和制度执行能力的集中体现。国家治理体系和治理能力现代化是完善和发展中国特色社会主义制度的必然要求,是实现社会主义现代化的应有之义。基层治理是国家治理的基石,高校治理体系和治理能力现代化是实现国家治理体系和治理能力现代化的基础。随着我国高等教育进入普及化阶段,内外环境的深刻变化对高校治理体系和治理能力提出了新的挑战。完善权力运行制约监督制度体系,是推进治理体系和治理能力现代化的关键所在。历史和现实都反复证明,权力不受制约和监督,必然导致腐败滋生、乱象丛生。近年来,在高等教育领域"放管服"改革不断深化的背景下,高校办学自主权逐步落实,如何健全制度体系、强化制度执行,规范权力运行、防止权力滥用,确保将行政机关下放的权力接得住、用得好,是高校迫切需要解决的现实问题。一个单位要实现政通人和、安定有序,必须有一个良好的政治生态。营造风清气正良好政治生态是高校推进治理体系和治理能力现代化的迫切需要。新征程上,面对高等教育领域的新形势新变化,高校各级党组织要全面落实管党治党、办学治校的政治责任,从讲政治的高度深刻理解全面从严治党与全面依法治校的内在关系,充分认识营造风清气正良好政治生态对于高校推进治理体系和治理能力现代化的重大意义,坚持依规治党与依法治校相统一,在营造风清气正政治生态和规范有序办学环境上协同发力,切实把各方面的制度优势转化为高校治理的综合效能,不断提升高校治理体系和治理能力现代化水平。

(四)营造风清气正良好政治生态是高校落实立德树人根本任务的必然要求

立德树人是高校的根本任务,为党育人、为国育才是新时代高校的重大使命。经过新中国 70 多年特别是改革开放 40 多年来的不断探索,我国教育事业已经形成了具有鲜明中国特色的教育制度体系,高校也承载了人才培养、科学研究等越来越多的使命和责任,而立德树人始终是教育的根本任务,是高校的立身之本。习近平总书记在全国教育大会上的重要讲话指出,"培养什么人,是教育的首要问题。我国是中国共产党领导的社会主义国家,这就决定了我们的教育必须把培养社会主义建设者和接班人作为根本任务,培养一代又一代拥护中国共产党领导和我国社会主义制度、立志为中国特色社会主义奋斗终生的有用人才。这是教育工作的根本任务,也是教育现代化的方向目标"①。党的十九届五中全会做出建设高质量教育体系的决策部署,充分体现了以习近平同志为核心的党中央对完善中国特色社会主义教育体系的最新要求。建设高质量教育体系,必须牢牢把握立德树人这个根本任务,努力培养德智体美劳全面发展的社会主义建设者和接班人。营造风清气正良好政治生态,是高校推进高质量教育体系建设、落实立德树人根本任务的重要保障。新征程上,高校各级党组织必须胸怀"国之大者",不忘立德树人初心,牢记为党育人、为国育才使命,不断增强政治判断力、政治领悟力、政治执行力,大力营造风清气正良好政治生态,"坚持用习近平新时代中国特色社会主义思想教育人,用党的理想信念凝聚人,用社会主义核心价值观培育人,用中华民族伟大复兴历史使命激励人,培养造就堪当时代重任的接班人"②,为中国特色社会主义事业接续发展提供坚实人才支撑。

二、高校营造风清气正良好政治生态的现实困境

勇于自我革命是中国共产党区别于其他政党的显著特征,也是其永葆生机活力的动力源泉。在看到党的十八大以来全面从严治党取得历史性开创性成就、党内政治生态明显好转的同时,也要强化忧患意识,清醒把握全面从严治党依然严峻复杂的形势,以刀刃向内的自我革命精神不断发现和解决党内政治生态存在的突出问题。下文基于部分高校的考察调研,对高校营造风清气正良好政治生态存在的现实问题进行探析。

(一)"两个责任"落实不到位

营造风清气正良好政治生态,是高校各级党组织落实全面从严治党政治责任的重要任务。全面从严治党主体责任、监督责任能否有力落实,决定着全面从严治党的效果,影响着高校的政治生态。2020 年 3 月 9 日,中共中央办公厅发布《党委(党组)落实全面从严治党主体责任规定》(以下简称《主体责任规定》),对党委

---

① 《习近平在全国教育大会上强调 坚持中国特色社会主义教育发展道路 培养德智体美劳全面发展的社会主义建设者和接班人》,《人民日报》2018 年 9 月 11 日第 1 版。

② 《中共中央关于党的百年奋斗重大成就和历史经验的决议》,《人民日报》2021 年 11 月 17 日第 1 版。

（党组）落实全面从严治党主体责任的基本原则、主要内容、落实方式、监督追责情形等提出明确规定。其中，《主体责任规定》第八条明确了党委（党组）领导班子、党委（党组）书记、党委（党组）领导班子其他成员的责任内容，第九条明确了党的建设工作领导小组、党的纪律检察机关、党委办公厅（室）等部门的工作职责。对标《主体责任规定》内容，通过调研访谈发现，高校不同程度存在全面从严治党"两个责任"落实不到位的问题，具体表现主要在以下三个方面：一是党委履行主体责任不严格，即高校党委虽然按照《主体责任规定》要求都制定了《党委履行全面从严治党主体责任清单》，但是并没有建立健全常态化的责任落实机制，部分高校主体责任清单列出的具体任务未能做到逐项落实，以致全面从严治党工作落细落地有欠缺，向基层延伸传导压力不到位；二是纪委履行监督责任不聚焦，即有的高校纪委深化"三转"仍未到位，在强化"监督的再监督"上聚焦聚力不够，监督方式方法还不能适应新时期全面从严治党的新要求，通过监督执纪问责推动全面从严治党任务在高校基层深入落实还存在"宽松软"现象；三是党委工作部门全面从严治党职责不清晰，即《主体责任规定》的发布实施，进一步完善了全面从严治党的领导体制、工作机制和工作任务，但是作为高校党委落实全面从严治党主体责任的具体执行机关，部分高校党委工作部门对这些新变化新要求认识不清、把握不准，工作中出现推诿扯皮现象，影响了高校全面从严治党合力的充分发挥。

（二）党内政治生活不严格

党内政治生活对于营造风清气正良好政治生态具有先导性、基础性作用。实现政治生态"山清水秀"，首先要严格抓好党内政治生活。2016 年 10 月 27 日，党的十八届六中全会审议通过《关于新形势下党内政治生活的若干准则》（以下简称《准则》），进一步对新形势下加强和改进党内政治生活做出规范。对标《准则》要求，从高校调研情况来看，高校一定范围内还存在党内政治生活不够严格的问题：一是政治教育和政治引领作用发挥不够充分。《准则》将"坚定理想信念"作为党内政治生活的首要任务。坚定理想信念，必须坚持不懈加强理论学习、强化理论武装。近年来，高校通过"两学一做"学习教育、"不忘初心、牢记使命"主题教育、党史学习教育，不断推动学习贯彻习近平新时代中国特色社会主义思想走深走心走实，但是也发现一些高校基层党组织还存在"照本宣科"学习不深入、"学用脱节"落实不到位的情况。二是贯彻落实民主集中制不够规范。民主集中制是党的根本组织原则，是党内政治生活正常开展的重要制度保障。《准则》要求，落实党委常委会（或党组）议事规则和决策程序，坚决反对和防止独断专行或各自为政，坚决反对和防止议而不决、决而不行、行而不实，坚决反对和防止以党委集体决策名义集体违规。通过文献分析和调研访谈发现，有的高校党委会议有上会议题因会前沟通不充分导致议而未决的现象，有的高校基层单位存在研究"三重一大"事项执行党政联席会议议事规则不规范的情况。三是党的组织生活制度执行不够认真。党的组织生活是党内政治生活的重要内容和载体，是党组织对党员进行教育管理监督的重要形式。当前,高校普遍制定了"三会一课"制度,但是在制度落实上不同程度存在表面化、形式化的问题,特别是党支部通过"三会一课""主题党日"强化党员师生的党性锻炼还有较大差距。一些高校领导班子民主生活会、党支部组织生活会查摆剖析问题不深入、开展批评触及思想不深刻,民主生活会、组织生活会的质量需要进一步提高。

(三)党内法规执行不规范

党内法规制度是管党治党的标尺和准绳,是营造风清气正良好政治生态的重要保障。党内法规制度能否发挥作用,关键看执行是否能够坚决有力。党的十八大以来,以习近平同志为核心的党中央把加强党内法规制度建设作为全面从严治党的长远之策、根本之策,推动形成了以党章为根本,以民主集中制为核心,以准则、条例等中央党内法规为主干,由各领域各层级党内法规制度组成的比较完善的党内法规制度体系,为制度治党、依规治党提供了重要遵循。习近平总书记多次强调,有规可依的问题基本解决后,要更加重视提高党内法规执行力,把制度的刚性立起来。为提高党内法规制度执行力,推动党内法规制度全面深入实施,2019年9月3日中共中央发布《中国共产党党内法规执行责任制规定(试行)》(以下简称《规定》),着力破解党内法规制度"执行难"问题。《规定》第八条明确指出,实行党委领导下的行政领导人负责制的事业单位党组织,对本单位执行有关党内法规负主体责任,领导、组织、推进本单位党内法规执行工作。对标《规定》要求,通过考察调研发现,高校普遍存在执行党内法规制度不规范等问题,具体表现主要集中于以下三个方面:一是重制定、轻执行,即有的高校制定制度是被动落实上级部署要求,制定制度时生搬硬套、脱离实际,只求完任务、不求落得实,满足于制度出了、文件发了,制度下发后便束之高阁;二是打折变通、选择执行,即有的高校党组织执行党内法规制度搞选择做变通,容易做的就执行、有难度的就规避,要求严时就照办、要求松时敷衍应付,并且有的高校执行党内法规制度打折扣、降标准,依规依纪追责问责失之于宽、失之于软,党内法规制度在执行过程中走形变样;三是有令不行、有禁不止,即有些高校落实中央八项规定及其实施细则精神不严格,从中央、省委巡视高校反馈意见可见,违规使用"三公"经费、违规发放津贴补贴、超标准使用办公用房等问题时有发生。以上这些问题,必将损害制度的严肃性和权威性,影响风清气正良好政治生态的形成和发展。

(四)内部治理体系不健全

健全完善的内部治理体系是制约和监督权力运行的重要途径,是营造风清气正良好政治生态的必要条件。监督制约是权力正确运行的根本保证,权力不受制约和监督,必然导致权力滥用和腐败滋生。腐败是政治生态的最大污染源,营造风清气正良好政治生态,必须加强治理体系和治理能力现代化建设,强化对权力运行的制约和监督。通过文献分析和调研访谈发现,当前高校内部治理体系还不能完全适应高校面临的新形势新变化,在权力制约和监督方面依然存在薄弱环节:一是权力结构配置不科学,即有的高校在校级领导班子成员分工和机构设置中没有做到不相容权力相互分离,权力配置没有形成相互制约和监督的制衡机制,重点领域关键岗位定期轮岗不规范,轮岗范围、轮岗条件、轮岗周期、交接流程、责任追溯等缺乏具体制度设计,还有的高校职能部门权责边界不清晰,特别是关键岗位权力范围内的禁止事项、监督措施、问责形式不明确,对权力运行过程尚未形成系统有效的管控制衡体系;二是内部控制制度不健全,即有的高校领导班子议事决策规则不完善,"三重一大"事项的认定标准不明确,"三重一大"事项的提出、论证、审议、决定、公布、实施等程序缺乏细化流程,影响着科学决策的效果,还有的高校廉政风险防控意识不强,财务管理、招标采购、工程管理、国有资产管理、附属医院、校属企业等重点领域管理制度不健全,权力运行流程不透明,事前、事中、事后监督机制没有形成闭合链条,特别是对后勤社会化改革中的廉政风险防控不严,以致违规违纪违法案件易发多发,对高校政治生态带来不良影响;三是以案促改以案促治不扎实,即一些高校还没有从一体推进"不敢腐、不能腐、不想腐"的高度抓好以案促改、做实以案促治,仅把以案促改、以案促治简单理解为警示教育,还有些高校职能部门和基层单位排查廉政风险点、制定风险防控措施搞形式、走过场,欠缺针对性实效性,以案为鉴、标本兼治的功效打了折扣。以上这些问题,既反映出高校管党治党、办学治校水平与治理体系和治理能力现代化的要求还有较大差距,也让我们充分认识到推进依规治党、依法治校对于营造良好政治生态的重要性和紧迫性。

三、高校营造风清气正良好政治生态的治理对策

高校要解决营造风清气正良好政治生态存在的突出问题,应当强化系统观念,坚持综合施策,着力在系统化制度机制建构上探索解决问题的治理对策,紧密结合高校实际,建立健全工作机制,优化完善制度体系,增强协同治理效应,切实把党的制度优势更好地转化为治理效能,从而推进良好政治生态不断巩固发展。

(一)健全"四责"贯通协同机制,着力完善高校全面从严治党
　　　　责任落实体系

高校要深入落实《党委(党组)落实全面从严治党主体责任规定》要求,紧紧扭住责任制这个"牛鼻子",健全全面从严治党党组织主体责任、纪委监督责任、党组织书记第一责任人职责、班子成员"一岗双责"贯通联动、协同发力的责任落实体系,推动全面从严治党向纵深发展、向基层延伸。具体工作中,应重点抓好知责明责、履责尽责、督责评责三个关键环节。

1. 抓好知责明责这个前提

高校党委要发挥领导核心作用,着力打造横向联动、纵向一体、同向发力的责

任链。在责任定位上，要明确党委主体责任是根本，纪委监督责任是保障，党委书记第一责任人职责是关键，党委班子其他成员"一岗双责"是支撑，进一步强化高校领导班子和领导干部的责任意识。在责任分解上，要把管党治党责任具体化，建立健全主体责任清单，制定任务分工实施方案，做到目标明确、主体明晰、责任清晰、任务清楚，切实解决好"谁来抓""抓什么""怎么抓"的问题。

2. 抓好履责尽责这个核心

在履行主体责任上，高校党委要抓好全面从严治党顶层设计，及时研究解决工作中的重要问题，督促指导党委领导班子成员履行"一岗双责"、纪委履行监督责任、院系党组织履行主体责任。在履行监督责任上，高校纪委既要履行好监督专责，也要积极协助党委推进全面从严治党，坚持把督导检查各级党组织落实主体责任情况作为监督工作重点，通过廉情抄告、定期会商、重大事项请示报告、提出意见建议等方式，推动党委履行主体责任、党委书记履行第一责任人职责、党委领导班子成员履行"一岗双责"。在履行第一责任人职责上，高校党委书记要管好班子、带好队伍、抓好落实，真正做到重要工作亲自部署、重大问题亲自过问、重点环节亲自协调、重要案件亲自督办，支持、指导和督促班子其他成员、院系党组织书记履行全面从严治党责任。旗帜鲜明支持高校纪委履行监督责任，主动接受纪委监督。在履行"一岗双责"上，高校党委领导班子成员要切实承担起分管领域的全面从严治党重要领导责任，督导检查分管部门落实全面从严治党任务，对分管部门党员干部从严教育管理监督，推动全面从严治党与业务工作有机融合、协调发展。

3. 抓好督责评责这个保障

高校党委要建立责任倒逼机制，确保督责有方、评责有据、问责有力。建立健全履责纪实、谈心谈话、问题抄送等督导机制，综合运用专项监督、述责述廉、约谈提醒、监察建议等督责手段，切实解决责任虚化空转等问题。要充分发挥考核指挥棒作用，将"四责"协同要求纳入基层党建考核评价体系，促进责任主体严格落实全面从严治党责任。要动真碰硬追责问责，实施"一案双查"制度，对全面从严治党直接责任、领导责任同查同问，让失责必问、问责必严真正成为常态，以严格问责倒逼责任落实，督促高校各级党组织和党员干部担当作为、履职尽责。

(二) 健全巡视巡察上下联动机制，着力完善高校党内监督体系

巡视巡察上下联动是推进政治监督向基层延伸的有效途径。如何健全巡视巡察上下联动机制，持续推动巡视巡察反馈问题彻底解决，着力提升高校政治监督实效，是迫切需要解决的重要问题。结合调研河南省省管本科高校开展巡察工作情况，建议从以下三个方面完善高校党委巡察制度，健全巡视巡察上下联动机制。

1. 规范巡察机构设置

健全巡视巡察上下联动机制，高校需要完善党委统一领导、巡察工作领导小组组织实施、巡察工作机构协调推进的巡察领导体制和运行机制。当前，河南省省管

本科高校均已建立巡察机构,许多高校开展了校内巡察探索,但是从全省高校情况来看,高校党委巡察工作领导小组、巡察工作领导小组办公室(以下简称"巡察办")的设置还缺乏统一规范,与上级巡视巡察有关文件要求不一致,不利于全省高校巡察工作的整体推进。高校应参照市县党委巡察机构的架构,设置本级党委巡察机构,党委巡察工作领导小组组长统一由高校纪委书记担任,巡查办作为党委工作部门设在高校纪委,巡察办主任为党委工作部门正职。通过规范巡察机构设置,充分发挥高校党委全面监督和纪委专责监督合力。

2. 深化政治巡察监督

高校巡察工作应坚守政治巡察定位,切实提升政治监督精准度。巡察内容要抓住高校基层党组织工作重点,强化对被巡察党组织"一把手"和领导班子的监督,既要对高校基层组织履行全面从严治党政治责任、贯彻落实上级决策部署、加强党的建设、执行党内法规制度、落实意识形态工作责任制、推进思想政治工作等情况进行重点巡察,同时也要加强对省委巡视反馈问题在基层党组织整改落实情况的监督检查,实现巡视巡察有机衔接、上下联动,推动巡视整改任务落地见效。巡察监督要与日常监督、群众监督、审计监督有效结合、协同贯通,共享信息、形成合力。巡察工作中既要从学校纪检监察机关、党委工作部门了解被巡察党组织及其班子成员日常监督情况,更要注重发挥密切联系群众纽带作用,让师生参与到监督中来,同时可探索实施巡察、审计同步开展的做法,着力找全、查准、挖深突出问题,以强有力的政治监督为基层党组织"把脉问诊"。

3. 强化巡察整改落实

巡察整改是检验巡察成果的"试金石",也是打通巡视整改"最后一公里"的关键。高校可建立《巡察整改监督评估实施办法》,健全巡察整改促进机制和评估机制。实施办法可由监督评估主体、监督督促机制、质效评估机制、评估结果运用机制四部分组成。监督评估主体应明确实施监督评估机关部门的责任,对高校纪检监察机关与党委组织部履行日常监督评估职责、巡查办履行综合监督评估职责作出规定。监督督促机制应明确监督督促的内容和方式,重点围绕被巡察党组织履行整改主体责任、党组织书记履行整改第一责任人职责、巡察反馈问题整改落实、移交问题线索处置办理等情况,制定列席会议、定期报告、重点核查、实地调研等监督督促措施。质效评估机制应建立系统化评估指标体系和检查评估办法,评估指标体系可从"整改责任落实程度、整改组织实施力度、整改任务进度、整改成效满意度"四个方面制定测评标准、赋予量化分值,检查评估办法可采用集中会审、个别访谈、台账验收、实地检查、民主测评等方式,由高校纪检监察机关、党委组织部、巡查办结合日常监督、综合监督情况对指标体系内容打分,并根据检查测评结果做出综合评价、形成评估报告。评估结果运用机制应将巡察整改结果运用于处级领导班子和领导干部年度考核,对整改质效综合评价差的党组织及其负责人严肃追责问责,对未整改到位的问题纳入日常监督事项,持续跟踪问效,促进巡察整改条条落实、件件落地。

(三) 健全"三不"一体推进机制,着力完善高校权力运行制约监督体系

新形势下巩固和发展反腐败斗争压倒性胜利,是对治理体系和治理能力的重要检验。高校健全"不敢腐、不能腐、不想腐"一体推进机制,要将正风肃纪反腐与深化改革、完善制度、促进治理贯通起来,注重从违规违纪违法案件中查找治理体系薄弱环节和治理能力不足之处,强化以案为鉴、以案促改、以案促治,推动惩治震慑、制度约束、提高觉悟一体发力,完善权力运行制约监督体系,提升治理体系和治理能力现代化水平,以治理的新成效营造风清气正的良好政治生态。

1. 聚焦"不敢"形成强力震慑

高校要保持惩治腐败的高压态势,加大案件通报曝光力度,持续释放全面从严治党越往后越严的强烈信号。要紧盯重要节点、重点领域、关键岗位,突出领导干部这个"关键少数",强化监督执纪问责,严肃查处党的十八大以来不收敛、不收手,特别是党的十九大后仍不知敬畏、顶风违纪,政治问题和经济问题交织的腐败案件;严肃查处靠教育吃教育、侵害师生权益,问题反映集中、群众反映强烈的腐败案件和不正之风;严肃查处严重违反中央八项规定及其实施细则精神的突出问题,充分发挥查办案件的威慑力。要坚持纪挺法前,深化运用"四种形态",惩前毖后、治病救人,筑牢拒腐防变第一道防火墙,实现政治效果、纪法效果、社会效果的有机统一。

2. 聚焦"不能"扎紧制度笼子

高校要扎实开展以案促改、以案促治,围绕授权、用权、制权等环节,堵塞监管漏洞,健全制度体系,完善决策权、执行权、监督权既合理分工又协调制约的权力结构和运行机制。要科学配置权力,推进机构、职能、权限、程序、责任的规范化,严格执行任职回避、定期轮岗、干部交流制度,严格落实不相容职务分离原则,从权力配置层面健全制约和监督机制。要健全决策程序,加强重大事项决策前的调研协商,把专家论证、师生听证、风险评估、合法性审查等作为集体决策的前置程序和制度安排,通过科学决策、民主决策、依法决策,压缩自由裁量权,防范决策"一言堂"。要大力推进权力公开,编制并公开权力清单和权力运行流程,增强权力运行的规范性和透明度,保障高校师生和社会公众的知情权、参与权、监督权。要完善监督体系,建立权力运行预警防范和纠偏矫正机制,发挥纪检监察监督、巡察监督、审计监督、组织监督、群众监督等监督合力,对权力运行进行全覆盖监督,努力消除权力运行监督真空地带。

3. 聚焦"不想"筑牢思想防线

高校要深入落实中央《关于加强新时代廉洁文化建设的意见》,健全校园廉洁文化建设的体制机制,大力营造崇廉尚廉的浓厚氛围。要持续深化"不忘初心、牢记使命"主题教育、党史学习教育等教育成果,弘扬积极健康的党内政治文化,抵制庸俗腐朽的思想文化,以理想信念强基固本,以先进文化启智润心,以高尚道德

砥砺品格,教育党员干部筑牢防范腐败侵蚀的思想堤坝。要持续强化以案为鉴典型案例警示教育,注重用身边事教育身边人,教育引导党员干部夯实抵制腐败"围猎"的廉政根基。要强化纪法教育,健全学纪学法制度,促进党内法规学习常态化制度化,教育引导党员干部形成尊崇党章、遵守法纪的文化自觉。

(四)健全政治生态分析研判机制,着力完善高校政治生态评价体系

开展政治生态分析研判,对于全面把握一个单位党风政风社风,营造风清气正良好政治生态具有重要现实意义。《中共中央关于加强党的政治建设的意见》提出"探索建立本地区本部门政治生态评价体系"的明确要求,各地积极推进实践探索。高校应借鉴地方有益经验,健全政治生态分析研判机制,完善政治生态评价体系,为精准分析、靶向治疗政治生态突出问题提供有力支撑。

1. 构建政治生态分析研判指标体系

为全面掌握高校院系党组织、机关部门政治生态状况,提高政治生态分析评价的科学性和精准性,高校应按照可量化、易评价、有抓手的思路,构建政治生态分析研判指标体系。指标体系要根据党中央和省委关于政治生态的部署要求,将严明政治纪律和政治规矩、严肃党内政治生活、弘扬党内政治文化、加强领导班子和干部队伍建设、建设廉洁政治等5项内容设为分析研判一级指标,并根据高校政治生态建设需要,结合高校政治生态突出问题,在二级指标中设置若干正向指标和负向指标,通过逐项明确观测点和评判标准,实现多维定标、全面扫描,为开展政治生态分析研判提供清单化、标准化的"画像模板"。指标体系不仅要把高校院系党组织、机关部门及其"一把手"和班子成员落实全面从严治党责任情况等作为硬指标,更要把整治师生身边的腐败问题和不正之风情况、服务基层和师生情况、师生满意度等一并纳入分析研判范围,确保指标体系科学精准、务实管用。

2. 制定政治生态分析研判工作办法

高校开展政治生态分析研判要坚持党委统一领导,具体由高校纪委组织实施。政治生态分析研判每年至少开展一次,干部选拔任用前应开展专项分析研判。政治生态分析研判要以高校院系党组织、机关部门领导班子及班子成员为重点对象,通过抓好"关键少数"带动"绝大多数"。分析研判要坚持点和面结合、民主测评和走访调查结合、定量和定性结合、动态和静态结合,注重运用日常监督、专项检查、巡察审计、信访举报等信息和线索,查找苗头性、倾向性、潜在性、普遍性问题,对高校院系党组织、机关部门开展全方位、深层次的政治"体检"。政治生态分析研判要注重预警纠偏,应建立政治生态预警机制,加强对分析研判结果的日常监督,及时督促整改、优化提升。高校要高度重视政治生态分析研判成果运用,应将分析研判结果作为当年年度党风廉政建设责任制专项考核、处级领导班子和领导干部考核、干部选拔任用的重要参考,以此增强政治生态分析研判工作的实效性,提升高校党组织和党员干部营造风清气正良好政治生态的内生动力。

第三节　防范化解权力运行廉政风险

党的十九届四中全会深入贯彻习近平新时代中国特色社会主义思想,对坚持和完善党和国家监督体系,构建决策科学、执行坚决、监督有力的权力运行机制做出系统部署。这是以习近平同志为核心的党中央着眼党的全面领导、长期执政和国家长治久安做出的重大制度安排,对于强化权力制约和监督,推动和保障国家治理体系、治理能力现代化具有重大意义。健全廉政风险防控机制,防范化解权力运行廉政风险,是注重从源头上预防腐败的有效措施,是深入推进党风廉政建设和反腐败斗争的有力举措。面对当前依然严峻复杂的党风廉政建设和反腐败斗争形势,高校要深入贯彻落实党中央关于加强廉政风险防控、强化权力制约和监督决策部署,积极探索符合高校实际、具有高校特色的廉政风险防控长效机制,完善现代大学制度体系,提升高校治理法治化现代化水平,保障高校各项事业高质量发展。

一、高校廉政风险防控机制建设的价值意蕴

习近平总书记在十九届中央纪委六次全会上用"四个任重道远"深刻分析了反腐败斗争新的阶段性特征,告诫全党腐败和反腐败较量还在激烈进行,强调要保持反腐败政治定力,不断实现不敢腐、不能腐、不想腐一体推进的战略目标。从高校领域来看,党风廉政建设和反腐败斗争存在的问题仍然不能轻视,一些高校违纪违法腐败案件时有发生,损害了高校"象牙塔"的良好形象,影响了高等教育事业的高质量发展,因此,积极构建以主动防控为核心、以强化管理为手段的高校廉政风险防控机制具有重要现实意义。

(一)廉政风险防控机制建设是高校深化依规治党的现实需要

中国共产党是当今中国最高的政治领导力量。在我国,95%以上的领导干部、80%的公务员是共产党员,构成了代表人民行使权力的中坚力量。党的执政地位决定了在党和国家各项监督制度中党内监督是第一位的。强化权力制约和监督,必须把党内监督制度坚持好、发展好,把坚持党的领导和加强党内监督统一起来,把管党治党和治国理政贯通起来,推动各级领导干部履行管理监督责任,用好、管住党和人民赋予的权力。党的十八大以来,以习近平同志为核心的党中央坚持思想建党和制度治党同向发力、依规治党和依法治国有机统一,把党内法规纳入中国特色社会主义法治体系,与时俱进建立健全党内法规制度,构建起党规、国法有效贯通、紧密衔接的制度体系。廉政风险防控机制建设依赖于完备的制度体系,并且廉政风险防控机制的有效运转有利于系统全面地查找制度缺陷,提高制度的严密性和科学性;有利于实现制度之间的相互协调、相互支撑,提高制度的系统性和

可操作性;有利于强化业务流程管理,固化制度执行环节,提高制度的执行力和有效性,因此,构建廉政风险防控机制,不仅可以实现权力运行监管机制创新,而且将会有力推动高校制度建设,有效提高高校依规治党水平。

（二）廉政风险防控机制建设是高校推进源头防腐工作的创新举措

习近平总书记深刻指出,防范形形色色的利益集团成伙作势、"围猎"腐蚀还任重道远,有效应对腐败手段隐形变异、翻新升级还任重道远,彻底铲除腐败滋生土壤、实现海晏河清还任重道远,清理系统性腐败、化解风险隐患还任重道远。我们要保持清醒头脑,永远吹冲锋号,牢记反腐败永远在路上。只要存在腐败问题产生的土壤和条件,腐败现象就不会根除,我们的反腐败斗争也就不可能停歇。探究发生在高校的违纪违法腐败案件,权力监督制约机制不健全、监督管理制度不完善、防控廉政风险措施不够有力是主要原因。廉政风险防控机制是以高校各项业务工作为着力点,抓住业务工作中基建工程、招标采购、干部选任、财务管理、招生录取等重点领域和决策、执行、监督等关键环节,通过定岗定责,清权确权,排查和评估廉政风险,确定廉政风险点和风险等级,有针对性地深化教育、完善制度、加强监督,把廉洁从政的要求和预防腐败的措施嵌入业务工作的各个环节、落实到业务工作的具体岗位,既前移预防腐败的关口,降低了廉政风险,又优化管理流程,提升了业务工作效能。实践证明,廉政风险防控机制的有效运转,通过赋予职权、明确责任、告知风险"三位一体"系统落实,能够破解高校廉政建设与业务工作脱节的难题,实现两者有机融合、同频共振、协调发展,是遏制腐败滋生条件、提升源头防腐实效的创新路径。

（三）廉政风险防控机制建设是高校强化权力制约监督的重要手段

党的十八大以来,党中央坚定不移推进全面从严治党,持之以恒正风肃纪反腐,把制约监督权力作为永葆党的肌体健康的重要保障,以党内监督带动促进其他监督,健全党和国家监督体系,确保了权力运行的正确方向。新形势下强化权力制约监督,必须推进权力运行法治化,消除权力监督的真空地带,压减权力行使的任性空间。随着高等教育改革不断深化,教育资金投入大幅增加,高校办学自主权逐步扩大,高校既承担着提高教育质量、培育时代新人的重要任务,也同时面临着日益加大的管好钱、用好权的风险挑战。如何保证权力行使安全、资金运用安全、项目建设安全和干部成长安全是高校必须认真研究解决的重要问题。在此形势下,持续推进廉政风险防控机制建设,健全廉政风险防控长效机制,使防控廉政风险成为一项常态化的工作,与高校管理、服务等各项业务工作紧密结合,与高校内决策、执行、监督等各项权力相伴而行,针对权力运行中的薄弱环节,主动预警、动态监控、超前防范,防止权力滥用、权力失控、行为失范,为高校党员干部打起"保护伞"、筑牢"防火墙"、营造"安全区",保护和激励高校党员干部干事创业、开拓进取的积极性创造性,对于落实落细落地党中央关于高等教育决策部署,保障我国高等教育事业高质量发展意义重大。

二、高校廉政风险防控机制运行的基本原理

廉政风险防控是在宏观层面进行微观控制,查找发生腐败风险的可能性,并在微观层面进行宏观管理,寻求防范办法,力求将问题消灭在萌芽状态,防止问题的蔓延发展,其主要通过预警、防控、考核、修正四个环节运转实施,遵循和运用质量管理、风险管理、系统化管理、管理流程再造原理,分别针对不同级别的廉政风险制定防范措施、建立防控机制。

（一）廉政风险防控机制运行以质量管理为体系

质量管理是在质量方面指挥和控制组织的协调活动,包括制定质量管理目标以及质量策划、质量控制、质量保证和质量改进等环节。实现质量管理的目标,有效开展各项质量管理活动,必须建立相应的管理体系,这个体系称之为质量管理体系。

廉政风险防控机制总体上运用了质量管理体系,把"风险防范管理的质量或成效"作为基本目标对象,通过质量管理体系中的循环管理办法,即实施"预警—防控—考核—修正"四个环节,将 PDCA 质量管理理念和方法引入到预防腐败工作之中,对风险防控工作实施质量管理,初步形成预防腐败工作的新机制。

PDCA 循环是质量管理的工作步骤和核心,由美国人戴明博士首先提出。P是计划,D 是实施,C 是考核,A 是修正。廉政风险防控机制按照这四个阶段进行。第一阶段是计划,包括方针、目标、活动计划、管理项目等。其根据公共权力的特性、腐败行为的变化特点,结合反腐倡廉工作实际,界定廉政风险,重点查找工作实践中教育、制度、监督和党员干部廉洁自律等方面的不足,以防范、监控和处置为主要手段,制定廉政风险防控措施。第二阶段是实施,即按照计划的要求去实施。针对不同风险,实施计划阶段制定的风险防控措施,通过前期防范措施、中期监控机制和后期处置办法,防止腐败行为的发生,避免苗头性、倾向性问题演变为违纪违法行为。第三阶段是考核,检查是否按规定的要求去实施,以及效果如何,并找出异常情况的原因。按照廉政风险防控工作的考核标准,通过科学有效方法,对廉政风险的防控情况进行综合评估。第四阶段是修正,总结执行对策中成功的经验,并将其整理固化为执行标准;执行对策中不成功或遗留问题转下个 PDCA 循环解决。根据综合评估结果,采取奖优惩劣、完善措施、责任追究等方式,责令及时纠正存在的问题,调整廉政风险防控实施细则相关内容,优化工作目标,进入下一个工作流程。计划、实施、考核、修正这个过程,循周期不断反复运行,PDCA 每循环一次,廉政风险防控质量便有所提高,不断循环则质量不断提高,达到预防腐败的明显效果。

（二）廉政风险防控机制运行以风险管理为核心

风险管理是各经济、社会单位在对其生产、生活中的风险进行识别、估测、评价的基础上，优化组合各种风险管理技术，对风险实施有效的控制，妥善处理风险所致的结果，以期以最小的成本达到最大的安全保障的过程。风险管理过程包括：风险识别、风险估测、风险管理方式选择、实施风险管理决策、风险管理效果评价五个方面，其核心是了解各种特定活动中产生的全部风险，同时有效管理这些风险。

廉政风险防控机制，在微观控制层面上进行"风险管理"，即"对廉政风险进行识别、衡量、分析，并在此基础上有效地处置，以最低成本实现最大保障的科学管理"，将"预"和"防"两个方面有机结合，通过"预"这一方面，来预见和判断廉政风险发展变化的趋势和规律，并进一步预见和判断出具有廉政风险的环节和领域；通过"防"这一方面，建立有针对性的对策和措施，将"预"在重要领域和关键环节梳理出的风险消灭在萌芽状态，从而进一步实现"防"的目的，最大限度地减少腐败现象的发生，从而提高工作实效，降低了反腐工作成本。

风险管理的基本目标是以最少的费用支出达到最大限度地分散、转移、消除风险，以实现保障经济利益和社会稳定的基本目的。廉政风险防控机制以此为基点，实现以下防控目的：一是腐败现象发生前的风险管理目标——围绕查准找全风险点、制定完善相关措施来避免或减少风险事故发生的机会；二是腐败现象发生中的风险管理目标——实施有针对性、动态性、全程性防范来控制风险事故的扩大和蔓延，尽可能减少损失；三是腐败现象发生后的风险管理目标——通过严格检查考核和建立健全预防腐败长效机制，努力使损失标的恢复到损失前的状态；对腐败的治理活动，逐步实现从"人—腐败行为—结果"的取向转化为"事—制度—绩效"的取向，突出强化了效率和效能。

（三）廉政风险防控机制运行以管理流程再造为着力点

管理流程再造是通过对企事业内部和外部各级各类流程进行逐步系统梳理、诊断，不断优化，在达到一定临界条件时，完成从量变到质变的过程。流程再造的目的是要整合与企事业相关和可能相关的一切资源，构建流程通畅的价值链，为利益相关人创造最大利益。流程再造的核心就是对管理模式的再造，即通过科学管理，确保流程执行的高效和准确，通过持续改善活动的进行方式，优化流程，使企事业保持竞争力。

廉政风险防控机制以管理流程再造为着力点，结合高校业务工作实际，对反腐倡廉工作流程进行再思考和再设计，在反腐成效、防腐质量、制度建设和有效监督等各项标准上取得显著的改善：一是廉政风险防控把风险防范作为监控对象，按照计划、执行、考核、修正四个阶段的工作程序，以促进制度建设为中心，以一岗双责为抓手，完善各种规章制度，坚持用制度管权、依制度办事、靠制度管人，规范管理流程；二是以强化监督为手段，大力加强领导班子建设和高风险岗位的监督，尤其是干部选拔、招标采购、基建(修缮)工程等人财物重点部门的监督,严格实行流程管理,并且廉政风险防控加强了对各项业务工作的管理和监督,促进了高校业务工作流畅运转;三是廉政风险防控机制与业务创新有机结合整体推进,即在事实上,排查廉政风险点的过程,以及防范廉政风险的管理工作,都提供了业务和管理流程再造的共享式平台,将廉政风险防控步骤"嵌入"优化管理、整合资源、提升效能的各个环节,使之成为工作流程再造的价值轴心之一,形成共同实现廉洁发展的整体合力,使防控廉政风险与规范开展业务工作由"两股劲"变为"一股绳"。

(四)廉政风险防控机制运行以系统化管理为保障

系统原理是管理学中最基本的一个原理,其基本内容是用系统的观点来研究分析和处理管理活动全过程的一种方法。系统最显著的特征在于整体性,即系统不是组成要素的机械堆积,而是有机组织起来的。在现代管理中,既要使管理工作有统筹兼顾的全局性,把整体目标的优化作为根本出发点,把任何一个管理的部门或单位看成是一个系统;同时必须要保证要素之间通过相互联系和相互作用,形成特定的结构,使系统在复杂的相互作用中表现出统一性和协同性,因此,系统化管理实际上是系统各组成部分(要素)之间相互配合、有机联系,使系统整体功能得到最大限度发挥的机制。

廉政风险防控机制从大局着眼,其意识到风险是多元的、复杂的,必须采用综合的管理手段,对涉及各种危害性风险,不再是分离式、局部式,而是全方位的风险管理,需要把防控廉政风险作为一个系统整体进行管理,建立一个有内在关联的有机系统。这涉及理念、组织、制度、流程、人力、测评等系统化设计,也涉及具体环境、社会参与、管理工具等诸多要素。

首先,它在内容上包括了廉政风险防控工作的组织机构、适应风险防控的工作流程、关于风险管理防范的管理知识、人员合理配备的人力资源管理情况等。规定了主体要素,即谁来预警,包括组织者、掌管运行权力的人和参与者;列举了流程要素,即风险识别、风险分析和风险评价的过程和程序;明确了风险标识要素,即有明确的风险存在情况的判断,可用表示程度的概念、符号来表示出风险是什么、程度如何、在哪个环节等。其次,把业务工作和廉政风险防控工作作为一个整体进行统筹管理。规定了报告要素,即风险结论送达给相关人,包括权力责任者、主管部门、主管领导等,从而使行政管理工作和廉政风险防控工作深度融合,降低发生腐败现象的可能性。最后,廉政风险防控制度机制要求从全局着眼,建立综合监督机制,完善落实制度,力求各单位之间、单位内部各部门之间有良好的分工与合作,力求各单位对人、财、物等各要素科学组织、科学调配、科学运用。从上述构成的设计中可以看出,廉政风险防控机制实际上是一个工作系统,环环相扣,步步衔接,单从某个方面开展廉政风险防控不可能达到预期的效果。

三、高校廉政风险防控机制建设的实践路径

机制是指能长期保证各项制度正常运行并发挥预期功能的制度体系,既包括制度层面上的内容,也包括执行层面上的程序。在健全的制度基础上构建长效机制,可以有效地引导、规范人们的行为,促进形成具有普遍约束力的价值观念和行为规范。高校存在的廉政风险与社会其他领域一样,复杂多变,单靠某一项措施难以奏效,需要多种手段的综合运用,形成廉政风险防控的机制链条,实现对各项权力事前、事中、事后的全程监督和系统管理。因此,根据高校廉政风险防控机制的运行原理,结合部分高校实施廉政风险防控工作的积极探索,提出建立以廉政风险防范系统、廉政风险监控系统和廉政风险处置系统为运行内核的高校廉政风险防控长效机制的实践路径。

(一)建立高校廉政风险防范系统

风险防范系统是高校廉政风险防控机制的基础。该系统侧重自我防范和内部约束,其功能在于在各项权力运行之前,通过分析查找廉政风险点,确定风险等级,制定防范措施,并结合岗位廉政教育、公开廉政承诺、优化运行流程等措施,激发权力主体增强防范风险的内生制约力,引导权力主体提高自我防控意识、筑牢拒腐防线。其具体运作流程为:

1. 梳理业务流程,排查风险节点

按照"职权法定、权责一致"和分类查找、分级预防的要求,通过"自己找、领导提、群众议、专家评、组织审"等方式,从岗位、部门、单位三个层面,分析权力行使过程中容易滋生腐败的节点,全面查找岗位职责、制度机制、业务流程等三类廉政风险,并重视查找"三重一大"决策风险和外部环境风险。

2. 确定风险等级,制定防控措施

以"危害按最重的程度把关、风险用最高的层级衡量、预警以最快的速度实施"为标准,逐一评估、确定廉政风险点等级,制定针对性防控措施,落实具体防控责任。

(二)建立高校廉政风险监控系统

风险监控系统是高校廉政风险防控机制的关键。该系统是破解"监督难"问题的关键措施,其重点在于构建覆盖全面、权责清晰、监督有效的预警监控网络,加强对权力运行全方位、全过程、全时段的动态监控,及时发现风险异常情况,迅速向风险处置系统反馈。

1. 风险监控系统有效运转的前提条件

一是高校内各项权力的授权主体明确,权力来源合法有效;二是各项权力的配置科学合理,相互制约监督有效;三是各项权力的运转流程清晰,易于接受监督。

2.风险监控系统发挥作用的主要途径

一是实施"阳光"监控,即要严格按照教育部印发的《高等学校信息公开管理办法》,推进党务校务实质公开,尤其要加强对"三重一大"事项的决策、执行、监督三个环节公开的监控,注重痕迹管理的应用,还要在清权确权和排查风险的基础上,将经过审核的权力清单、权力运行流程图、廉政风险点、监督渠道等通过党务校务公开专题网站进行公开,使权力行使公开透明,在阳光下运行,使师生和社会公众易于监督,便于向监控机构反馈信息。二是注重制度监控,即要建立执行廉政风险信息收集研判制度、高等级廉政风险信访举报初核制度、"三重一大"即事项廉政风险前置审查和决策备案制度,并要通过对信访举报、经济审计、巡视巡察、检查考核、案件调查等途径获取的廉政风险信息定期进行对比、分析、研判,掌握廉政风险发生、演变的表现形式和内在规律,及时对可能发生的不廉洁行为进行监控、预警。要通过风险前置审查和决策备案,将风险防控因子提前或同步植入重大改革或涉及师生切身利益的决策事项,确保监控及时到位。三是强化科技监控,即通过现代信息技术在防控廉政风险工作中的运用,逐步实现权力网上运行、网上监督、网上受理投诉举报,及时获取廉政风险"异常信息",提高风险监控的及时性、灵敏性和准确性,如上海高校"制度+科技"和天津高校"制度+文化+科技"的做法值得借鉴和推广,又比如,上海高校艺术类招生廉政风险同步监测系统,以计算机信息管理的手段对廉政风险实施同步监测,并在此基础上予以评判、解决和防控廉政风险,再比如天津师范大学的"高校业务管理工作内部控制信息化平台",将涉及资金运行等方面的廉政风险内控机制流程以软件的形式进行固化,实现了由单纯的人为控制向复合的技术控制、制度控制和微机控制的转变。廉政风险监控系统的建立,既是对前期防范的补充和拓展,也为后期处置提供了依据。

(三)建立高校廉政风险处置系统

风险处置系统是高校廉政风险防控机制的保障。该系统能够针对不同类型、不同程度的廉政风险异常情形,高效、合理、有力地进行妥善处置,保障廉政风险防控工作取得实效。其主要具备三项功能:

第一,及时纠错。在风险监控中发现党员干部有违纪违规苗头性、倾向性问题时,灵活运用提醒谈话、函询、警示诫勉、责令纠错等措施,及时予以纠正。

第二,启动问责。在风险监控中发现党员干部已然出现违纪违规问题时,依据有关规定按照相关程序启动问责;对严重违纪违法的领导干部,坚决依纪依法惩处。

第三,考核修正。通过建立科学合理的绩效评估标准和考核评价办法,按照周期管理流程,对权力运行效能和质量进行综合评议,并有针对性地调整、修订廉政风险防控措施,提高防控实效,从而推动风险防控工作周期循环,螺旋上升。

四、高校廉政风险防控机制建设需要解决的相关问题

高校廉政风险防控机制建设开展以来,在加强高校党风廉政建设和反腐败斗争方面取得了积极成效,但是工作中还存在以下需要深入推进着力解决的薄弱环节。

(一)解决思想偏差和认识不清的问题

高校廉政风险防控工作在一些高校尚未得到高度重视,在工作推进中存在"无用论""形式论""无关论""抵触论"等思想偏差和认识不清的问题。然而,思想决定行动,认识水平决定工作力度。对于这些阻碍廉政风险防控工作深入推进的问题,必须结合高校实际切实加以解决。

1.加强学习培训,深入调查研究

任何一项新工作的探索发展,学习和调研都是基本方法。廉政风险防控工作作为将先进的管理理念融入党风廉政建设实践的创新举措,对该项工作的组织者、执行者和参与者提出了较高的管理专业知识要求,所以必须开展多层次分类别的业务培训,加强对廉政风险防控相关知识的学习,使防控工作的组织领导者全面掌握相关政策和有关管理知识;使执行者理解防控机制运行原理,熟知操作规程;使参与者明白防控工作的目的,清楚防控的内容和要求,从而保证组织有方、执行有力、参与积极。同时,防控工作的组织领导者要深入高校实际开展调研,确保防控工作方案符合实际、可操作性强。

2.加强全面宣传,注重正面引导

廉政风险防控工作开展以来,高校违纪违法腐败案件仍时有发生,导致一些人片面地认为廉政风险防不住,防控工作无实效,因此,必须大力宣传廉政风险防控机制建设取得的进展和成效,增强正面影响力,引导高校师生客观、全面看待廉政风险防控机制的功效,以利于达成共识、赢得支持。

(二)解决权力配置不科学和权力行使不规范的问题

1.以制衡为重点完善权力结构

根据高校廉政风险防控工作的需要,遵循适度、平衡、效率的原则,解决高校领导班子成员和职能部门之间权力配置问题,理顺职责关系,防止并化解由于权力过于集中带来的廉政风险,特别是要建立必要的权力制衡机制,防止权力滥用和"一把手"腐败,积极探索实行"一把手"不直接分管"人、财、物"制度,严格落实不相容权力相互分离的工作要求。

2.以公开为重点规范权力运行

按照"程序法定、流程简便"的要求,梳理、规范权力运行流程,并以"公开是原则,不公开是例外"为原则,公开公示权力运行的关键环节和权责主体,明确监督渠道和监督主体,便于接受组织监督、群众监督、舆论监督等方方面面的监督和

制约。

3. 以制度为重点监督动态化权力行使

当前,在众多高校普遍存在招标工作领导小组、招生工作领导小组、职称评审工作领导小组、人才引进工作领导小组等临时性组织机构。这些机构往往对于涉及的人财物等重点工作拥有决定权,但由于其具有的不稳定状态,使其存在着权力大但不利于监督的弊端。目前高校开展的廉政风险防控工作,有时难以将其及时纳入监控范围。因此,建议对于以上类型机构,高校要制定专门的管理制度,对其权力、责任、监督等核心要素进行明确规定,同时廉政风险防控工作要建立相应防控措施,对其加强监督管理。

(三)解决制度建设不系统和制度执行不到位的问题

1. 实施审查评估,注重体系配套

廉政风险防控机制要求有科学完备有效管用的制度体系做支撑,但目前高校管理、监督制度建设并不系统,尚不能适应廉政风险防控机制建设的需求,因此,一方面要对高校现有制度的合法性和廉洁性进行审查评估,并依据评估结果进行修订完善,提高其科学性;另一方面,要围绕廉政风险防控机制建设,健全相关配套制度,还要对目前缺失的实体性、程序性、救济性规定进行建章立制,从而对高校各权力主体的权力来源、权力范围、责任、义务进行界定,对相对人的权利和义务进行明确,对权力行使和业务工作的运行流程进行规制,对问责、惩戒和侵权救济进行规范,进而保证权力行使来源合法、权力运行程序规范、权力制约监督有效、问责惩戒依法有据、权益救济保障有力。

2. 坚持公开透明,强化科技支撑

制度执行对于防控廉政风险至关重要,贯穿于防控工作的始终,针对当前普遍不同程度存在的制度执行不到位的问题,可从以下三个方面入手解决:一是结合高校信息公开专题网站,将规章制度全部公开,尤其是程序性制度,即在具体工作中,向相对人发放制度索引,告知保障相对人权益的监督救济渠道;二是将制度执行的过程和结果公开,如对制度执行情况有异议的,监督部门应将异议处理的依据和结果一并公开,尤其注重对处理违规违纪行为结果的公开;三是将制度与科技相结合,充分发挥高校现代化信息技术优势,建立以信息技术为支撑、以廉政制度为内核的廉政风险防控信息管理平台,以先进的科技手段保障廉政风险防控规章制度得到严格执行。

五、高校廉政风险防控机制运行的相连协调环境

廉政风险防控机制作为预防腐败制度建设的重要举措,其健全发展需要一个逐步探索完善的过程,其实施运转要有一个相连协调的环境。高校廉政风险防控

机制的建设和实施同样如此。正如研究所示,高校廉政风险防控机制既是一个具有自身内在运转规程的管理系统,又是一项紧密贴合高校各项业务工作的防腐工程,因此,无论从机制建设的需要还是机制有效运转的条件来看,都应当与高校当前的工作实际和相关工作制度有机结合、交融互补、协调发展。

(一)与推进全面从严治党制度建设相结合

制度建设是全面从严治党的重要保障。廉政风险防范机制作用的发挥,得益于其对制度进行了有效管理。其通过查找风险点,界定风险等级,建立相应的防范措施,使各风险点岗位责任人都建立了相应的操作制度,把岗位职责风险点的查找和制度建设,贯穿于权力运行的全过程,通过制定相应的工作措施,围绕排查确定的各类风险点和风险等级,有针对性地实施防控措施,使得因预防风险而制定的各项制度规定能够有效运行起来,环环相扣,步步推进,在预防腐败的关口切实发挥作用,有力推动了各项制度的完善和落实,从而在人与制度、人与人、领导与职工等诸多关系中逐渐形成了新的工作生态,所有存在廉政风险的事项、岗位、工作等,都通过制度体系的安排加以管理,因此,在具体工作中,要把加强全面从严治党制度建设结合起来,通过制度建设巩固和发展防控廉政风险的实际效果。

(二)与落实党风廉政建设责任制相结合

党风廉政建设责任制是一项把干部廉洁自律的规定和要求融入高校教学、科研和管理工作之中的基础性制度。廉政风险防控工作对具体岗位责任人的岗位职责和廉政职责都加以明确规定,并进行量化、检查、考核,有利于对不落实或落实党风廉政建设责任制不力的单位和部门实施责任追究,这在一定意义上可以促进党风廉政建设"一岗双责"制度的落实,保证业务工作开展到哪里,权力运行到哪个环节,风险防控措施就跟进到哪里,因此,要将廉政风险防控工作与贯彻落实党风廉政建设责任制相结合,把防控廉政风险列入高校党风廉政建设责任目标,纳入责任制检查考核体系,做到廉政风险防控工作与党风廉政建设工作同部署、同检查、同考核、同落实。

(三)与规范高校内部管理工作相结合

规范化的管理是防控廉政风险、杜绝腐败滋生的重要途径。高校管理工作的制度化、规范化、科学化程度直接影响着高校党风廉政建设的实际成效。廉政风险防控工作依托的是管理,防控的是高校管理工作中的潜在廉政风险,主要任务是促进管理规范化、廉洁化。实施廉政风险防控与高校规范管理、科学管理、高效管理无论是工作理念还是具体内容、运行程序都是一致的,其围绕的重心都是服务、保障高校中心工作,而廉政风险防控机制通过管理流程再造,把廉政职责融入具体的管理工作流程,将风险点的查找和防控措施的制定贯穿于管理工作的运行过程,使及时化解廉政风险的理念和措施有效落实到权力运行的具体环节,保证了权力行使者在勤政的同时进一步强化廉政的意识,促进了党风廉政建设与业务工作的深度融合,达到"以廉促政"的联动效应,因此,廉政风险防控机制的建设和运转必须与高校实际管理工作紧密结合、同频互动。

(四)与加强高校内部监督工作相结合

推进高校廉政风险防控机制建设,要注重整合高校内部各种监督资源,充分发挥党内监督、审计监督、民主监督的合力,以有力的监督保证潜在的廉政风险得到及时发现、预警、防范和控制。

第一,加强党内监督。在高校内部,党内监督的重点对象是党员领导干部。首先要加强党员领导干部选拔任用工作的监督,做到选任方案公开、过程公开、结果公开;其次是加强党员领导干部勤政廉政情况的检查监督,要强化检查考核,坚持述职述廉,组织教职工民主测评,对党员领导干部的廉洁从政、廉洁自律情况进行专项检查,强调"一岗双责"的落实;再次是加强党务公开落实情况的监督,要加大公开力度,规范公开程序,切实保障党员群众的知情权、建议权和监督权。

第二,加强审计监督。加强审计、财务等部门的有机协作,对工程建设、物资采购等重点工作推行全过程跟踪审计,并着力加强高校二级单位的内控制度建设,把事后审计向事前和事中转移,提前化解滋生腐败的风险。

第三,加强民主监督。要大力推进校务、院(系)务公开,充分发挥教职工代表大会、学生代表大会的作用,注重新媒体的运用,引导高校师生员工积极、有序、有效地参与监督,营造公开、透明的监督环境。

第五章

高校法治工作实践经验借鉴

全面推进依法治校、加强高校法治工作,是学习贯彻习近平总书记全面依法治国新理念新思想新战略的一项重大政治任务,也是破解当前高校改革发展突出问题、推进治理体系和治理能力现代化的必然要求。2012年《全面推进依法治校实施纲要》发布以来,高校法治工作取得了积极进展,但是随着高等教育改革持续推进,高校改革发展稳定面临的新形势新情况新问题不断出现,迫切需要与时俱进加强和改进高校法治工作。教育部高度重视高校法治工作,2018年以来经过深入调研论证和修改完善,于2020年7月出台《关于进一步加强高等学校法治工作的意见》,对新形势下的高校法治工作作出安排部署,并从加强宣传、营造氛围,推动试点、探索经验,健全机制、注重长效等方面对各地各高校提出贯彻落实的明确要求。本章内容着重围绕地方教育行政机关推进高校法治工作的制度建设和高校加强法治工作的实践探索进行考察研究,以期为教育行政机关推进高校法治建设取得新成效,进一步提升高校治理体系和治理能力现代化水平,提供决策参考和有益借鉴。

第一节　教育行政机关制度实践

教育部《关于进一步加强高等学校法治工作的意见》(教政法〔2020〕8号)出台实施以来,部分省市教育行政机关贯彻落实教育部文件要求,紧密结合本省高校工作实际,分别建立配套制度,指导高校健全法制工作体制机制、完善加强法治工作的关键举措,推动高校不断提升法治工作水平。一些省市因地制宜制定的细化配套措施具有针对性和独特性,对其进行梳理考察,对其他省市教育行政机关和高校推进法治工作具有重要的参考意义。

一、山东省加强高校法治工作的制度实践

为深入贯彻党的十九大和十九届二中、三中、四中、五中全会精神,贯彻落实习近平法治思想和习近平总书记教育重要论述,全面加强高校法治工作,推进高校治理体系和治理能力现代化,根据教育部《关于进一步加强高等学校法治工作的意见》(教政法〔2020〕8号)及有关文件要求,山东省教育厅于2021年1月16日印发《关于加强高等学校法治工作的实施意见》(鲁教法发〔2021〕2号,以下简称《实施意见》)。《实施意见》按照"小切口""大战略"的思路,以管用实用好用为原则,突出问题导向,从九个方面明确了山东省推进高校法治工作的体制机制,具体措施如下:

(一)健全高校法治工作的组织领导

高校党政主要负责人作为法治工作第一责任人,要切实履行依法治校重要组织者、推动者和实践者的责任。高校要明确1名校领导分管法治工作,其他分管校领导对分管领域的法治工作负重要领导责任。坚持将法治工作纳入学校发展规划和年度工作计划。学校党委全委会和常委会、校长办公会议(校务会议)要定期听取学校法治工作汇报,及时研判法治动态、评估法治效果、优化法治措施。学校领导班子在年度考核述职中要围绕法治学习、重大事项依法决策、依法履职、依法化解矛盾纠纷等情况进行述法。

(二)健全以章程为核心的校内规章制度体系

高校要根据高等教育改革发展变化,及时修改、完善学校章程,使章程稳定性与适用性相统一。高校要明确工作机构负责监督章程执行工作。在学校网站显著位置公布章程,把章程学习作为教职工入职、学生入学培训"第一课"。健全依据章程对学校办学行为提出异议的申诉机制,及时受理师生和社会公众对高校章程执行情况的监督和投诉。出台有关师生管理方面制度时,坚持科学民主决策,广泛听取管理对象意见,接地气、连人心。完善规章制度和规范性文件制定发布机制,规范学校规章制度及其他规范性文件的制定、修订、解释、废止程序,建立健全合法性审查和定期清理长效机制,编制现行有效文件清单,推动形成以章程为核心,规范统一、分类科学、层次清晰、运行高效的学校规章制度体系。省教育厅将采取多种方式对各高校章程执行与落实情况进行评估,推动高校依章程办学落地落实。

(三)健全完善高校内部治理结构

坚持和完善党委领导下的校长负责制,健全完善学校党委全委会、党委常委会、校长办公会议的议事规则,对涉及学校改革发展稳定的重大事项和重要决策,全面落实师生参与、专家论证、风险评估、合法性审查、集体讨论决定等程序要

求,确保决策科学、程序正当、过程公开、责任明确。探索学校法治工作机构负责人根据需要列席学校决策性会议机制,将法律意见记入拟发布文件的起草说明和会议纪要。完善以学术委员会为核心的学术管理体系与组织架构,明确和规范学术委员会、学位评定委员会、教学指导委员会等机构的职责权限和议事规则,充分发挥学术组织的咨询、审议、决策作用,保障正确行使学术事务的决策审议评定权。落实学校教职工代表大会制度,定期召开教代会或教代会执委会,听取学校工作及其他重大改革、重大方案的报告,确保与教职工切身利益相关的制度、事务,依法经过教职工代表大会讨论审议。推进学生代表大会制度建设,为学生会、研究生会等开展活动提供必要条件,加强监督管理,支持和保障学生依法依章程参与学校治理。坚持党建带团建,围绕保持和增强政治性、先进性、群众性这一基本要求,从严治团,推进创新,充分发挥团委凝聚青年、服务大局、当好桥梁的作用,重视学生参与学校民主管理和监督。发挥理事会支持高校发展的咨询、协商、审议与监督作用。依法健全信息公开机制,探索信息公开新途径、新方式,强化重点领域、关键环节的信息公开力度,保障师生员工、社会公众的知情权。

（四）健全完善高校师生权益保护救济机制

高校对教师、学生的处理、处分应坚持教育与惩戒相结合,遵循比例原则,严格履行依法调查事实、收集证据、听取陈述和申辩、告知权利、集体研究决定等程序。涉及师生重大利益的处理或者处分决定,探索建立听证制度,确保公平公正地做出处分或处理决定。高校应制定校内权益救济制度,完善教师、学生申诉的规则与程序,畅通校内权利救济渠道。加强与法律实务部门的沟通,建立校内救济与行政救济、司法救济有效衔接机制,为师生员工依法维权提供咨询和服务。

（五）健全完善高校法律风险防控机制

高校定期组织开展"法治体检",梳理学校无形资产保护、校园安全、合作办学、资产经营与处置、后勤管理与服务、基建工程、教学科研、人事管理、学生教育与管理、涉法舆情等方面的法律风险清单,明确并完善防控处置主体、责任、措施。建立健全合法性审查前置制度,坚持应审尽审,列出合法性审查事项清单,重点对"三重一大"决策、规章制度、规范性文件、合同文本、教师学生处理处分决定等进行审查。建立审查台账,做到受理事项可查,办理进度可查,审查意见可查,责任人员可查,反馈签收可查。加快完善审查事项线上线下并行办理机制,逐步实现"清单化、标准化、网络化、数据化"法律服务。推动建立第三方调解制度和校方责任险、学校安全综合险、意外事故伤害险等保险制度,形成师生人身伤害事故纠纷的预防、处置和风险分担机制。

（六）开展以宪法教育为核心的法治宣传教育

以宪法为核心,以《民法典》为重点,全面加强高校法治教育宣传工作。高校领导干部要带头学习宪法法律知识和党内法规,党委理论学习中心组每年至少安排 2 次以法治为主题的学习活动,并将学法情况纳入个人档案管理。建立"1+2+3+X"学法清单,学习习近平法治思想,宪法、党章,党内法规、教育法律法规、常用法律法规,以及与履行岗位职责相关的法规政策。高校要将法治教育纳入新进教职工岗前培训。充分发挥高校法学学科优势,建立专兼结合的普法师资队伍,配足配齐法治课教师、法治辅导员队伍。高校要将宪法教育和社会主义法治理念全面融入思政课等课程中,以课堂教学作为主渠道向学生普及法律知识。健全大学生法治实践机制,积极开展学生喜闻乐见的法治教育活动,加强校园法治文化建设。持续推进学生"学宪法 讲宪法"活动,确保全覆盖、有实效。2021 年底前有法学院、法学系的高校都应组建"山东省大学生宪法宣讲团分团",开辟大学生思政新课堂和社会实践新途径,形成法治宣传教育新品牌。

(七)探索建立高校总法律顾问制度

高校应当有专门机构负责法治工作,加强日常法律事务管理,配足配优有法学专业背景或法律实务工作经验的专职工作人员,建立吸收校内法学专家和校外律师参加的法治工作队伍。高校要大力支持法治机构独立开展工作,将法治工作所需经费纳入学校经费预算。2021 年山东全省高校全部建立总法律顾问制度,上半年在山东农业大学、曲阜师范大学、山东财经大学、山东中医药大学、山东理工大学、鲁东大学、烟台大学、山东科技大学、青岛科技大学、临沂大学、山东政法学院、德州学院、滨州职业学院、淄博职业学院、德州职业技术学院等院校开展试点,在任职条件、选聘程序、工作职责、工作方式、监督管理等方面探索经验,及时推广。

(八)建立高校法律文书清单制度

山东省教育厅梳理了规章制度建设、合同协议、师生权益保护、涉法涉诉案件、法律顾问或外聘律师等常用法律文书,形成《山东省高校常用法律文书清单(参考目录)》作为《实施意见》附件,供山东各高校参照使用。《实施意见》要求各高校按照"规范+特色"的要求,梳理并列出学校常用法律文书清单,做到法律文书"横向到边"。按照"链条+节点"的要求,开展流程再造,做到每项法律事务处理的申请登记、受理通知、权利告知、听证论证、决议决定、送达回执等环节的法律文书"纵向到底"。按照"统一+监管"原则,法律文书出具前应当由法治工作机构对其格式、内容、程序等进行审查,确保法律文书"合法有效"。省教育厅将组织对高校主要法律文书进行展示、评选,供参照使用。《山东省高校常用法律文书清单(参考目录)》主要包括:一是规章制度建设法律文书(9 种),即合法性审查意见书、学校现行有效规范性文件定期清理清单、章程执行异议申请书、章程执行异议不予受理决定书、章程执行异议受理通知书、章程执行异议事项调查询问笔录、章程执行异议处理决定书、重大事项决策会议前合法性审查申请表、重大事项决策合法性审查意见书;二是合同协议审查法律文书(3 种),即法定代表人授权申请书、法定代表人授权委托书、合同协议会审会签表;三是师生权益保护法律文书(22 种),即询问笔录,证据目录,案件调查报告,学校处理处分事先告知书,听取陈述、申辩笔录,申请听证书,听证告知书、通知书,听证笔录,处理处分审批表,法治机构审查意见书,校长办公会会议纪要,学校处理处分决定,学校处分决定送达回执单,处分解除申请书,学校处分解除决定书,申诉申请书,申诉受理决定书,不予受理申诉决定书,补充申诉材料通知书,申诉委员会复查评议纪要,申诉复查评议决定书,申诉复查评议决定送达回执;四是涉法涉诉案件处理法律文书(6 种),即学校应诉授权委托书、起诉状、答辩状、上诉状、典型案例分析报告、学校重大案件报告;五是法律顾问或外聘律师文书(5 种),即委托外聘律师代理合同、政府采购法律服务合同、法律顾问法律事务处理单、法律风险报告书、律师函。

（九）建立高校重大案件报告和通报制度

涉及学校的行政复议、行政诉讼案件应于每年年底前向省教育厅报告,重大敏感涉法涉诉案件及时报告。省教育厅建立高校疑难、典型和新类型案件的定期分析通报制度和协调会商处理机制。研究制定高校法治工作考核评价办法,把依法办学情况作为考核学校领导班子和学校年度绩效考核的重要指标。对依法处理的优秀案例,进行通报推广;对未按规定报告或瞒报、漏报并导致不稳定因素的负面典型进行通报批评。

二、陕西省加强高校法治工作的制度实践

为深入学习贯彻习近平法治思想和习近平总书记关于教育的重要论述,贯彻落实党的十九大、中央全面依法治国工作会议、全国高校法治工作会议及省委全面依法治省工作会议精神,落实党中央、国务院及省委、省政府关于法治工作的决策部署,根据教育部《关于进一步加强高等学校法治工作的意见》(教政法〔2020〕8号)及有关要求,中共陕西省委教育工委、陕西省教育厅于 2021 年 11 月 8 日联合印发《关于进一步加强高等学校法治工作的实施意见》(陕教工〔2021〕236 号),就陕西省推进高校法治工作提出一系列措施,其主要内容涵盖以下七个方面:

（一）加强机构人员建设

（1）加强内设法治工作机构建设。高校应有专门机构负责法治工作,鼓励有条件的高校在内部独立设置法治工作部门,统筹行使相应职权。暂不具备条件的高校要加强统筹协调,明确与法治工作任务相匹配的机构负责法治工作,并为其增加相应管理职能及人员配置。高校要注重发挥法治工作部门在推进依法治校、法治建设任务落实、重大决策合法性审查、涉法涉诉案件处理、合同审核、制度建设、法治宣传教育等领域的重要作用。

（2）建设高素质法治工作队伍。高校要配齐配足法治工作人员,至少配备 2 至3 名专职工作人员,其中法治工作机构负责人要具备法学专业背景或法律实务工

作经验;鼓励在学校法治工作机构设立专门法务人员岗位,法务人员要具有国家法律职业资格;在院系探索推行法治工作联络员制度,努力建设专兼结合、德才兼备的法治工作队伍。高校要支持法治管理人员提升学历、参加法律职业资格考试,提高专业能力。

(3)落实法律顾问制度。有条件的高校可以探索实施总法律顾问制度,在校内设立总法律顾问岗位。探索建立校内相关专家、外聘专家学者或执业律师等组成法律顾问团队。在决策和管理环节,主动邀请法律顾问、专家学者参与进来,并注重听取他们的法律意见建议。

(二)健全制度体系

(1)加强章程建设与执行。高校要完善章程修订、解释、宣传、实施机制,根据自身发展变化需要修订完善章程,保证章程的稳定性与适用性。高校要在学校官方网站显著位置公布章程,把章程学习作为教职工入职、学生入学培训的重要内容。高校要明确有关机构负责监督章程执行工作,定期检查评估章程执行情况,纠正违背章程的规定及做法。

(2)健全校内规章制度体系。高校要规范学校规章制度及其他规范性文件,完善规章制度和规范性文件制定、审查、修订、发布、解释、废止工作制度,形成以章程为核心,规范统一、分类科学、层次清晰、运行高效的规章制度体系。建立健全合法性审查和定期清理长效机制,编制现行有效的规范性文件清单,推动校内规范性文件管理信息化和公开化。

(3)建立重大事项报告制度。高校年度依法治校总体工作情况,学校涉及的行政复议、行政诉讼、刑事案件、重大民事案件等情况,以及其他法治工作中的重要决策、规划、意见、试点等,应于每年3月底前向省教育厅报告;重大敏感涉法涉诉案件及时报告。省教育厅建立高校疑难案件、典型案件和新类型案件定期分析通报制度和协调会商处理机制,对依法处理的优秀案例进行通报推广,对未按规定报告或瞒报、漏报并导致不稳定因素的负面典型进行通报批评。

(三)提升治理能力

(1)完善法人治理结构。公办高校要坚持和完善党委领导下的校长负责制,健全完善学校党委全委会(党委常委会)、校长办公会议制度;民办高校要坚持和完善董事会领导下的校长负责制,充分发挥党委的政治核心作用,完善并实施董事会、党委会、校务会会议制度及议事规则。高校要落实法治机构负责人列席学校决策性会议机制,对涉及学校改革发展稳定的重大决策事项,全面落实师生参与、专家论证、风险评估、合法性审查、集体讨论决定等程序要求,将法律意见记入拟发布文件的起草说明和会议纪要。高校要进一步完善以学术委员会为核心的学术治理体系,尊重学术自由、健全学术规范,保障学术委员会依照章程统筹行使学术事务的决策、审议、评定和咨询等职权,充分发挥其在学科建设、学术评价、学术发展和学风建设等方面的重要作用。高校要落实教职工和学生代表大会制度,定期召开教职工代表大会或教职工代表大会执行委员会会议,听取学校工作及其他重大改革、重大方案的报告,确保与教职工切身利益相关的重大决策经过教职工代表大会讨论审议。高校要推进学生代表大会制度建设,为学生会、研究生会等开展活动提供必要条件,加强监督管理,支持和保障学生依法依章程参与学校治理。

(2)健全完善师生权益保护救济机制。高校对教师、学生的处理、处分应坚持教育与惩戒相结合,遵循比例原则,严格履行依法调查事实、收集证据、听取陈述和申辩、告知权利、集体研究决定等程序。涉及师生重大利益的处理或者处分决定,高校要探索建立听证制度,确保公平公正地做出处分或处理决定。高校应制定校内权益救济制度,完善教师、学生申诉的规则与程序,畅通校内权利救济渠道。高校要加强与法律实务部门的沟通,建立校内救济与行政救济、司法救济有效衔接机制,为师生员工依法维权提供咨询和服务。高校要推动建立第三方调解制度和校方责任险、学校安全综合险、意外事故伤害险等保险制度,形成师生人身伤害事故纠纷的预防、处置和风险分担机制。

(3)健全信息公开机制。高校要落实《中国共产党党务公开条例》及陕西省实施细则、《高等学校信息公开办法》等法规,完善信息公开制度,对照需公开事项进行查漏补缺、整改完善,做到应予公开的事项全部公开。高校要以公开为常态、不公开为例外,强化重点领域、关键环节的信息公开力度,探索信息公开新途径、新方式,推进校务公开、管理阳光、过程规范,保障师生员工的知情权。

(四)防范法律风险

(1)坚持合法性审查制度。高校要健全完善合法性审查制度和工作流程,建立"两清单一台账"。列出合法性审查事项清单,坚持应审尽审,重点对"三重一大"决策、规章制度、规范性文件、合同文本、教师学生处理处分决定等进行审查。列出法律风险清单,对涉及学校无形资产保护、校园安全、国际交流与合作、资产经营与处置、后勤管理与服务、基建工程、教学科研、人事管理等方面,所面临的法律风险进行充分评估和预防。建立合法性审查台账,做到受理事项可查,办理进度可查,审查意见可查,责任人员可查,反馈签收可查。

(2)规范合同管理。高校要健全合同管理制度,凡是以学校名义签署形成的合同,需对合同内容进行法律审查,并由学校法定代表人审定签署,特殊情况下可以授权其他校级领导签署。高校正式签订的合同文本,要送法治审核机构留档存查。要推进合同审查向学校资产管理公司、后勤管理集团等延伸,指导他们做到合同内容、签署过程合法。高校二级院系、管理部室等内设机构不得对外与独立法人机构签署合同。

(五)强化法治宣传教育

(1)扎实开展法治教育。高校要把普法工作放在重要位置,全面加强以宪法为核心的法治宣传教育工作。高校要持续推进学生"学宪法 讲宪法"活动,确保广覆盖、有实效。将宪法教育和社会主义法治理念全面融入思政课等课程中,以课堂教学作为主渠道向学生普及法律知识。充分发挥高校法学学科优势,建立专兼结合的普法师资队伍,配足法治课教师、法治辅导员队伍。高校要加强校园法治文化建设,让法治融入学生学习生活日常,营造遵法、学法、守法、用法的良好氛围。发挥法治教育实践基地作用,健全大学生法治教育实践机制,积极开展学生喜闻乐见的法治教育活动。推进高校法治工作理论研究,鼓励针对学校法治工作实践中的重点难点进行理论研究,开展研讨与交流,表彰奖励优秀成果,推广先进经验。

（2）深入推进学法讲法。高校要建立领导干部、教师学法制度,学校党委理论学习中心组及党的各基层组织每年至少要安排 1 次以法治为主题的学习活动。建立"1+2+3+X"学法清单,学习习近平法治思想,宪法、党章、党内法规、教育法律法规、常用法律法规,以及与履行岗位职责相关的法规政策。将法治教育纳入新进教职工岗前培训。高校要制定培训计划,着力加强高校分管校领导、法治工作机构人员的法治培训。

（六）开展测评考核

（1）开展法治工作测评。高校要根据教育部办公厅印发的《高等学校法治工作测评指标》（教政法厅〔2021〕1 号）要求对照开展自评,通过测评查漏补缺、以评促建,提高学校法治工作规范化、科学化水平。高校要将自评情况作为年度法治工作报告的内容之一,在每年 3 月底前报送省教育厅。省教育厅将采取抽查、普查、委托第三方机构评估等方式,对高校法治工作自评情况进行复核,并以适当方式反馈学校。

（2）考核法治工作绩效。省委教育工委将法治工作作为省属高校年度目标责任考核评价的重要内容之一,把依法治校、依法办学情况作为考核高校领导班子和学校年度绩效考核的重要指标,通过考核推动落实法治工作责任,提高各高校的法治工作水平。高校领导班子在年度考核述职中要围绕法治学习、重大事项依法决策、依法履职、依法化解矛盾纠纷等情况进行述法。高校内部的目标责任考核中,也要完善考核标准和测评办法,加强对学校各部门的法治工作考核,考核结果作为综合评定的重要内容。

（七）加强组织保障

高校要成立依法治校或法治工作领导机构,明确主要负责人、分管校领导、其他校领导所承担的法治工作职责。高校党政主要负责人是推进本校法治工作第一责任人,要按照要求切实履行依法治校的组织者、推动者和实践者责任,重大任务直接部署、直接过问、直接推动。高校要指定一名校领导分管法治工作,每年定期通过党委全委会（常委会）、校长办公会议（校务会议）听取法治工作汇报,研究有关问题。高校要坚持将法治工作纳入学校发展规划和年度工作计划,保障普法宣传等法治工作所必需的经费,保障法治工作人员、法律顾问等的工作报酬和待遇。

三、湖南省加强高校法治工作的制度实践

2021 年 8 月 13 日,中共湖南省委全面依法治省委员会办公室、湖南省教育厅联合印发《关于加强高校法治工作的实施意见》(湘教发〔2021〕39 号),该实施意见制定的依据一方面是贯彻落实教育部《关于进一步加强高等学校法治工作的意见》(教政法〔2020〕8 号)和《高等学校法治工作测评指标》(教政法厅〔2021〕1 号),另一方面是贯彻落实省委全面依法治省委员会办公室印发的《关于学习宣传贯彻习近平法治思想推进全面依法治省的意见》《法治湖南建设实施规划(2021—2025 年)》中对高校法治工作提出的要求,因此,湖南省出台的《关于加强高校法治工作的实施意见》十个方面措施也充分体现了本省特色。

(一)深入学习宣传贯彻习近平法治思想

高校要坚持把习近平法治思想作为依法办学治校的根本遵循和行动指南,将学习宣传贯彻习近平法治思想作为当前和今后一个时期的重大政治任务,与其他重大工作同步谋划、部署和推进,把习近平法治思想作为干部日常学法、法治培训的重要内容,推动高校各级领导干部精准把握习近平法治思想的核心要义和精神实质,增强法治意识,筑牢理论根基,切实把习近平法治思想转化为依法治校的强大动力和思路举措。将习近平法治思想纳入高校法治理论教学体系,贯穿法学类专业课程,面向法学专业本科生开设"习近平法治思想概论"课程,支持有条件的高校面向全体学生开设习近平法治思想相关公共选修课,做好进教材、进课堂、进头脑工作。开展习近平法治思想研究阐释,依托高校法学院成立省级法治研究中心,由省委全面依法治省委员会办公室组织评选一批优秀理论研究成果,为推进湖南省法治建设提供理论支撑和智力支持。

(二)强化法治工作组织领导

高校党政主要负责人要深化对法治工作重要性的认识,不能把法治工作简单等同于法律事务,切实把依法治理作为推动学校建设发展的基本理念和基本方式。高校党政主要负责人作为法治工作第一责任人,要带头依法办事,亲自部署、协调、推进法治工作,着力发挥高校在法治湖南建设中的引领示范作用。高校要确定 1 名校领导分管法治工作,其他班子成员落实"一岗双责",抓好分管领域的法治工作。高校要将法治工作纳入学校发展规划、年度工作计划和年度目标考核,及时研究解决有关重大涉法问题,学校党委会、校长办公会(校务会)每年至少听取 1 次法治工作汇报。高校领导班子在年度考核述职中要一并述法,汇报学习法治知识、依法决策、依法履职、依法化解矛盾纠纷等情况。注重把法治素养作为衡量干部的重要内容,把依法办事作为考察干部的重要方面。高校主管部门把依法治校、依法办学

情况作为考核学校领导班子的重要指标。

（三）构建高校规章制度体系

加强高校章程学习宣传，在学校网站显著位置公布章程，将章程学习作为新生入学、教职工入职"第一课"，让师生员工熟知章程内容、强化章程意识。高校要健全章程修订和解释程序，及时把中央关于教育的新部署新要求和学校面临的新形势新任务纳入章程，保持内容的稳定性与适用性。注重利用章程修订契机推进制度创新，确保学校重大改革于法有据、于章程有据。加强统筹规划，提高以章程为核心的制度配套水平，依据章程对学校其他现行规章制度进行全面审查，做好立、改、废、释工作，形成规范统一、分类科学、层次清晰、运行高效的制度体系。高校要严格规范性文件管理，明确合法性审查的范围和具体办法，定期清理并发布现行有效文件清单，方便师生查阅。

（四）完善内部治理结构

坚持和完善党委领导下的校长负责制，健全完善高校党委会、校长办公会（校务会）的议事范围和规则，对涉及高校改革发展稳定的重大事项和重要决策，全面落实师生参与、专家论证、风险评估、合法性审查、集体讨论决定等程序要求，确保决策科学、程序正当、过程公开、责任明确。高校法治工作机构负责人根据需要列席学校决策性会议，将法律意见记入拟发布文件的起草说明和会议纪要。高校要完善以学术委员会为核心的学术管理体系，明确学术委员会、学位评定委员会、教授委员会、教学指导委员会等机构的职责权限和议事规则，充分发挥学术组织的咨询、评定、审议、决策作用，保障正确行使学术事务的权力。高校要落实教职工代表大会制度，教代会定期听取学校重要工作报告，确保与教职工切身利益相关的制度和事务依法经过教职工代表大会讨论审议。高校要推进学生代表大会制度建设，加强学生会、研究生会等自治组织的监督管理，支持和保障学生依法参与学校治理。健全理事会（董事会）制度，发挥其支持学校发展的咨询、协商、审议与监督作用。高校要依法健全信息公开机制，加大主动公开力度，接受师生员工和社会公众的监督。

（五）保护和救济师生权益

高校对师生的处理、处分应坚持教育与惩戒相结合，严格履行相关程序，涉及师生重大权益的处理、处分决定做出前应当进行合法性审查。高校要探索建立听证制度，对涉及师生重大利益的处理、处分或申诉，必要时采取听证方式，确保做出决定的程序和结果公平公正。高校要加强与法律实务部门的沟通，建立校内救济与行政救济、司法救济有效衔接机制，畅通师生权利救济的渠道。设立师生权益保护网络平台和热线电话，有条件的可探索设立法律服务或援助机构，为师生依法维权提供咨询服务和必要帮助。

（六）防控法律风险

高校要定期梳理法律风险清单，加强对学校无形资产保护、校园安全、合作办学、资产经营与处置、后勤管理与服务、基建工程、教学科研、招生就业、人事管理、学生教育与管理、国际交流、重大舆情等涉法事务管理，明确并完善防控处置主体、责任和措施。高校要健全合同管理制度，坚持审查前置、应审尽审，防范学校及下属机构对外签署合同出现问题。高校要推动建立第三方调解制度和校方责任险、学校安全综合险、意外事故伤害险等保险制度，形成师生人身伤害事故纠纷的预防、处置和风险分担机制。高校要完善工作流程，建立审查台账，妥善应对诉讼、复议、仲裁等事宜，做到办理进度、审查意见、责任人员和反馈签收可查。加强高校间的信息共享和风险预警，各高校办理复议、诉讼、仲裁等典型案件材料要及时报送，省教育厅对未按规定报告或瞒报、漏报并导致不稳定因素的负面典型进行通报批评。省教育厅探索发布高校法律风险处置指南，建立案例库。

（七）抓好经常性法治教育

高校要坚持把加强法治宣传教育作为推进法治工作的基础工程来抓，着力增强师生员工尊法学法守法的思想自觉和行动自觉。高校要结合实际制定普法规划和年度普法计划，推进国家普法规划和教育系统普法规划深入落实。高校领导干部要带头学法用法，党委理论学习中心组每年至少安排 1 次以法治为主题的集中学习。高校要发挥课堂教学主渠道作用，抓好大学法律基础课课程建设，在思政课中全面融入宪法精神，落实以宪法教育为核心的各项法治教育。加强校园法治文化建设，浓厚法治文化氛围，组织好一年一度的学法考法活动和"学宪法讲宪法"系列活动。高校要注重联合法律实务部门举办法治讲座、加强警示教育、开展以案说法、参与旁听庭审等活动，增强法治教育的针对性和实效性。

（八）推进机构和队伍建设

高校应当明确负责法治工作的部门，有条件的可以独立设置。作为高校的管理部门，统筹行使制度建设、法律事务、普法宣传等职能职责。高校要适应学校规模和管理需求，配齐配足工作人员，合理设置管理或专业技术岗位。高校要探索建立各职能部门、院系法治工作联络员制度，在学校法治工作机构指导下开展工作。高校法治工作机构负责人一般应具备法学专业背景或法律实务工作经验。建立健全法律顾问制度，由法治工作机构人员、学校相关专家、外聘执业律师组成法律顾问队伍。高校要加强法治工作机构条件保障，根据需要安排法治工作专项经费，保障包括法治工作机构人员、校内专家、外聘律师在内的法律顾问的工作报酬和待遇。高校要鼓励、支持专职法治工作人员提升学历、参加法律职业资格考试，提高专业能力。省教育厅视情况举办高校法治工作研讨会或法治骨干培训班，对分管法治工作的校领导、法治工作机构人员进行法治培训，提升法治素养和治理能力。

（九）建立评价监督机制

高校要根据法律法规和学校实际，研究制定考核标准和办法，组织对下设机构的法治工作考核，考核结果纳入综合考核的重要内容。高校法治工作情况要作为年度工作的专项内容，向教职工代表大会进行报告。高校要对照教育部印发的《高等学校法治工作测评指标》（教政法厅〔2021〕1 号）组织自评，查漏补缺，以评促建，并将自评情况纳入年度法治工作报告，于次年 1 月 31 日前报送省教育厅。省教育厅将适时委托第三方评估机构对各高校法治工作自评情况进行复核，复核结果作为认定"平安高校""文明高校"的参考指标。

（十）营造良好法治环境

深化高校"放管服"改革，落实《湖南省人民政府关于进一步落实和扩大高校办学自主权的实施意见》（湘政发〔2018〕15 号），保障高校独立法人地位，进一步激发依法办学、依法治教、依法治校的活力。清理和改进面向高校的各类评估评价评比表彰和创建活动，实施清单管理，严格规范督查、检查和考核等事项，减少对高校办学的干扰。加强部门联动，强化服务意识，推动用法治方式、在法治轨道上解决高校安全问题，杜绝"校闹"。注重舆论引导，发挥"如法网""微言说法""湘微教育"等媒介作用，搭建交流共享平台，营造关心、支持和参与高校法治工作的良好氛围。

四、安徽省加强高校法治工作的制度实践

为贯彻落实教育部印发的《关于进一步加强高等学校法治工作的意见》（教政法〔2020〕8 号）和教育部办公厅印发的《高等学校法治工作测评指标》（教政法厅〔2021〕1 号），安徽省教育厅于 2021 年 5 月 24 日出台《关于切实加强高等学校法治工作的意见》（皖教政法〔2021〕7 号），对推进该省高校法治建设做出安排部署。其主要举措包括以下四个方面：

（一）提高政治站位，落实领导责任

学习贯彻习近平法治思想，切实加强高等教育领域法治工作，是高校的一项重要政治任务，也是推进高校治理体系和治理能力现代化的必然要求。高校党委行政主要负责人要切实履行推进法治建设第一责任人职责，亲自研究、部署、协调、推进学校法治工作，带头依法办事。高校要把法治工作纳入学校发展规划和年度工作计划。高校党委全委会和常委会、校长办公会议（校务会议）要定期听取关于法治工作的汇报，及时研究有关问题。高校要落实学校领导班子年度考核述职述法制度，重点报告法治学习、依法决策、依法履职等情况。要把法治观念、法治素养作为衡量干部的重要内容，把遵守法律、依法办事作为考察干部的重要依据。高校要把依法治理融入贯穿学校工作全过程各方面，不断提高运用法治思维、法治方式深

化改革、推动发展、化解矛盾、维护稳定的能力,努力在法治安徽建设中发挥引领示范作用。

（二）加强工作力量,健全工作机制

高校担负着人才培养、科学研究、社会服务、文化传承创新、国际交流合作的重要使命,其办学活动涉及面广,内外关系复杂,各主体诉求多元,涉法事务多样。高校要重视并不断加强法治工作,健全领导机制,加大工作力度,明确一名校领导分管法治工作,明确具体负责法治工作的机构作为学校的管理部门,统筹行使相应职权,法治工作机构负责人和工作人员一般应具有法学专业背景或法律实务工作经验,有条件的高校可以独立设置法治工作机构,着力解决高校长期存在的法治工作边缘化、虚置化问题。高校要建立健全法律顾问制度,由法治工作机构人员、学校相关专家、外聘执业律师组成法律顾问队伍,探索建立高校总法律顾问制度。高校要加强法治工作机构条件保障,根据需要安排法治工作专项经费,保障包括法治工作机构人员、校内专家、外聘律师在内的法律顾问的工作条件、办公经费。高校要积极探索法治工作联络员制度,推动法治工作向校内各职能部门、教学科研单位延伸的机制,逐步形成推进学校法治工作的合力,组织开展高校分管法治工作的校领导、法治工作机构人员的法治培训,努力形成一支适应新时代法治建设要求,素质过硬的高校法治工作队伍。

（三）明确职能定位,落实工作任务

高校法治工作是全局性、经常性的工作,体现在学校办学治校各环节,贯穿学校管理治理全过程,法治工作机构要发挥综合管理和统筹协调作用,学校各职能部门、各教学科研单位都要发挥积极作用,做好本部门（单位）的法治工作。

构建系统完备的学校规章制度体系。高校要推进学校章程的学习宣传和贯彻实施,在学校网站显著位置公布章程,将章程纳入教职工入职、学生入学培训内容。健全章程的解释和修订程序,使章程的稳定性和适用性有机统一。高校要遵循高等教育规律和法律保留原则,积极主动利用章程修订完善推进制度创新,做到重大改革于法有据、于章程有据。加强统筹规划,提高制度供给水平和制度建设质量,推动形成以章程为核心,规范统一、分类科学、层次清晰、运行高效的学校规章制度体系。高校要健全校内规范性文件制定发布机制,明确起草、审查、决定、公布的程序,明确合法性审查的范围和具体办法,建立校内规范性文件定期清理机制,按照法制统一的原则进行及时修订和清理,编制现行有效文件清单,推动校内规范性文件管理信息化和公开化,提高管理效率,方便师生查阅。

完善学校法人治理结构。坚持和完善党委领导下的校长负责制,高校党委全面领导学校工作,支持校长按照《高等教育法》的规定开展工作。推进决策、管理的科学化、民主化、法治化。高校要依据规定,健全校党委全委会、党委常委会、校长办公会议（校务会议）等议事范围和议事规则。建立学校权责清单,进一步健全办学自主权运行机制和监督机制,防止滥用。高校重大决策要全面落实师生参与、专家论证、风险评估、合法性审查和集体讨论决定的程序要求,确保决策制度科学、程序正当、过程公开、责任明确。探索建立法治工作机构负责人列席学校决策会议并发表法律意见的机制,法治工作机构的意见要记入拟发布文件的起草说明和决策会议的会议纪要。高校要进一步加强学术委员会建设,完善学术治理体系,尊重学术自由,健全学术规范,保障学术委员会依照法律及其章程开展工作,充分发挥其在学科建设、学术评价、学术发展和学风建设等方面的重要作用。高校要进一步发挥教职工代表大会制度、学生代表大会制度的作用,保障师生依法、依学校章程有序参与学校管理。探索建立师生代表参与学校决策的机制,激励师生关心学校改革发展,推动健全理事会(董事会)制度。高校要依法健全信息公开机制,加大主动公开力度,自觉接受社会监督。

健全师生权益保护救济机制。高校对教师、学生的处理、处分,应坚持教育与惩戒相结合,遵循比例原则,严格履行程序,处理、处分决定做出前应当进行合法性审查。高校要建立健全校内权益救济制度,完善教师、学生申诉的规则与程序。探索建立听证制度,对涉及师生重大利益的处理、处分或申诉,必要时采取听证方式,确保做出处分或申诉决定程序的公平公正。建立校内救济与行政救济、司法救济有效衔接机制,保障教师、学生救济渠道的畅通。探索设立师生法律服务或援助机构,为师生依法维护权益提供咨询和服务。

完善学校法律风险防控体系。高校要健全合同管理制度,加强对学校及下属机构对外签署合同的审查。高校要积极推进学校无形资产保护、校园安全、国际交流与合作、资产经营与处置、后勤管理与服务、基建工程、教学科研、人事管理等方面涉法事务管理,梳理法律风险清单,明确处置办法。推动建立第三方调解制度和校方责任险、学校安全综合险、意外事故伤害险等保险制度,健全师生人身伤害事故纠纷的预防、处置和风险分担机制。高校要完善工作流程,妥善应对涉及学校的诉讼、复议、仲裁等,维护学校合法权益,加强高校间的信息共享和风险预警,探索发布学校法律风险处置指南、建立案例库。

开展以宪法教育为核心的法治教育。高校要建立干部、教师学法制度,将宪法法律列为干部、教师学习培训的必学内容,列入学校党委理论学习中心组年度学习计划,及时跟进学习法治建设最新部署要求,突出特点加强高等教育相关法律法规学习。高校要把学习宣传宪法摆在普法工作的首要位置,将宪法教育寓于学生培养全过程。高校要制定普法规划,推进国家、省普法规划和教育系统普法规划贯彻实施。发挥课堂主渠道作用,在思政课等课程中全面融入宪法精神。高校要深入开展校园法治文化建设,探索参与式、实践式教育,加强与法律实务部门协同,提升法治教育的传播力、引导力、影响力。高校要开展学生普法志愿活动,鼓励学生积极参与法治社会建设实践。

（四）完善评价监督，建立报告制度

高校要认真对照《高等学校法治工作测评指标》，细化学校法治工作落实，主动开展自测自评，查漏补缺，以评促建，不断提高学校法治工作规范化、科学化水平。高校法治工作情况要作为年度工作专项内容，向教职工代表大会报告，并在每年2月底前向主管部门报告上一年度法治工作情况。高校要结合实际制定校内考评办法，或者将法治工作作为对各职能部门、各教学科研单位综合考核的重要内容，纳入年度综合考核。认真落实将高校法治工作纳入省属高校领导班子和领导干部综合考评指标体系，推动高校法治工作各项制度和工作机制落地生效，努力提升高校法治建设水平。

第二节　高校法治工作典型经验

2020年以来，随着教育部《关于进一步加强高等学校法治工作的意见》和各省配套制度健全完善，一些部属高校和地方高校紧密结合学校实际推进贯彻落实，积极开展法治工作实践探索，在不断提升法治工作实效、提高依法治校水平的过程中，取得了卓有成效的法治工作实践经验。本书从教育部官网、工作简报以及各省教育厅官网对高校典型经验做法进行收集整理，择其扼要摘录如下，为高校之间加强法治工作交流互鉴提供文献资源。

一、浙江大学：落实"四项举措"深入推进依法治校

浙江大学深入学习贯彻习近平法治思想和习近平总书记关于教育的重要论述，把依法治校作为学校治理的基本理念和基本方式，从健全机制、加强学习、强化防控、保障权益等方面接续发力，把法治工作融入办学治校全过程，努力以法治建设成效提升学校治理体系和治理能力现代化水平，推动学校各项事业高质量发展。

第一，健全体制机制。坚持党委统一领导，党委常委会、校务会定期听取学校法治工作情况汇报，及时研究解决相关问题。成立由校长担任组长的依法治校和信息公开工作领导小组，统一部署、协调推进依法治校各项工作。实行综合管理、分类归口和分级负责的法治工作管理体制，法律事务办公室负学校法律事务综合管理责任，各业务主管部门对主管范围内法治工作负归口管理责任，各部门、单位、学院（系）对本单位法治工作负主体责任。完善分层分类架构的依法治校制度体系，将学校规章制度分为基本制度、重要制度、具体制度、各部门（单位）印发的制度等四个层级和学校管理、人才培养、人才队伍、学术创新、支撑保障等五大类别，确保各项工作有规可依、有章可循。坚持"立、改、废、释"并举，定期梳理学校拟新制定、修订、继续保留、废止的制度清单，健全制度清理长效机制。建立"浙江

大学规范性文件信息库",收录学校所有规范性文件,并做好实时更新维护,方便师生员工查阅使用。

第二,加强理论武装。学校将学习贯彻习近平法治思想作为一项重大政治任务抓紧抓好,学校党委常委会、党委理论学习中心组带头学习,推动各院级党委理论学习中心组丰富开展法治主题学习活动,实现校院两级党委法治学习全覆盖。深化法治理论研究,成立"浙江大学习近平法治思想研究中心",打造习近平法治思想研究智库,编写出版《习近平法治思想概论》,有力推动了法学教育教学改革,把习近平法治思想纳入学校法治理论教学体系,开设"习近平法治思想概论"课程,持续推动习近平法治思想进教材、进课堂、进头脑。推荐多名法学教师担任浙江省习近平法治思想宣传团成员,设立"习近平法治思想学生宣讲团",举办习近平法治思想宣讲阐释活动,积极营造良好理论学习氛围。

第三,防控法律风险。高度重视合同、印章、知识产权等重点领域的规范管理,建立合同线上审批系统,将签订的合同统一收录到线上合同信息库,实现合同审签全流程管理。制定涵盖学校各业务领域共 187 份合同示范文本,汇编形成《浙江大学合同示范文本》,同步建立线上合同范本库。强化监督检查,通过全面自查和随机抽查相结合的方式,以查促改、以查促管,推动合同、印章等领域管理精细化。加强对校名和知识产权保护,在对外合作中合理设定相应保护条款,发现校名、商标、专利等无形资产被侵权的情形,及时采取措施做好维权工作。健全合法性审查机制,要求学校各单位在对外签订合同、制定规章制度、处理处分师生员工及处理涉法律事务的各项工作中,通过律师或法律专业人士加强合法性审查,并明确要求上述事项未经合法性审查的,不得提交党委常委会或校务会讨论。推动国际国内合作、教学科研、人事人才、学生管理、基建总务等重点部门结合自身业务梳理法律风险清单,进一步明确处置办法和应对措施。加强法治工作队伍建设,除法律事务办公室专职工作人员外,明确各单位 1 名法治工作负责人和 1 名法治工作联络员岗位,同时聘请专业律师团队担任学校和相关单位的法律顾问。

第四,保障师生权益。学校严格依法依规处理涉及师生员工权益的问题,保障师生员工的陈述权、申辩权和申请听证的权利。完善聘岗、职称评审、处理处分等各类涉及教职工重大权益事项的申诉规则与程序,完善学生申诉处理规定,确保师生救济渠道畅通。投保校方责任险,健全师生人身伤害事故纠纷的预防、处置和风险分担机制。重视涉及师生切身利益规章制度的征求意见工作,在制度提交党委常委会、校务会审议前,通过重大制度意见征求与解读平台、座谈会等多种形式广泛征求意见建议,大力推进决策过程公开。通过工作会议、专题调研、各类代表大会等多种途径听取师生意见建议,及时了解师生关切,畅通师生建言献策渠道。坚持以公开为常态、不公开为例外,重视做好招生、财务、资产、人事、规章制度等重点领域信息公开工作,依法受理信息公开申请,认真做好答复工作。

二、中国政法大学:以"六个着力"为抓手扎实推进依法治校工作

中国政法大学认真学习贯彻习近平法治思想和习近平总书记关于教育的重要论述,深入落实教育部关于进一步加强高校法治工作的部署要求,坚持依法治校基本理念、基本方式,充分发挥学校专业特色和学科优势,以法治思维和法治方式定规矩、强治理、提能力,不断提高学校治理体系和治理能力现代化水平。

第一,在统筹谋划上下功夫,着力加强组织领导。学校落实党政主要负责人推进法治工作第一责任人职责,成立由党委书记、校长任组长的依法治校工作领导小组,党委常委会、校长办公会定期研究,统一部署和调度推进依法治校工作。将依法治校工作纳入学校"十四五"发展规划,对治理结构、制度规范、工作机制等做出全局性、战略性、前瞻性部署。将依法治校工作列入学校党政年度工作要点,召开推进依法治校工作部署会,总结经验、查摆问题、改进工作。出台《关于进一步加强和改进依法治校工作的实施意见》,制定工作台账,细化分解99项具体任务,明确责任人、时间表,督促指导各项任务落地落实。

第二,在提质增效上做文章,着力优化治理结构。学校坚持和完善以党委领导下的校长负责制为核心的领导体制和治理体系,坚持"三重一大"集体决策制度,健全党委全委会、党委常委会、校长办公会议事规则,进一步明晰决策内容、程序和要求,不断提高决策的科学化、民主化、法治化水平。制定校部机关职责清单、审批清单、服务清单,进一步规范学校各项管理服务工作的机制和程序。健全学术管理组织体系,修订《学术委员会章程》,进一步规范学术委员会和各专门委员会建设;在各学院设立学术委员会或教授委员会,强化学术委员会在学科发展、教学科研、学术评价和学风建设等工作中的职权。保障师生有序参与学校管理,党委常委会、校长办公会涉及师生切身利益的重大议题邀请师生代表列席,不断完善教代会、学代会制度,认真答复师生提案建议,发挥教代会、学代会在民主管理、民主决策、民主监督中的重要作用。

第三,在建章立制上求完备,着力健全制度体系。学校坚持以章程为核心,分党委、行政、学术、民主等"篇章",依法制定规范统一、分类科学、层次清晰、运行高效的规章制度体系,将章程中的各项原则用具体制度落细落实。做好规章制度"立、改、废、释"工作,坚持"凡立必审、凡改必审",设置法律审核前置程序,各项重大规章制度的制定或修改,由法律专家出具专业意见后才能提交党委常委会或校长办公会研究。定期开展规章制度清理,对照国家法律法规、对照学校章程、对照新形势新要求,对有关制度文件及时修改或废止;程序上要求必须经过部门自查、专家审查及部门反馈、法律事务部门审查三个环节,确保各项制度文件合法合规、适用有效。加强信息公开,将校内规范性文件及时在信息平台和信息专栏予以公开,定期更新规章制度汇编,方便师生查阅。

第四，在队伍建设上展优势，着力打造专业力量。学校成立法律事务办公室，归口负责全校依法治校工作，工作人员均具有法律职业资格；在各职能部门设置法治工作联络员，专门负责本部门法治相关工作。着力提高管理人员法治素养，各部处负责人、管理岗位人员具有法学专业背景的分别达到77%、45%。建立法律专家咨询委员会，由校内相关专业教授和法律实务界人士组成，分教育法、行政法、民商法、知识产权法、劳动法、刑事法、涉外法等组别，常驻专家30余位，为学校涉法议题决策、规章制度及合同审查、涉诉案件论证等提供专业法律意见。近三年来，依托咨询委员会出具专家意见170余件，有效提高了学校依法治校工作质量和水平。

第五，在合同管理上严要求，着力抓好风险防控。学校制定《合同管理办法》，建立合同承办部门、归口管理部门、综合管理部门三级管理体制，规范合同草拟、审核、订立、履行、归档、监督等流程，构建统一指导、归口管理、分级审批、权责明晰、运转高效的合同管理模式，进一步强化内部控制，切实防范法律风险。探索合同分类管理机制，将合同按重大合同、一般合同进行区别管理，对于重大合同，由合同综合管理部门和法律专家加大审查力度；对于一般合同，探索建设合同范本库，优化依据范本签订合同的审核流程。深化"放管服"改革，将与人才培养、科学研究等相关的非学历、非经济类合同授权各二级单位管理。定期发布《合同起草常见问题答疑》，强化风险源头预防。建立合同信息管理系统，努力让"信息多跑路、师生少跑腿"，积极推进"最多跑一次"改革。

第六，在畅通渠道上出实招，着力维护师生权益。学校建立网上投诉建议平台，实行全年7×24小时在线服务，及时接收师生意见建议，建立"接诉即办"投诉处理机制，努力做到"师生有所呼，学校有所应"。推进平台移动端建设，进一步严格投诉建议答复时间要求，提高投诉建议办理反馈效率。拓宽师生线下意见反映渠道，健全校领导接待日、相关职能部门与师生定期座谈等机制，以"点对点、面对面"的方式，充分听取和反馈师生意见建议。做好投诉建议"后半篇文章"，定期整理各种渠道收集的意见建议，对师生反映的普遍性、高频次问题进行分析研究，及时督办整改，推动将问题解决在基层、化解在萌芽，努力为学校改革发展营造良好环境。

三、华东政法大学：突出"五抓"深入推进依法治校工作

华东政法大学深入学习贯彻习近平法治思想和习近平总书记关于教育的重要论述，深刻认识和把握新时代新形势对学校治理提出的新任务新要求，发挥学科专业特色优势，把依法治理作为基本理念和基本方式，在健全制度体系、完善治理结构、强化法治教育、加强队伍建设、构建防控体系等方面持续下功夫，不断提升学校治理体系和治理能力现代化水平，推动学校事业高质量发展。

第一，突出抓建章立制，夯实依法治校基础。学校印发《依法治校实施意见》，把依法治校融入、贯穿学校工作全过程和各方面。不断完善以《华东政法大学章程》为核心的规章制度体系建设，涵盖党的建设、综合管理、教育教学、学生工作、资源保障等各个方面，明晰各类办事程序、组织规则、议事规则等，着力构建健全、规范、统一的制度体系。制定校学术委员会及专门委员会相关章程，着力健全以学术委员会为核心的学术管理体系与组织架构，明确职责及议事规则，充分发挥学术组织的咨询、审议、决策作用。学校建立规范性文件审查与清理机制，制定《规章制度管理办法》，进一步规范意见征询、合法合规审查、公开与公示、跟踪与评估、档案保管等工作。定期对规章制度进行清理、修订和完善，确保规章制度的可行性、合理性和实效性。坚持"以公开为常态，不公开为例外"原则，依托信息公开网、学校官网、数字化校园、微博微信等平台，做好信息公开工作。动态更新校园网规章制度文库，方便师生调阅查询。

第二，突出抓治理结构，增强科学决策能力。坚持和完善以党委领导下的校长负责制为核心的学校领导体系和治理体系，修订完善党委全委会、党委常委会、校长办公会、专题办公会等议事规则，做到重大改革、重要决策于法有据、有章可循，持续推进学校决策的科学化、民主化、法治化。完善民主管理和监督机制，每年召开1次教职工代表大会，讨论、审议学校行政工作报告、事业发展规划，以及涉及教职工切身利益的重大事项。学校相关部门负责人须向大会作述职报告，接受民主测评，切实保障教职工参与民主管理和民主监督的权利。发挥职能部门监督作用，建立招生、基建、采购、学位授予等工作纪委、监察部门全程参与制度。健全师生权益保护救济机制，制定《学生违纪处分申诉暂行规定》，建立健全学生违纪处理听证制度、违纪处分申诉制度，切实维护广大师生合法权益。

第三，突出抓法治教育，营造学法用法氛围。学校制定普法规划，明确普法目标任务、具体措施及相关保障等，并落实责任部门。成立习近平法治思想研究中心，承担教育部"习近平法治思想研究"重大专项课题。在学校《法学》等期刊开设习近平法治思想专栏，组织刊发相关学术研究文章，加强习近平法治思想的学习宣传和研究阐释。发挥课堂主渠道作用，构建以"习近平法治思想概论"为核心，10门法学专业课为主干，法学案例研习课、法治精神和专业养成通识类课程为补充的"1+10+X"法治人才培养课程体系。学校建立教职员工全员学法制度，通过校党委理论学习中心组学习、各级各类讲座和培训等加强学校党员干部、教职员工的法治教育，不断增强广大干部职工法治观念和法治素养。深入开展校园法治文化建设，依托"国家宪法日"等重要时间节点，举办"韬奋"作文大赛，创作话剧《雷经天》等，着力打造以"法"为特色的校园文化。以青少年法治教育协同创新中心为依托，支持师生面向社会进行法治宣讲，推动开展"百所法律学校品牌普法"等活动，组建"送《民法典》进校园"讲师团，通过法律课程巡讲、模拟法庭、法律知识竞赛等形式，探索覆盖课堂内外、师生共同参与、各方资源共用的青少年法治教育新路径。

第四,突出抓机构队伍,建强法治工作力量。学校成立由校党委书记、校长任主任的依法治校委员会,统筹协调、督促推进依法治校各项工作,聘请学校行政法、劳动法、民商法、教育法、刑法等领域专家,充实委员会工作力量。学校明确由党委办公室、校长办公室专门负责法治工作,设置法律事务管理与研究岗位,工作人员均具有法律职业资格。学校发挥教职工法学专业优势,配齐建强各部门、学院依法治校工作队伍。聘请1个常年法律顾问团队和15个法律咨询团队组成法律顾问团,构建"一专多特"的法律顾问制度,在有关合同签订、采购及招投标、基础建设、法律文书撰写及审查、纠纷处理等方面为学校提供专业咨询和支持。

第五,突出抓防控体系,守牢法律风险底线。学校不断健全内部控制机制,制定内部控制建设实施方案和重点流程内部控制手册,优化内部控制环境。健全合同管理制度,严格课题、科研、出版、基建等合同的行文规范和审批流程,加强对学校及下属机构相关合同的审查。梳理法律风险清单,在招生、教务、科研、后勤、财务等领域,细化管理办法,设立监督小组和监督投诉电话,接受各方面监督。学校设立教职工劳动人事争议调解委员会和学生申诉处理委员会,在对教职工做出处分时,严格按照《听证规则》在规定期限内举行听证会、做出听证评议。学校为学生购买高校学生伤害事故校方责任综合险,健全师生人身伤害事故纠纷的预防、处置和风险分担机制。搭建学校与师生沟通平台、职能部门信息互通平台、权益制度保障平台"三平台",及时受理回复广大师生反映的问题和意见建议,努力做到普通问题1小时回复,疑难问题48小时回复,重大问题持续跟进。

四、北京科技大学:"四个三"全面抓实法治工作

北京科技大学深入学习贯彻习近平法治思想,多维度推进制度建设、多层次完善治理结构、多渠道培育法治文化、多方位优化法治队伍,全面抓实学校法治工作。

第一,构建三"精"制度体系。注重制度对标精准,印发《推进治理体系与治理能力现代化行动计划》,将教育部加强高校法治工作的要求细化为依法治校的具体举措,在法治轨道上推进学校治理体系与治理能力现代化。注重制度运行精密,规范校内制度建设,按照效力层级、业务领域对校级制度细分为16类,加强统一管理。建立规范性文件定期清理制度,年均修订、废止制度文件100余件,将制度优势切实转化为治理效能。注重制度公开精细,改版制度查询网站,面向全体师生及时更新发布学校规章制度、党委常委会以及校长办公会会议纪要,保障师生知情权、参与权。

第二,健全三"严"治理结构。突出决策体系严密,制定《党委领导下的校长负责制实施细则》,形成"1+6"决策制度体系,建立清晰完备的调研、决策、督查、考评全链条工作机制。突出多元治理严实,在大学章程修订中进一步强化教代会职

能,制定出台《学术委员会工作细则》《预防与处理学术不端行为办法》等5项文件,严格保障学术委员会、教代会等组织的审议权力。突出风险防范严格,印发《合同管理办法》《印章管理办法》《诉讼仲裁管理办法》,进一步强化重要规范性文件的合法性审查力度,加强校内采购、基建、科研等重大经济合同审核,年均反馈专业法律意见300余份。研发上线合同信息管理系统,初步实现线上一网办结。

第三,推进三"全"法治教育。坚持"三个纳入",做到法治教育全员覆盖,将法治教育纳入党委理论中心组学习,纳入教职工理论学习,纳入学生班团活动,每年至少开展2次学法用法专题学习。做到实践活动全维度开展,在"12·4"国家宪法日、民法典颁布等重要时间节点,开展知识竞赛、演讲比赛以及微电影大赛等活动。结合学校理工科特色,开设知识产权法等相关课程,创办知识产权名师讲坛。针对党政管理中的法律实践问题,举办律师、法官、检察官大讲堂。依托法学专业学生,定期开展法律服务进社区活动。做到法治文化全方位构建,利用学校电视、校园广播、校园网、校报以及宣传栏等渠道定期开展法制宣传,依托文化建设课题立项等活动,鼓励全校师生以法治视角共建和谐校园文化,切实将法治精神、思维和方法落实到学校教育、管理和服务的各环节。

第四,构筑三"实"体制机制。明确党委书记、校长作为学校法治工作的第一责任人,强化整体架构实,成立依法治校领导小组,学校常委会定期研究法治工作。强化队伍建设实,设立法律事务中心,统筹学校法治工作,组建由专职法治工作人员、校内专家、专业律师构成的专业法治工作队伍,形成了专兼结合、层次合理的法律人才梯队。强化支撑保障,设立专项经费,保障法治工作平稳运行。积极支持工作人员通过攻读在职博士、参加各类培训以及参加法律职业资格考试等途径,提升专业能力。

五、上海财经大学:实施"六大举措"推进依法治校

上海财经大学认真学习贯彻习近平法治思想和习近平总书记关于教育的重要论述,切实把依法治理作为学校治理的基本理念和基本方式,不断加强组织领导、完善治理体系、提升治理能力,以法治思维和法治方式引领、推动、保障学校事业高质量发展。

第一,强化组织领导,逐级推进落实。学校成立由校党委书记和校长任"双组长"的依法治校工作领导小组,全面负责依法治校工作的系统谋划、整体推进和督促落实。将全面加强依法治校确立为学校年度重点工作之一,校党委理论学习中心组带头开展依法治校专题理论学习,学校党委会和校长办公会专题研究,分管校领导每季度主持召开1次工作推进会。召开全校依法治校工作会议,深化认识、凝聚共识,提炼形成以章程为统领,以内部治理、规范办学、权益保护、法治文化为主要内容,将党的领导贯穿始终的"一梁四柱一条线"新时代依法治校体系。通过党

政一把手亲自抓、分管校领导专门抓、学院和职能部门具体抓,构建一级抓一级、层层抓落实的工作格局和责任网络,切实推动依法治校工作落细落实。

第二,完善议事规则,优化治理体系。学校坚决落实党委领导下的校长负责制,修订完善党委常委会、党委全委会和校长办公会议事规则,严格执行"三重一大"事项议事规则和决策程序。实行法治机构负责人列席学校党委会和校长办公会、工会常务副主席列席校长办公会制度;涉及师生切身利益的议题,实行教授代表、教代会代表和工会代表列席制度。学校不断优化学术治理结构,修订学术委员会章程及专门委员会规程,学术委员会下设6个专门委员会,各学院设立教授委员会,构建"1+6+N"的学术治理组织体系。完善院(部、所)党组织、行政班子、教授委员会、二级教代会"四位一体"治理结构,积极探索学院委员会制度试点改革,充分激发二级学院办学活力,提升学院决策的科学化、民主化水平。

第三,抓好建章立制,推动规范管理。学校研究出台《规章制度制定的管理办法(试行)》,健全校内规章制度制定发布机制,明确编制规则及起草、审查、决定、公布等程序。加强对制度形式要件和合法性的双重审查,不断提高制度建设法治化、规范化水平。建立校内规章制度定期清理机制,每两年进行1次"废、改、立",累计清理规章制度400余项,编印形成分类成册的《规章制度汇编》。学校推动制度管理信息化和公开化,建设校内制度检索数据库,开发具有分类查询和统计功能的检索平台,对规章制度统一登记、统一编号、统一公布,提高管理效率,方便师生查阅。

第四,创新工作模式,深化风险防控。学校充分发挥校内外资源优势,以校内法律事务岗为基础,择优选聘具有律师职业资格的本校法学院教师担任校内法律顾问,同时聘请律师事务所作为校外法律顾问,实践中根据工作需要相互配合,探索形成专兼结合、内外互补的"1+1+1"法律顾问制度。学校严格合同、印章等规范管理,完善"统一领导、归口管理、分级审批、各负其责"的管理机制,不断规范和优化审批流程,要求合同承办单位跟进合同履行情况,加强全过程规范管理。学校分批次、有重点地对各业务条线开展内控流程和风险点识别,逐步完成健全制度(内控1.0)、完善流程(内控2.0)、风险评估(内控3.0)工作,颁布《二级单位内部控制指南》,有效提升风险综合防控能力。

第五,拓宽表达渠道,保障师生权益。学校建立并综合运用申诉、调解、信访等争议解决机制,依法依规妥善处理各类纠纷,不断健全校内权益救济和诉求表达渠道,最大程度保障师生员工合法权益。设立师生申诉处理委员会,修订学生校内申诉处理实施细则等,按规定程序受理教职工和学生投申诉。学校对教师、学生做出重大处分或处理前,充分听取法律顾问、相关部门或师生代表意见,保障当事人陈述、申辩等权利,确保程序正当、依法合规。实施"校领导接待日"制度,开设校长信箱,认真做好来信来访工作。设立学生权益中心,通过新媒体平台每月发布学生权益报告。

第六,加强法治教育,提升法律素养。学校成立普法工作领导小组,每年制定普法计划,把学习宣传宪法摆在普法工作的首要位置,不断健全领导干部、教师学法制度,将法治教育作为新任干部培训班、新员工入职培训的重要内容,定期邀请相关专家作辅导报告。加强"法文化"建设,邀请法院、检察院、律师事务所等法律实务专家直接参与人才培养和课程开发建设,不断推进法律进课堂。开设系列法律讲座,组织"走进法院""走进人大""法律进社区"等法治实践活动,推动实现法治教育与课堂教学相结合。学校丰富开展"宪法宣传周""网络安全宣传月"等活动,将法治教育融入校园文化生活,切实提升广大师生法治观念和法律素养。

六、长安大学:以"五个健全"抓细做实法律风险防控工作

长安大学认真学习贯彻习近平法治思想和习近平总书记关于教育的重要论述,深入落实教育部《关于进一步加强高等学校法治工作的意见》等文件精神,优化机构设置,完善制度体系,强化法治教育,不断健全法律风险防控机制和涉法事务管理体系,努力为学校各项事业改革发展保驾护航。

第一,健全机构设置,强化组织保障。学校成立由党委书记、校长担任组长的依法治校工作领导小组,全面领导依法治校工作,进一步明确党委书记、校长推进法治工作第一责任人职责。积极推进高校法治工作机构设置与功能优化试点工作,进一步整合优化部门职能,设置法治与法务办公室,作为学校归口负责法治工作的独立部门,协调推进依法治校各项具体工作。加强法治工作队伍建设,优先选聘具备法学专业背景或法律实务工作经验的人员,支持法治工作人员参加法律职业资格考试等,不断提升专业能力。建立健全法律顾问制度,由法治与法务办公室、相关领域专家、外聘执业律师等组成法律顾问队伍,协助学校处理法律事务。学校设立专项经费,保障涉法诉讼等工作开展。

第二,健全制度体系,筑牢坚实基础。学校修订完善党委全委会、党委常委会、校务会议事规则,制定实施院(系)党委会会议和党政联席会议议事规则,全面规范校院两级议事决策程序。对拟提交学校党委全委会、党委常委会、校务会研究讨论的重要事项,进行合法合规性前置审查和风险评估,法治与法务办公室负责人参加学校决策会议并发表法律意见。会后做好决策事项的跟踪落实,对会议要求修改的制度、对外合作协议及工作推进过程中遇到的法律问题进行持续跟踪。完善规章制度的审核备案和定期清理机制,由法治与法务办公室对拟出台的规章制度逐一进行合法合规性审查,确保与上位法保持一致。

第三,健全防控机制,抓严风险防范。注重加强合同管理,对100万元以上的经济合同、科技合同,以及单一来源采购、无形资产转让等合同,切实加强合法合规性审查。学校建立健全对外合作协议风险防控机制,推行规范文本制度,凡是以学校名义签署的战略合作协议、框架合作协议等,必须由学校法治与法务办公室进行

合法性审查并签署意见后,方可提交学校决策会议审议。加强对知识产权保护、科技成果转移转化等方面的法律风险防控,梳理风险清单,明确处置办法,切实维护学校和广大教职员工的合法权益。强化学校印章管理,涉及各类合同、涉法涉诉事务、对外合作重大事项等方面的印章使用,必须经学校法治与法务办公室和分管校领导签署意见后方可用印,切实降低法律风险。强化关键岗位管理,与相关二级单位签署法律风险防控责任书,建立风险防控工作台账,对重点关键岗位法律风险防控管理工作进行定期监督检查,实现岗位责任管理全覆盖。

第四,健全救济机制,维护师生权益。学校出台《长安大学法律事务管理办法(试行)》,系统梳理学校无形资产保护、资产经营与处置、基建工程、人事管理等方面面临的法律风险,探索构建"事前防范、事中控制、事后化解"的涉法事务管理机制。积极协调处理各类涉及土地权属、技术成果转化、知识产权保护、劳动人事争议等涉法涉诉案件以及非诉案件,维护学校合法权益。学校健全师生权益救济机制,设立校长信箱、校领导接待日、信息门户咨询平台等,畅通师生诉求表达渠道,及时协调解决师生实际困难。学校成立学生申诉处理委员会、学生违纪处理委员会,出台学生听证与申诉等规定,涉及学生重大权益的决定须举行听证会,广泛听取学生意见;在处理涉及教师师德失范行为、学术不端、科研失信等问题过程中,教师可向学校师德建设委员会、学术委员会等提出申诉,确保做出处分或申诉决定程序公平公正。

第五,健全法治教育,增强防控意识。学校充分发挥课堂主渠道作用,加强法学相关课程建设,大力开展法治教育,不断提升课堂教学的针对性和实效性。学校建立领导干部、全体教师学法制度,校院两级党委理论学习中心组每年组织以法治为主题的学习活动。创新普法宣传形式,充分利用国家宪法日等重要节点,线上线下广泛开展宪法知识竞赛、专题讲座、模拟法庭、宪法晨读等宣传教育活动,让法治观念深入全校师生学习和生活。学校与多家法院、律师事务所联合建立实践基地,着力在法治实践中培养高素质法治工作队伍,为依法治校提供有力的人才保障。

七、鲁东大学:创新理念打造"鲁大法治工作品牌"

近年来,鲁东大学深入学习贯彻习近平法治思想和习近平总书记关于教育的重要论述,加强顶层设计全面推进学校治理现代化,把依法治校作为学校治理的基本理念和基本方式,努力打造"鲁大法治工作品牌"。

第一,敢于创新,实现鲁大法治工作"品牌化"。学校出台《关于全面加强学校法治工作的实施方案》,第一次从法治角度提出坚持和完善以党委领导下的校长负责制为核心的学校领导体制,构建以章程为核心的学校规章制度体系,健全师生权益保护救济机制,完善学校法律风险防控体系,开展以宪法教育为核心的法治教育体系,依法推进学校治理现代化。学校勇于先行先试,率先建设总法律顾问制度,研究制定《总法律顾问制度实施办法》,选聘总法律顾问,成为全国第一个建立总法律顾问制度的高校,为高校总法律顾问制度建设做出了有益探索和经验积累。学校充分利用校内外法治资源,初步构建起在学校党委领导下的"法治工作领导小组+1名总法律顾问+3名法制机构专职人员+15名法律顾问工作组+56名院系部门法治工作联络员"的法治工作网格体系,不断提高学校法治工作队伍专业化水平。

第二,注重长效,推动法治工作"机制化"。学校严格合同审签程序,防范经济往来风险,对30万元以下小额网上商城采购项目、继续教育学院短期培训项目、外聘教师合同等实行年度一揽子授权,加强内控源头治理。印发《关于进一步加强合同事项管理的通知》,对规范招投标、杜绝合同倒签、严格合同备案、加强履行监管等事项提出要求。学校2021年对900余份法人授权、招投标文件、合同协议等材料进行合法性审查,有效防范了法律风险;做好法律咨询服务,积极服务学校重大决策,及时做好学校有关决策事项的法律风险评估和合法性论证,认真做好审计整改等方面法律咨询服务,确保"三重一大"决策和制度建设依法、科学、规范。印发《关于预防使用互联网资源引发侵权法律风险的提示》,避免学校知识产权侵权纠纷,处理各类涉法涉诉案件20余件次,涉及校办企业、人身伤害、商标维权、人事纠纷、编外用工、合同违约、供暖节能等事项,诉讼案件无一败诉,其他纠纷通过和解、调解、仲裁等方式得到妥善解决,依法维护了学校的合法权益。

第三,统筹谋划,形成师生法治素养提高"常态化"。学校印发《法律事务服务指南》,不断提高师生员工依法办事的意识和能力。开辟"普法课堂"专栏,定期更新案例,进行以案释法,打造"法治校园"。举办《贯彻习近平法治思想,提升法治思维和依法治校能力》专题讲座,切实提高党员干部运用法治思维和法治方式谋划改革、推动发展的能力。开办习近平法治思想专题培训班,全体教职工按照"1+2+3+X"学法清单开展学习,重点要求科级以上干部通过"山东干部网络学院"开展个人自学、网络培训、研讨交流等形式深入系统学习,确保对习近平法治思想学深悟透、入脑入心。学校成立"山东省大学生宪法宣讲团鲁东大学分团",组织全校学生积极参加"学宪法 讲宪法"活动,不断提升广大青年学生的宪法意识和法治素养。

八、山东政法学院:创新"126"法治工作模式推进依法治校

山东政法学院深入学习贯彻习近平法治思想和习近平总书记关于教育的重要论述,坚持把依法治校作为学校治理的基本理念和基本方式,以法治思维和法治方式引领、推动、保障学校改革发展,全面推进依法治校,探索形成了"一大战略、两个体系、六项机制"法治工作模式,为提高学校依法治校水平、推进学校治理体系

和治理能力现代化提供了有力保障。

(一)深入实施"法治山政"发展战略

2015 年,山东政法学院站在高等教育内涵式高质量发展的新起点上,正式提出"法治山政"发展战略。2016 年,首次编制了《依法治校"十三五"发展规划》,确定了构建科学完善的学校治理体系,全面提升学校治理体系和治理能力现代化的总体建设目标。学校第二次党代会将"法治山政"确定为学校六大发展战略之一,2019 年将其写入学校章程。"十三五"期间,学校在党委领导下,全面贯彻"法治山政"发展战略,以构建现代大学制度体系、完善现代大学治理体系为重点,探索形成了依法治校"六项机制",为建设"特色鲜明、全省一流、在全国有重要影响的应用型政法类大学"提供有力法治保障。

(二)积极构建依法治校"两个体系"

积极构建"六位一体"的制度体系,为依法治校提供有效的制度供给。学校以完善现代大学制度、建设学校治理制度高地为目标,持续推进以章程为核心的现代大学制度体系建设。2015 年,学校章程经山东省教育厅核准实施,学校自主办学有了基本遵循。2016 年,学校积极开展章程学习推广工作,通过信息公开、入学教育、媒体推广等形式,引导全校师生学习章程、执行章程。大力推进"依章治校"服务"依法治校",加快推进内部管理制度"立、改、废"工作,健全以章程为核心的成熟稳定、科学完备的内部制度体系。2017 年以来,完成规章制度新建和修订 123 项、废止 104 项。2019 年年初,学校汇编现行规章制度 415 项,初步形成了宏观制度体系、党建制度体系、行政制度体系、学术制度体系、群团制度体系和部门制度体系"六位一体"的学校制度体系。同年,启动章程修订工作,将贯彻落实习近平新时代中国特色社会主义思想和全国教育大会精神写入新章程。学校通过组织实施规章制度集体学习,不断强化规章制度贯彻执行和法治思维、法治意识养成,为建立"以制度管理为保障,以文化引领为导向"的现代大学治理体系奠定了基础。

积极构建"四位一体"的治理体系,为依法治校搭建科学的治理结构。学校以推进治理体系和治理能力现代化为目标,全面深化综合改革,积极完善治理结构,初步建立了以领导决策体系、行政执行体系、学术治理体系和监督保障体系为主干的"四位一体"的现代治理体系:一是加强党对学校的全面领导,即学校党委以"1571"党建工作体系为统领,坚持完善党委领导下的校长负责制,贯彻执行民主集中制,先后两次修订《党委会议事规则》《校长办公会议事规则》,健全《党委书记和校长经常性沟通制度》,确保学校领导决策体系规范运行;二是全面提高学校行政效能,即学校实行分级管理,建立了"学校决策机构—行政职能部门—二级院部和教研教辅单位"分级管理体系,学校决策通过工作项目配档表、重点工作清单等方式,将任务分解至相关职能部门,由牵头部门协调其他二级单位进行具体落实,保障各项决策有序有效执行,并自 2019 年起学校开展二级单位绩效考核,将二级单位履行职责作为考核的重要标准,激励二级单位主动谋划、积极作为,有力推进学校行政效能提升;三是优化健全学术治理体系,学校调整组建学术委员会和学位评定委员会,建立教学与学科建设、科研工作、师资队伍建设等 3 个专业工作委员会,成立 12 个分学术委员会,建立起"2+3+N"的学术治理体系,在学科建设、学术评价、学术发展和学风建设等方面发挥了重要作用;四是充分发挥监督保障体系作用,不断完善由党内监督、民主监督、社会监督和审计监督组成的监督保障体系,建立健全党委全面监督、纪检监察机关专责监督、党的工作部门职能监督、党的基层组织日常监督、党员民主监督的党内监督体系,充分发挥学校理事会、教职工代表大会、学生代表大会等机构的民主监督作用,自觉接受社会监督,加强完善审计监督,切实保障党委和行政权力在阳光下规范有序运行。

（三）健全完善依法治校"六项机制"

建立法律顾问工作机制,为依法治校提供专责机构和团队保障。学校依托法学学科人才优势,不断强化依法治校工作机构和专业团队建设。2016 年成立法律事务办公室,组建由校内外法律专家 7 人组成的首届法律顾问团队,出台《法律顾问工作实施办法（试行）》等配套制度,全面规范开展法律顾问服务工作:一是积极推进法律顾问参与行政决策,通过专项工作办公会邀请法律顾问列席、重大政策文件出台前征求法律顾问意见等方式,充分吸收法律顾问意见建议,提高行政决策的科学性、合法性;二是积极推进法律顾问参与合同审查,学校对外签订的合同,原则上均由法律顾问进行合法性审查,基本实现了重大合同签订前应审必审,有效规避法律风险;三是积极推进法律顾问参与案件处理,在诉讼、仲裁、信访、知识产权保护等案件处理工作中,以法律咨询建议和论证意见等形式,积极调解纠纷,化解矛盾,保障学校和谐稳定发展。截至目前,学校法律顾问团队完成各项法律服务共计200 余项,连续 2 年实现了翻倍增长,为维护学校合法权益发挥了重要作用。

健全合规管理工作机制,提高学校治理的程序化、规范化和制度化水平。学校高度重视合规管理工作,不断完善法律风险防控体系建设,在提升内控管理效能,尤其是合同管理效能方面做了许多有益尝试和积极探索:一是"联动式"开展内控管理工作,成立由校长任组长的内部控制规范工作领导小组,通过多部门联动,全面推进内控政策法规的贯彻落实、内控管理体系的规划建设和内控管理工作的组织实施,现已初步建立包含财务预算、收支核算、资产管理、政府采购、基本建设、合同管理等在内的内控管理制度体系,制发工作规范流程图 200 余张,完成内控业务工作职责分离,基本实现业务岗位轮岗调整、业务领域审计整改等内控工作常态化;二是"闭环式"开展合同管理工作,坚持制度先行,建立健全《合同管理办法》及其补充规定,明确合同管理组织体系和管理流程,设计建立并不断完善合同管理流程,现已初步形成法律顾问、归口部门多方参与,法律论证、业务论证相互制约,签约审批、履行验收全程监督的"生命周期式"合同管理机制,实现了合同规范化、流程化管理从无到有、从有到优的转变。

　　完善信息公开工作机制,推进制度和决策执行的科学化、民主化和法治化进程。学校严格贯彻落实《高等学校信息公开办法》,坚持"以公开为常态,不公开为例外"原则,推进信息公开工作规范化、标准化、信息化:一是加强组织领导,成立学校信息公开领导小组,先后4次修订政务信息公开制度,健全《党务信息公开办法》,形成了党委(学校)办公室牵头、纪检监察监督、相关职能部门分工负责、齐抓共管的工作机制;二是完善平台建设,加强信息共享和整体联动,构建起以"校园网络平台、官方新媒体平台、校内传统信息发布平台、外宣平台"为主要架构的"四位一体"信息公开平台体系;三是丰富公开内容,对标《高等学校信息公开事项清单》,编制学校《主动公开基本目录》,注重加强学校财务收费、招生考试、教学质量等信息的公开力度,充分保障广大师生员工和社会公众的知情权、参与权、表达权和监督权。

　　强化法治教育工作机制,为依法治校提供浓厚的法治文化氛围。学校注重以法治教育推进依法治校,扎实开展以宪法教育为核心的系列工作,培养和强化法治意识、法治思维:一是坚持把学习宣传宪法摆在普法工作的首要位置,在思想政治理论课和专业课程中系统融入宪法理念,通过"宪法日"主题活动、组织参与并承办全省"学宪法 讲宪法"活动等,让宪法精神和宪法意识深入人心,在全校形成学宪法、尊宪法、守宪法、用宪法的良好氛围;二是实行普法责任清单制度,充分利用学校政法特色优势,结合党委理论学习中心组、"领航党校""扬帆团校"的集体学习,主动公开工作领域相关法律法规和政策制度,积极宣讲宪法、监察法、民法典,承担全省网格员培训、开展法律援助等普法活动,不断提升学校依法治校的传播力、引导力、影响力;三是深入开展法治文化校园建设,积极打造法治广场、人权广场、民法典公园、国防教育公园等法治文化主题公园,邀请法学领域的长江学者、泰山学者等法学名家打造学校法学高端论坛,组织大法官讲坛、大检察官讲坛、大律师讲坛开展多层次的法律实务讲座,大力营造校园法治文化氛围,彰显恪守法治原则、履行法治使命的价值追求。

　　创新法治实践工作机制,实现依法治校与法治人才培养的有机融合。学校积极搭建法治实践平台,推动在法治实践中培育法律信仰、弘扬法治精神,努力为实施全面依法治国战略提供德才兼备的法治人才:一是创新打造以法学教学实训中心为核心,法律诊所教育中心、法律援助中心、司法鉴定中心、民商事调解中心等产教研平台为支撑,遍布全省16地市的260多个实践教学基地为补充的"1+4+N"法治实践教育平台,并且其中,法学教学实训中心是山东省内唯一的省级规范化法学类实验教学中心,司法鉴定中心和法律援助工作站分别被司法部评为"全国公共法律服务工作先进集体"和"全国法律援助工作先进集体",为广大师生开展法治实践提供了专业化、高水平的实践平台;二是依托省大学生创新创业训练计划项目和学校"龇青工程"素质教育建设项目,在项目申报和项目设计中设置法治实践专项,引导学生自主开展具有政法特色的创新创业、社会实践和志愿服务活动,并将项目参与情况转化为学分,纳入"第二课堂成绩单",学生多次在国家级、省级创新创业、社会实践和志愿服务项目评比中获得佳绩,有力促进学生法治素养提升。

深化法律服务工作机制,依法保障广大师生合法权益。学校始终把维护师生合法权益作为治校之本,逐步建立起"申诉+援助+调解+X"师生权利救济和服务保障工作机制,全方位保障师生合法权益。一是畅通师生诉求表达渠道,设有"9958"爱生服务热线和"山政家园网络服务平台",积极推进其与"易班"有效融合,每年受理师生诉求约3000件,确保师生意见建议得到充分表达和有效解决;二是畅通校务服务渠道,建有线上线下一站式服务大厅,设有值班法律顾问,推动工作流程再造,实现"一次办好",以高质量的校务服务充分满足广大师生的工作学习生活需求;三是畅通师生申诉渠道,成立教师申诉处理委员会、学生申诉处理委员会,建立健全师生校内申诉管理办法和听证制度,确保做出处分或申诉决定程序公平公正;四是畅通法律援助和调解渠道,成立法律援助中心、民商事调解中心等法律服务机构,在面向社会公众开展法律服务的同时,积极为校内师生提供法律咨询、援助和调解等服务,确保广大师生法律服务需求得到及时有效解决。

参考文献

[1]黄新华.政府经济学[M].福州:福建人民出版社,2000.

[2]周三多,陈传明,鲁明泓.管理学:原理与方法(第五版)[M].上海:复旦大学出版社,2009.

[3]尤建新,邵鲁宁,武小军,等.质量管理理论与方法[M].大连:东北财经大学出版社,2009.

[4]蒙丽珍.内部控制与风险管理[M].大连:东北财经大学出版社,2011.

[5]徐谨良.风险管理(第三版)[M].上海:上海财经大学出版社,2011.

[6]吴晋生.高校廉政风险规范管理[M].武汉:华中师范大学出版社,2012.

[7]余雅风.学生权利与义务[M].南京:江苏教育出版社,2012.

[8]李钊.民办高校风险管理:理论与实践[M].北京:教育科学出版社,2012.

[9]严存生.法治的观念与体制[M].北京:商务印书馆,2013.

[10]习近平.习近平谈治国理政(第一卷)[M].北京:外文出版社,2014.

[11]中共中央文献研究室.习近平关于全面依法治国论述摘编[M].北京:中央文献出版社,2015.

[12]习近平.习近平谈治国理政(第二卷)[M].北京:外文出版社,2017.

[13]姜波,张蓓蓓.高校法治的运行机制与优化路径研究[M].北京:科学出版社,2017.

[14]周谷平,郑爱平,张子法,等.全面从严治党战略布局下高校校院两级治理结构与风险防控:以综合型大学为例[M].杭州:浙江大学出版社,2017.

[15]文川,莫秀全,江雪珍.民办高校发展与法律风险控制[M].昆明:云南大学出版社,2018.

[16]朱玉苗.大学法案例:教师权利:事实、判决与法理[M].北京:中国政法大学出版社,2018.

[17]尹乃春.多元协同下高校法治教育体系化路径研究[M].上海:上海交通大学出版社,2019.

[18]习近平.习近平谈治国理政(第三卷)[M].北京:外文出版社,2020.

[19]习近平.论坚持全面依法治国[M].北京:中央文献出版社,2020.

[20]戴国立.高校教育惩戒与学生权利保护问题研究[M].北京:法律出版

社,2020.

[21]中共中央宣传部,中央全面依法治国委员会.习近平法治思想学习纲要[M].北京:人民出版社,学习出版社,2021.

[22]雷槟硕.宪法教育与法治教育[M].上海:上海人民出版社,2021.

[23]蒲志红.法治教育研究[M].北京:中国社会科学出版社,2021.

[24]王红梅.高校法治教育实效性研究[M].北京:中国社会科学出版社,2021.

[25]本书编写组.思想道德与法治2021年版[M].北京:高等教育出版社,2021.

[26]吴江水.完美的防范:法律风险管理及合规管理的解决方案[M].北京:北京大学出版社,2021.

[27]习近平.习近平谈治国理政(第四卷)[M].北京:外文出版社,2022.

[28]蒋园园.高校建立总法律顾问制度的多重视角研究[J].南通大学学报(教育科学版),2009(03):16-21.

[29]陈梦迁.人事制度分类管理背景下公立高校和教师的法律关系转变[J].中国高教研究,2010(01):47-50.

[30]陈金玲,王吉林,张春荣.完善高校教师权益司法救济制度研究[J].国家教育行政学院学报,2010(05):14-19.

[31]董邦俊,李俊.高校安全事故纠纷解决保险机制探析[J].西北工业大学学报,2010(09):100-103.

[32]史为业.高校合同管理的路径探析[J].会计之友,2010(10):84-86.

[33]李红雁.关于建立教育矛盾纠纷第三方调解机制研究[J].湖南社会科学,2012(03):111-113.

[34]隋燕.高校责任保险制度探析[J].辽宁行政学院学报,2012(10):43-48.

[35]郑世保.人民调解进高校及其改造:解决高校大学生间纠纷的视角[J].西南民族大学学报(人文社会科学版),2013(09):90-94.

[36]任红杰.法治思维的主要特征[J].理论观察,2014(10):74-75.

[37]习近平.加快建设社会主义法治国家[J].求是,2015(01):3-8.

[38]庞凌.作为法治思维的规则思维及其运用[J].法学,2015(08):134-145.

[39]李志清.高校学生民事纠纷的人民调解机制[J].当代青年研究,2015(11):70-75.

[40]赵宴群.论我国大学生宪法教育与法治思维的培养[J].思想教育研究,2015(12):53-57.

[41]臧宏.高校法治教育的目标体系探析[J].东北师大学报(哲学社会科学版),2016(05):193-196.

[42]方芳.公立高校涉诉合同纠纷的现状及治理对策[J].高校教育管理,2016(09):23-28.

[43]魏健馨.宪法实施的基础条件:宪法意识及其启蒙研究[J],吉林大学社会科

学学报,2016,56(05):128-136+191.

[44]冯玉军.把社会主义核心价值观融入法治建设的要义和途径[J].当代世界与社会主义,2017(04):11-18.

[45]卓泽渊,王瑶.热话题与冷思考:关于"把社会主义核心价值观融入法治建设"的对话[J],当代世界与社会主义,2017(04):4-10.

[46]徐刚.高校领导干部法治思维培育研究[J].淮海工学院学报(人文社会科学版),2017,15(10):8-10.

[47]周叶中.深化尊崇宪法意识开启宪法实施的新时代[J].中国高等教育,2018(08):4-7.

[48]苑野.高校领导法治思维养成之研究[J].江苏高教,2018(10):67-71.

[49]夏禹,夏昌武,徐辉.高校干部依法治校能力建设路径初探:以上饶师范学院为例[J].上饶师范学院学报,2018,38(05):116-120.

[50]张显伟.高校规范性文件法治化的诉求[J].政治与法律,2019(11):81-89.

[51]潘洪涛.新形势下高校学生权益维护路径探析[J].理论观察,2019(12):60-62.

[52]林凯,周晨.对高校思想政治教育中融入法治教育的思考[J].学校党建与思想教育,2019(18):26-28.

[53]汪华,孙霄兵.改革开放以来我国高等学校的法治建设及其时代发展[J].华东师范大学学报(教育科学版),2019,37(05):136-143.

[54]黎庆兴,李德显.法治化视域下地方高校教师聘任制的审思与重构[J].黑龙江高教研究,2019,37(11):57-61.

[55]艾贤明,郑国."互联网+"背景下提升高校教师法治思维路径研究[J].黑河学刊,2020(01):140-142.

[56]马启华,邹丹.高校规章制度法治化建设研究[J].北京教育(高教),2020(02):37-38.

[57]罗爽.教育法治进程中教育法律救济研究:回顾与展望[J].中国教育法治评论,2020(02):140-152.

[58]马钰.新中国70年高校法治教育的回顾和展望[J].当代教育科学,2020(03):92-96.

[59]谢凌香.依法治校背景下高校合同管理效能提升探析[J].法制与社会,2020(08):147-148.

[60]闵辉,夏雅敏,邓叶芬.高校依法治校的理论思考和路径选择[J].中国高等教育,2020(09):16-18.

[61]钱思彤,赵国军.我国高校学生校内申诉制度探析[J].法制与经济,2020(11):43-45.

[62]宁晓林,冯俊波.新时代法律事务办公室作用研究[J].办公室业务,2020

(11):187+189.

[63]张晓燕.公民法治观念的理论内涵及其培育路径:基于对《思想道德修养与法律基础》教材的分析[J].思想理论教育,2020(11):68-73.

[64]许博,洪丽燕.高校依法治校工作实践与思考[J].办公室业务,2020(18):70-71.

[65]牧人.新时期高校教师法治素养提升路径研究[J].法制与社会,2020(28):156-157.

[66]孟黎.高校法律事务发展及运行机制:以47所国内"双一流"高校为例[J].法制博览,2020(32):139-140.

[67]孙明春."大思政"视野下的北京高校法治宣传教育改进研究[J].高教学刊,2020(34):1-5.

[68]滕金聪.新时代高校党员教师法治素养提升策略研究[J].长江丛刊,2020(35):120-121.

[69]刘超.高校法治宣传教育工作探析[J].法制与社会,2020(36):147-148.

[70]王芸,邵维庆,严亚萍.新媒体时代高校学生法治宣传教育机制研究[J].法制与社会,2020(36):149-150.

[71]林文雄.高校法治文化培育机理探析[J].南方职业教育学刊,2020,10(01):49-54.

[72]尹欢,谷松岭.新时代高校法治文化建设的五重向度[J].锦州医科大学学报(社会科学版),2020,18(01):9-11.

[73]湛中乐,靳澜涛.教师申诉制度运行的法治困境及其出路[J].湖南师范大学教育科学学报,2020,19(04):7-13.

[74]陈传林.全面依法治国背景下高校依法治校三大关系[J].南京中医药大学学报(社会科学版),2020,21(04):286-290.

[75]邓映婕.新时代大学生法治思维培育:诉求、内容、路径[J].沈阳大学学报(社会科学版),2020,22(04):490-495.

[76]郑宁.高校教师管理纠纷的法治思考:基于113份裁判文书的实证分析[J].教师教育论坛,2020,33(05):57-61.

[77]陈全波,罗丹.法治视域下大学生权益保障体系的构建[J].湖北开放职业学院学报,2020,33(14):33-34.

[78]周一.高校法律顾问问题及实务操作研究[J].广西政法管理干部学院学报,2020,35(04):90-95.

[79]马志忠,瓦永乾.高校法务工作制度化研究[J].山东理工大学学报(社会科学版),2020,36(03):41-47.

[80]施彦军.依法治校背景下现代大学生民主参与高校管理法治化建设问题多维透视[J].黑龙江高教研究,2020,38(07):55-60.

[81]晋涛.高校惩戒权的法治化审查:蕴含内容与推进路径:以《高等学校学生管理规定》为参照[J].教育发展研究,2020,40(01):59-67.

[82]周敏,郝翰.高校学生管理平衡化的行政法逻辑:兼对《普通高等学校学生管理规定》解读[J].哈尔滨学院学报,2020,41(12):79-82.

[83]高山.高校依法治校的内涵及其实施路径:基于治理理论的视角[J].浙江理工大学学报(社会科学版),2020,44(02):215-220.

[84]张文显.习近平法治思想的基本精神和核心要义[J].东方法学,2021(01):5-24.

[85]伊士国.论习近平法治思想的实践价值[J].当代世界社会主义问题,2021(02):3-12.

[86]黄文艺,李奕.论习近平法治思想中的法治社会建设理论[J].马克思主义与现实,2021(02):59-67.

[87]翟翌,范奇.新时代高校行政法治:逻辑基础、风险构造及应对机制:兼评《关于进一步加强高等学校法治工作的意见》[J].中国高教研究,2021(02):64-69+103.

[88]王小光.推进高校法治教育建设的路径探讨[J].中国高等教育,2021(02):45-47.

[89]李葳.习近平法治思想的内在逻辑[J].马克思主义与现实,2021(03):43-49.

[90]周佑勇.习近平法治思想的人民立场及其根本观点方法[J].东南学术,2021(03):43-53+246.

[91]郭庆松.高质量贯彻党委领导下的校长负责制[J].中国领导科学,2021(03):33-37.

[92]孙全胜.论习近平法治思想的基本要求与时代意义[J].理论研究,2021(05):26-34.

[93]胡玉鸿.习近平法治思想中权力运行制约和监督理论[J].江淮论坛,2021(05):5-11+2.

[94]王东.理解习近平法治思想的三个维度:结构样态、内涵特质、时代意义[J].理论月刊,2021(05):39-47.

[95]汪习根.论习近平法治思想中的美好生活权利[J].政法论丛,2021(05):3-14.

[96]刘方遒,邓联荣.习近平法治思想的主要特点研究[J].湖南社会科学,2021(05):100-105.

[97]张金才.习近平法治思想的显著特征[J].党的文献,2021(05):30-35.

[98]范江波.法治视角看高校个人信息保护(上篇)[J].中国教育网络,2021(05):51-53.

[99]林苗.以习近平法治思想为指导加强高校大学生法治教育[J].预防青少年犯

罪研究,2021(06):4-10.

[100]黄辰,李倩.高校学生校内申诉制度与校外救济途径衔接的建构[J].法治与社会,2021(15):154-155.

[101]蒋惠岭.习近平法治思想对法治中国建设的实践价值[J].人民论坛·学术前沿,2021(16):30-37.

[102]王天佑.依法治校视域下加强对高校教师法治思维的培养[J].法制与社会,2021(19):166-167.

[103]冯身洪.党委领导下的校长负责制是办好中国特色社会主义大学的根本保证[J].中国高等教育,2021(21):24-26.

[104]张继红,蒋冰晶.大学生参与高校治理的法治路径研究[J].河北工业大学学报(社会科学版),2021,13(02):45-49.

[105]谢阳薇,章晶晶.高校法治机构运行现状及其风险辨析:基于33所一流大学建设高校的调查[J].复旦教育论坛,2021,19(05):28-34.

[106]肖北庚.习近平将社会主义核心价值观融入法治建设思想的核心要义[J].时代法学,2021,19(06):1-6.

[107]姚荣.高校管理中的法律风险与防范:以人事与学生管理纠纷案件为分析中心[J].湖南师范大学教育科学学报,2021,20(04):58-67.

[108]陈传林.全面推进依法治国背景下高校依法治校面临的主要问题及其原因分析[J].南京中医药大学学报(社会科学版),2021,22(03):207-212.

[109]甘容通,刘海斌.依法治校视域下高校法务工作制度优化探析[J].福建医科大学学报(社会科学版),2021,22(05):70-74.

[110]张家宇.大学生法治教育向何处去[J].安徽理工大学学报(社会科学版),2021,23(05):30-35.

[111]周叶中,闫纪钢.论习近平法治思想的原创性贡献[J].中共中央党校(国家行政学院)学报,2021,25(06):14-26.

[112]吴传毅.习近平法治思想的政治意蕴、核心内容、重大关系[J].行政论坛,2021,28(01):5-9.

[113]秦立春,邓志.依法治校视阈下高校法律关系的反思、平衡与重构:从湖南省高校校内制度谈起[J].湖南警察学院学报,2021,33(05):34-46.

[114]杨龙奉,孔凡霞.高校法治文化建设的现实困境与优化路径[J].重庆第二师范学院学报,2021,34(05):14-17.

[115]江必新,黄明慧.贯彻习近平法治思想建设高质量的制度体系[J].法学论坛,2021,36(01):22-34.

[116]王广辉.论习近平法治思想之"党大还是法大是个伪命题"[J].河南财经政法大学学报,2021,36(03):1-6.

[117]郭忠浩.《民法典》视域下公立高校法治现代化研究体系[J].广西政法管理

干部学院学报,2021,36(06):16-21.

[118]陈柏峰.习近平法治思想中的"党的领导"理论[J].法商研究,2021,38(03):3-11.

[119]窦贤琨.运用法治思维指导高校法治工作体系化研究[J].安徽工业大学学报(社会科学版),2021,38(02):97-99.

[120]梅晗,赵士谦.依法治校背景下高校学生处分自由裁量权探析[J].辽宁教育行政学院学报,2021,38(06):12-17.

[121]李禹潞,张磊,李肃霜.法治文化融入高校大学生思想政治教育工作的实践向度[J].黑龙江高教研究,2021,39(02):131-135.

[122]江必新.习近平法治思想对法治基本价值理念的传承与发展[J].政法论坛,2022,40(01):16-34.

[123]姚建龙,朱奕颖.大学生法治教育的特殊性:理念、内容与方法[J].教育发展研究,2021,41(06):33-42.

[124]崔海滨.新时代高校法治文化建设的几点思考[J].济宁学院学报,2021,42(05):33-39.

[125]段斌斌.从形式法治迈向实质法治:高等学校依法治校的战略选择[J].高等教育研究,2021,42(06):38-46.

[126]马晓妹.新时代高校法治文化建设的困境与思索[J].昭通学院学报,2021,43(01):38-41.

[127]江必新.习近平法治思想与法治中国建设[J].环球法律评论,2021,43(03):5-22.

[128]楚旋,万召娜,刘娜.治理现代化下高校教师权益救济制度的桎梏与突破[J].宁波大学学报(教育科学版),2021,43(06):90-97.

[129]沈国明."重大改革于法有据":习近平法治思想的重要论断[J].学术月刊,2021,53(07):5-13.

[130]刘翀,濮艳.习近平法治思想中法治专门队伍建设问题研究[J].哈尔滨市委党校学报,2022(02):40-45.

[131]申素平,周航."治理的法"与"法的治理":国际高等教育法治的功能趋向与体系控制[J].中国高教研究,2022(03):37-44.

[132]王刘娟.多媒体视域下高校法治教育的价值意蕴与实践路径[J].法制博览,2022(04):166-168.

[133]张德祥.完善党委领导下的校长负责制的运行机制[J].国家教育行政学院学报,2022(04):8-9.

[134]张金丹,覃红霞."脱编"背景下高校教师司法救济的现状、问题及原因探究:基于160起民事诉讼案例的分析[J].复旦教育论坛,2022,20(01):41-47.

[135]姚荣.论大学治理法治化的程序正义进路[J].河北师范大学学报(教育科学

版),2022,24(01):15-30.

[136]曹灿,秦国民.新时代高校治理的法治化路径[J].平顶山学院学报,2022,37(01):23-26.

[137]杨伟,赵伟.浅论高校规范性文件的法治化[J].德州学院学报,2022,38(01):73-75+110.

[138]刘鹏.民法典对高校法治工作的新要求与改进路径[J].黑龙江高教研究,2022,40(01):50-54.

[139]张航.高校强制退学的制度审查与法治化匡正[J].华东师范大学学报(教育科学版),2022,40(01):88-101.

[140]邹鹏.论大学治理中的释法说理功能[J].湖北师范大学学报(哲学社会科学版),2022,42(01):8-15.

[141]宋汉林.高校人事争议司法救济实证研究:以168份民事判决书为样本的考察[J].河南科技学院学报,2022,42(04):31-37.

[142]杨晰策.大学生权利救济:以行政法为视角分析[D].长春:长春理工大学,2010.

[143]张惠华.论我国高校管理听证制度[D].广州:华南理工大学,2012.

[144]许明成.大学生权利保护研究[D].扬州:扬州大学,2013.

[145]齐路良.高校廉政风险防控机制研究[D].武汉:武汉理工大学,2016.

[146]孟鹏涛.中国高校法治教育问题研究[D].长春:吉林大学,2017.

[147]施佳.论我国高校教师校内申诉制度的完善[D].合肥:安徽大学,2017.

[148]阎峻.法治视角下中国高校人事制度改革研究:以高校与教师的法律关系为核心[D].武汉:华中科技大学,2018.

[149]林太鹤.江西省普通本科高校廉政风险防控研究[D].南昌:南昌大学,2018.

[150]李万东.高校重点领域廉政风险防控机制优化策略研究[D].武汉:武汉理工大学,2019.

[151]王忠政.高等院校法律风险研究[D].锦州:渤海大学,2020.

[152]司文超.大学生法治素养培育研究[D].武汉:武汉大学,2020.

[153]戴雅欣.传播学视域下的高校法治教育效果研究[D].杭州:浙江大学,2020.

[154]梁士伟.高校教师职业性权利保护制度研究[D].桂林:广西师范大学,2021.

[155]李金枝.公民法治教育的中国模式与实现路径[D].上海:华东师范大学,2021.

[156]王东红.大学生宪法意识研究[D].北京:北京科技大学,2021.

[157]辛显华.新时代大学生法治观教育研究[D].沈阳:辽宁大学,2021.

[158]范珂.依法治校视域下大学章程建设问题研究[D].兰州:兰州大学,2021.

[159]晏维龙.加快推进大学治理体系和治理能力现代化[N].学习时报,2019-12-6(006).

[160]韩大元.弘扬宪法精神增强宪法自信[N].检察日报,2020-12-4(003).

[161]金紫薇,司明宇.教育法治体系完善效能提升[N].中国教育报,2021-03-01(060).

[162]余尚蔚,孙博文.现代大学制度下依法治校的应然和实然[N].中国社会科学报,2021-11-11(008).

[163]汪再奇,吕凌燕.高校法治工作实现路径探析[N].中国社会科学报,2021-11-11(008).

[164]廖欢.国外高校法治教育的举措及经验[N].中国社会科学报,2022-03-21(007).